ВОСПИТАНІЕ
И
НАЧАЛЬНОЕ ОБУЧЕНЬЕ.

(ОПЫТЪ ПОПУЛЯРНАГО ИЗЛОЖЕНІЯ ОСНОВНЫХЪ НАЧАЛЪ ПЕДАГОГИКИ И ДИДАКТИКИ).

РУКОВОДСТВО
ДЛЯ СЕЛЬСКИХЪ УЧИТЕЛЕЙ И МАТЕРЕЙ,

составленное

І. Шарловскимъ.

(ВЪ ДВУХЪ ЧАСТЯХЪ).

ВАРШАВА.
ВЪ КАЗЕННОЙ ТИПОГРАФІИ ВАРШАВСКАГО УЧЕБНАГО ОКРУГА.
1870.

Дозволено цензурою.
Варшава, 24 декабря 1869 г.

ОГЛАВЛЕНІЕ.

ЧАСТЬ I.

Воспитаніе до обученія.

Стран.

Глава I. Необходимыя предварительныя свѣдѣнія 3
II. Предварительныя объясненія о воспитаніи, или о педагогикѣ 14
III. Естественныя потребности ребенка 20
IV. Физіологическія выдѣленія 29
V. Естественные законы, управляющіе нашею физическою и духовною жизнію 37
VI. Связь психическихъ проявленій съ внѣшнимъ міромъ 43
VII. Постепенное развитіе внѣшнихъ чувствъ 52
VIII. Развитіе умственныхъ способностей 61
IX. Отличительныя черты дѣтской природы. Индивидуальность 74

ЧАСТЬ II.

Первоначальное обученіе.

X. Основныя педагогическія начала первоначальнаго обученія 85
XI. Образовательное значеніе грамотности 93
XII. О методахъ обученья чтенію вообще 101
XIII. Новѣйшіе способы обученья грамотѣ 112
XIV. Обученіе по I. Паульсону и К. Ушинскому . . . 120
XV. Обученье чтенію по книжкѣ автора 140

			Стран.
Глав. XVI.	Предварительныя упражненія и обученье письму		155
XVII.	Наглядное обученье		169
XVIII.	Обученье счисленію (ариѳметика)		183
XIX.	Дополнительныя элементарныя знанія. Родиновѣдѣніе. Объяснительное чтеніе		194
XX.	Общія замѣчанія. Устройство класса. Гимнастика.		212

ВАЖНѢЙШІЯ ОШИБКИ,

КОТОРЫЯ НЕОБХОДИМО ИСПРАВИТЬ ВЪ КНИГѢ ПЕРЕДЪ ЧТЕНІЕМЪ.

Стран.	Строка сверху:	Напечатано:	должно быть:
3	3	живемъ	живемъ.
13	25	о жизни	о природѣ.
20	8	къ развитію	развитію.
20	10	развитіе вѣрнѣе	развитіе будутъ вѣрнѣе.
37	27	всѣхъ этихъ предметовъ	всѣхъ предметовъ.
55	29	ши У	Уши.
71	18	ровно	тоиъб.
77	4	никаго	никакого.
79	35	individuum	individum.
116	31	наш ги	наши.
118	32	Однако, какъ бы то ни было, изъ этого	Изъ этого, однако.
120	3	излишнихъ	лишнихъ.
136	15	на знакометъ	на знаніи.
142	21	читается за я, — ѣ за ю	читается я, ѣ — ю.
142	22	читаются за оиа	читаются оиа.
143	1	ухо и эхо	уха и эхо.
148	1	вырабатываютъ	пріобрѣтаютъ.
150	22	неудобнымо, иними мыми	неудобными.
163	28 и 29	въ мозговой дѣятельности	въ мозговую дѣятельность.
166	18	при нажиманіи пера	нажиманіемъ пера.
166	29	пріобрѣтеніемъ этой книжки	самою книжкою.
170	8	самодѣятельностью	дѣятельностью.
182	28	самодѣятельностью	дѣятельностью.
185	3 и 4	по этому пути	этимъ путемъ.
189	20	Но по здравому смыслу	Но здравому смыслу.

Слово къ рецензентамъ.

Цѣль и назначеніе настоящей книги ясно опредѣляются ея заглавіемъ. Насколько мнѣ удастся содѣйствовать распространенію здравыхъ понятій о воспитаніи и раціональныхъ способовъ элементарнаго обученья — покажутъ голосъ нашихъ свѣдущихъ педагоговъ и примѣненіе къ дѣлу излагаемыхъ мною началъ. Къ тѣмъ педагогамъ, которые удостоятъ мою книгу критическимъ разборомъ, я и обращаюсь съ настоящимъ словомъ.

Я не прошу о снисходительномъ отзывѣ: но выражаю желаніе, чтобы мой трудъ удостоился обстоятельнаго и подробнаго разсмотрѣнія: всякое правдивое, хотя бы вовсе нелестное для меня слово, будетъ встрѣчено мною съ искреннею благодарностью. Всякія замѣчанія, основанныя на опытѣ и внушенныя правдивостью и любовью къ дѣлу, будутъ приняты мною во вниманіе при новомъ изданіи. Сознаю, что я принялся за разрѣшеніе задачи сложной и трудной и понимаю все несовершенство моего труда; но успокоиваю себя мыслію, что сразу нельзя достигнуть многаго: лучше немногое, чѣмъ ничего.

По-крайней-мѣрѣ, я сдѣлалъ все, что могъ, опираясь на пятнадцатилѣтнее практическое и теоретическое изученіе педагогики.

Разсмотрѣвъ всѣ руководства, начиная съ Ободовскаго (по Нимейеру) и окончивая Диттисомъ (перев. І. Паульсона), я не нашелъ въ нихъ прочной опоры какъ для себя во время преподаванія педагогики въ послѣдніе годы, такъ и для выполненія давно задуманной мною задачи — преподать полныя и общедоступныя указанія нашимъ учителямъ и воспитателямъ. Только „Очеркъ науки о воспитаніи" Тимошенко оказалъ мнѣ кое-какую помощь. Но и этимъ, хотя и компиллятивнымъ, тѣмъ неменѣе почтеннымъ трудомъ, можно было воспользоваться только лишь какъ справочною книгой, какъ матеріаломъ для изложенія, но вовсе не какъ образцомъ изложенія, доступнаго для слушателей нашихъ педагогическихъ курсовъ. Я не хочу вдаваться въ подробности для оправданія высказаннаго мною замѣчанія о руководствахъ; но обращу вниманіе на слѣдующее. Во всѣхъ педагогическихъ сочиненіяхъ и статьяхъ объясняется, что главная цѣль воспитанія и обученья — развитіе (многіе еще прибавляютъ: „гармоническое" развитіе) всѣхъ способностей дитяти. Это, слѣдовательно, задача, которая можетъ быть рѣшена удовлетворительно только при подробномъ объясненіи, что такое это развитіе? Говорятъ также, что обученье содѣйствуетъ этому развитію. Но какимъ образомъ? Неужели обученье развиваетъ умъ ственныя способности больше, чѣмъ жизнь вообще? Когда же начинается умственное развитіе, или, по-крайней-мѣрѣ, когда оно замѣтнымъ образомъ появляется у дитяти впервые? Въ какой связи находится умственное развитіе дитяти съ общимъ органическимъ развитіемъ его? Да и что такое вообще органическое развитіе? Обо всѣхъ этихъ вопросахъ педагоги обыкновенно умалчиваютъ. На то ихъ добрая воля. Но я имъ не слѣдовалъ: я говорилъ о многосложномъ и неизвѣстномъ, опираясь только на простое и извѣстное; я видѣлъ крайнюю необходимость, для полноты и ясности предмета, восполнить сказанные пробѣлы, на-сколько это возможно при современномъ состояніи естествознанія. Обративъ вниманіе на существенную, по моему мнѣнію, сторону педагогики, я долженъ былъ также отступить и отъ общепринятой системы изложенія какъ психологической, такъ и другихъ частей ученія о воспитаніи вообще.

Настоящей дидактики, т. е. полнаго изложенія способовъ обученья русской грамотѣ, у насъ до-сихъ-поръ рѣшительно не было никакой. На дидактику я и обратилъ особенное вниманіе еще и потому, что собственно эта только часть педагогики и преподается въ нашихъ педагогическихъ курсахъ. Она изложена мною съ возможною подробностью и обстоятельностью въ исторической послѣдовательности ея развитія на практикѣ. Только такое изложеніе можетъ уничтожить, наконецъ, самохвальство незваныхъ дидактовъ, которые, съ кой-какими отрывочными знаніями или, чаще всего, по наслышкѣ, произносятъ сужденія о превосходствѣ, напр. способа Золотова или способа звукового, тогда-какъ такихъ способовъ на дѣлѣ не существуетъ: такое или иное произношеніе согласныхъ буквъ, положимъ бы или бе, въ раціональной дидактикѣ вовсе не должно считаться способомъ (методомъ), потому-что это — только пріемъ, который можетъ быть примѣненъ къ разнымъ способамъ.

Высказавъ откровенно взгляды на предшествовавшіе труды по педагогикѣ, я полагаю, что это не помѣшаетъ видѣть въ моемъ трудѣ самостоятельное стремленіе — внести нѣчто свѣжее въ область вырабатывающейся русской педагогики, — не помѣшаетъ помнить, что моя книга — первый опытъ популярнаго изложенія такой науки и такого искусства, насущные вопросы которыхъ рѣшатся только съ разрѣшеніемъ многихъ, все еще недостаточно разъясненныхъ, вопросовъ изъ естествознанія и практическаго преподаванія.

І. Шарловскій.

ЧАСТЬ ПЕРВАЯ.

ВОСПИТАНІЕ ДѢТЕЙ ДО НАЧАЛА ОБУЧЕНІЯ.

I.
Необходимыя предварительныя свѣдѣнія.

Міръ или свѣтъ, въ которомъ мы живемъ и съ которымъ неразрывно связано наше земное существованіе, наполненъ мильонами жизней, проявляющихся въ различныхъ видахъ. Въ каплѣ воды движется безчисленное множество до того маленькихъ тварей, что ихъ нельзя видѣть простымъ глазомъ и только **микроскопъ** (*) обнаруживаетъ ихъ существованіе. Тамъ, въ воздушномъ пространствѣ, мятутся, летаютъ и жужжатъ рои насѣкомыхъ. Тутъ, на землѣ, копошатся и роются черви и другія, повидимому, жалкія, но тѣмъ не менѣе дорожащія своею жизнію, **животныя**. Рядомъ съ животными **растутъ** тысячи травъ, цвѣтовъ, злаковъ, кустарниковъ и деревъ (**растенія**). Возьмемъ-ли крошечную травку или большое дерево, ничтожную мошку или большаго быка — все это продолженіе извѣстнаго времени, начиная съ первыхъ минутъ своего бытья, измѣняетъ свой видъ, увеличивается, ростетъ, словомъ **развивается**; а это значитъ — проявляетъ свою жизненную дѣятельность; все, что развивается, живетъ. Безъ движенія, безъ развитія немыслима никакая жизнь; какъ бы иное живое существо ни было ничтожно и жалко по нашимъ

(*) *Микроскопъ* — это снарядъ, состоящій изъ увеличительныхъ стеколъ, представляющихъ малые предметы въ увеличенномъ видѣ, т. е. въ нѣсколько сотъ или въ нѣсколько тысячъ разъ больше, чѣмъ они есть на самомъ дѣлѣ. Оттого-то безконечно маленькія животныя и растенія, которыя можно видѣть только подъ *микроскопомъ*, называются *микроскопическими*. Микроскопическихъ животныхъ, въ особенности много, въ жидкостяхъ — въ *настойкахъ*, *наливкахъ*. Оттого они и называются *наливочными* (или, по латыни, *инфузоріями*).

понятіямъ, оно всетаки стремится къ поддержанію своего бытія и къ безконечному продолженію его посредствомъ потомства.

Всѣ живыя существа — животныя и растенія — называются **органическими** или **организмами** (*). Человѣкъ по своему тѣлесному устройству — тоже организмъ. Онъ также, какъ и всякій другой организмъ, развивается изъ зародыша, питается, ростетъ и, производя себѣ подобныхъ, умираетъ. Главное свойство **органическихъ существъ** состоитъ въ томъ, что ихъ развитіе совершается не иначе, какъ при помощи **воздуха, воды, свѣта и теплоты**. Не проходитъ для минуты, чтобы мы не находились подъ вліяніемъ воздуха, воды, свѣта и теплоты. Это — такіе дѣятели, внѣ вліянія которыхъ не мыслимо ни одно живое существо. Не познакомившись сколько нибудь съ ихъ свойствами, нельзя говорить не только о **воспитаніи**, но и о **развитіи** человѣческой жизни вообще.

Главный, но не единственный, источникъ свѣта и теплоты — солнечные лучи. Свѣтъ и теплоту испускаютъ горящія тѣла (**). Всякое тѣло заключаетъ въ себѣ извѣстную степень теплоты; въ одномъ тѣлѣ больше, въ другомъ меньше теплоты.

(*) Они названы такъ отъ греческаго слова *органонъ*, инструментъ. Въ русскомъ языкѣ *органъ* (съ удареніемъ на второмъ слогѣ) значитъ извѣстный музыкальный инструментъ, а *о́рганъ* (съ удареніемъ на первомъ слогѣ) — означаетъ часть, орудіе или членъ, выполняющій извѣстное назначеніе въ живомъ существѣ. Органъ слуха — уши, органъ зрѣнія — глаза и т.д. Слѣдовательно, *организмъ* есть такое существо, которое состоитъ изъ органовъ или членовъ, неразрывно связанныхъ между собою такъ, что одна часть безъ другой не можетъ существовать, какъ напр. дерево безъ корней или коры и листьевъ. По средствомъ органовъ организмы выполняютъ всю свою предназначенную имъ отъ природы жизнедѣятельность. Земля — песокъ, глина, известь, камни, соли, металлы не живутъ и, поэтому, называются неорганическими существами и составляютъ отдѣльное царство, царство *ископаемыхъ* (минераловъ), совершенно отличное отъ царства животныхъ и растеній.

(**) Всѣ живые и неживые предметы, которые созданы самою природою, называются *естественными*, а тѣ, которые сдѣланы рукою человѣка — *искусственными*. Всѣ естественные предметы, тяжесть которыхъ можно взвѣсить и объемъ которыхъ можно измѣрить, называются *тѣлами*. Къ числу тѣлъ относятся не только минералы и вода, но и воздухъ.

только она не всегда замѣтна для осязанія, потому что скрыта внутри. Вызвать ее наружу можно посредством тренія одного тѣла объ другое; всякій не разъ видѣлъ на своемъ вѣку, какъ сыплются искры, напр., отъ удара подковы или шины объ камень; только не всякій размышлялъ о томъ, отчего это происходитъ. Не только въ металлахъ, но и въ растеніяхъ есть извѣстная доля теплоты: дикари, неимѣющіе ни огнива, ни спичекъ, добываютъ огонь посредствомъ тренія одного куска дерева объ другой.

Самое важное свойство теплоты состоитъ въ томъ, что она **растягиваетъ, расширяетъ** тѣла, т. е. увеличиваетъ ихъ объемъ; отсутствіе теплоты (холодъ, морозъ), напротивъ, **сжимаетъ, сплочиваетъ** тѣла. Свойство это всякій замѣчаетъ ежедневно, хотя не всякій понимаетъ его причину. Зная его, мы можемъ себѣ объяснить до очевидности многія, повидимому, самыя загадочныя явленія природы. Когда мы можемъ объяснить себѣ причину явленія, то, значитъ, мы разгадываемъ и его тайну. Когда намъ извѣстно сказанное свойство тѣлъ, то намъ не трудно догадаться, почему, напр., въ сильные морозы слышится трескъ въ заборѣ: холодъ сжимаетъ дерево, и отъ этого оно коробится и лопается. Всякій знаетъ, какъ легко растягивается желѣзо, когда оно накалено. Всякій также замѣчалъ, что, напр., разогрѣтая нога дѣлается больше, такъ-что иногда съ большимъ усиліемъ можно надѣть на нее тотъ самый сапогъ, который легко надѣвается на холодную ногу. Можно бы припомнить много подобныхъ случаевъ изъ ежедневной жизни, и всѣ они объясняются не чѣмъ инымъ, какъ только свойствомъ тѣлъ — сжиматься и расширяться, смотря по степени теплоты.

Тѣла представляются намъ въ четырехъ различныхъ видахъ: 1) **твердыя** (металлы, минералы, растенія), 2) **жидкія** (вода), 3) **пары** и 4) **газы**; пары и газы, по своему виду, похожи на воздухъ и поэтому ихъ называютъ **воздухообразными** тѣлами. Чѣмъ выше **температура**, т. е. степень теплоты, тѣла, тѣмъ оно жиже. Съ измѣненіемъ температуры, и тѣло измѣняетъ не только объемъ, что не всегда замѣтно,— но и весь свой видъ. Такъ, твердый металлъ отъ сильнаго жара превращается въ жидкость. Особенно любопытно наблюдать тѣ измѣненія, какія происходятъ въ водѣ отъ вліянія на нее температуры.

Бросимъ кусокъ льду въ миску и поставимъ ее въ теплое мѣсто, положимъ, въ печку. Черезъ нѣкоторое время ледъ растаетъ и мы замѣтимъ, что вмѣсто льду, въ мискѣ появится вода. Продержимъ эту воду сутки, другія въ нагрѣтой печкѣ и—вода изчезнетъ. Куда она дѣвалась. Пропасть она не могла: ничто въ мірѣ не изчезаетъ безслѣдно; видимое изчезновеніе тѣла есть не что иное, какъ измѣненіе его вида. Чтобы узнать достовѣрно, куда дѣвалась наша вода, возьмемъ вторично прежней величины кусокъ льду и превратимъ его въ воду; эту послѣднюю вольемъ въ горшечекъ и станемъ нагрѣвать на огнѣ. Когда вскипятится вода, то надъ нею подымется густой паръ. Такъ-какъ паръ легче воздуха, то онъ улетаетъ вверхъ и, смѣшавшись съ воздухомъ, изчезаетъ изъ нашихъ глазъ. Прежде мы не замѣчали пара потому, что его заразъ выдѣлялось немного; теперь же мы видимъ его до тѣхъ поръ, пока онъ густо валитъ изъ горшка, а какъ только расплывется по воздуху, то становится невидимымъ. Продолжая кипяченіе, мы замѣтимъ, наконецъ, что въ горшкѣ нѣтъ ни капли воды—вся жидкость превратилась въ паръ, остался на днѣ только осадокъ въ видѣ соли—твердыя минеральныя частички, бывшія въ водѣ. Слѣдовательно, этотъ паръ, что валилъ изъ кипятка,—не что иное, какъ расширившаяся отъ жара въ мельчайшія частички вода. Высокая температура огня выгнала её вонъ изъ горшка: раздробившись въ тончайшія частицы, она улетучилась въ воздухѣ. Но, если захотимъ, мы ее обратно вгонимъ въ горшокъ,—стоитъ только подвергнуть ее дѣйствію другой температуры, болѣе холодной. Не допустимъ уноситься парамъ вверхъ по воздуху и будемъ ихъ задерживать, прикрывая кипятокъ хоть тарелкою. Продержавъ нѣсколько минутъ тарелку надъ паромъ, мы замѣтимъ мельчайшія частички жидкости, которыя, по мѣрѣ накопленія пара и по мѣрѣ охлажденія, будутъ стягиваться все въ бо́льшія и бо́льшія капельки и, наконецъ, сольются въ одну сплошную массу, т. е. образуютъ ту же воду, что была въ горшкѣ. Такимъ образомъ, мы могли бы собрать всю воду, улетучивающуюся въ воздухъ. Но, ясное дѣло, что часть пара улетитъ изъ подъ тарелки и, слѣдовательно, если мы не удержимъ на днѣ тарелки всего пара, то и воды у насъ окажется меньше, чѣмъ было въ горшкѣ. Если поставить эту воду на морозъ, то получится опять кусокъ льду. Итакъ, мы видимъ воду въ трехъ различныхъ видахъ—въ газообразномъ, жидкомъ и твердомъ. Но еще до превращенія воды въ ледъ, можно сдѣлать и другіе опыты. Если бы тѣ крошечныя капельки, которыя образовались изъ пара и которыя были у насъ на днѣ тарелки, можно было, раньше чѣмъ онѣ исподоволь остынутъ и стянутся въ сплошную массу, подвергнуть дѣйствію такого холода, какой бываетъ зимою на дворѣ, то эти капельки превратились бы въ снѣжинки. Такимъ образомъ, въ комнатѣ, предъ нашими глазами, совершились бы въ нѣсколько часовъ всѣ тѣ чудныя явленія, которыя мы замѣчаемъ впродолженіе года на открытомъ воздухѣ: туманъ, (теплые тонкіе пары), росу, дождь (жидкія капли воды) градъ (твердыя капли воды), снѣгъ, иней (застывшіе тонкіе пары) и, наконецъ, ледъ (твердая сплошная масса воды). И, дѣйствительно, нерѣдко совершается нѣчто подобное самособою зимою на стеклахъ оконъ: тутъ мы можемъ видѣть маленькое подобіе нетолько инея, снѣга, но также росы, града дождя, когда изморозь то таетъ, то опять замерзаетъ отъ быстрой перемѣны въ температурѣ комнатнаго воздуха.

Туманъ, роса, дождь, градъ, снѣгъ, иней—всѣ эти явленія зависятъ отъ степени температуры въ слояхъ воздуха; съ измѣненіемъ температуры, измѣняется и состояніе воды и—она подвергается тѣмъ превращеніямъ, о которыхъ мы говорили. Вода занимаетъ около двухъ третей поверхности всего земнаго шара и распростерлась повсюду то огромными океанами и морями, то озерами, рѣками, родниками и т. п. Подъ дѣйствіемъ солнечныхъ лучей, она постоянно испаряется. Испаренія не видны во всякое время по той же самой причинѣ, по которой мы не замѣчаемъ паровъ, улетучивающихся изъ воды, поставленной въ теплую, но не горячую, печку. Мы ясно видимъ испаренія въ лѣтніе вечера, когда, послѣ дневнаго зноя, охладится воздухъ и, въ особенности, въ тѣхъ мѣстахъ, гдѣ много воды (въ низменностяхъ). Туманъ—тотъ же паръ, еще не поднявшійся вверхъ и плавающій въ нижнихъ слояхъ воздуха. Когда пары поднимутся выше, то превратятся въ облака или тучи, смотря по степени ихъ сгущенія. Изъ облаковъ тѣ же пары, только уже охладившіеся, падаютъ обратно на землю въ видѣ дождя, града, снѣга, затѣмъ, опять испаряются и опять возвращаются на сушу. Когда у насъ холодно и, слѣдовательно, вода не можетъ испаряться, вѣтромъ (теченіемъ воздуха) изъ теплыхъ странъ вдоволь наносится паровъ, которые и превращаются то въ дождевыя, то въ снѣжныя тучи. Такимъ то образомъ въ мірѣ происходитъ безпрерывный круговоротъ превращеній одной и той же воды изъ одного вида въ другой. Подобному же круговращенію подвергается и самый воздухъ. Но прежде, чѣмъ мы скажемъ объ этомъ, намъ необходимо познакомиться сколько-нибудь съ составомъ воздуха.

Мы уже знаемъ, что твердыя тѣла при сильномъ нагрѣваніи превращаются въ жидкость, а эта послѣдняя—въ паръ. Такъ, нетолько вода, но и другія твердыя тѣла: сѣра, свинецъ, мѣдь, золото, желѣзо и т. п. плавятся, а при дальнѣйшемъ нагрѣваніи обращаются въ паръ, т. е. принимаютъ видъ газообразный. Возьмемъ нѣсколько полѣнъ дровъ и положимъ ихъ въ печку. Если мы не откроемъ трубы, т. е. если въ печкѣ не будетъ тяги (свободнаго доступа воздуха), то сколько бы мы ни подкладывали туда горящихъ угольевъ или огня, дрова всетаки не будутъ горѣть; и, наоборотъ, чѣмъ больше мы будемъ раздувать пламя, т. е. вгонять воздуха въ уголья, или въ разгорѣвшуюся растопку, тѣмъ скорѣе и тѣмъ лучше разгорятся дрова. Значитъ, вся суть **горѣнья** въ воздухѣ. И дѣйствительно, наукою положительно доказано, что въ воздухѣ есть одинъ газъ, названный **кислородомъ**, который притягивается болѣе или менѣе сильно всякимъ тѣломъ, и въ особенности углемъ, и производитъ горѣніе. Но что же такое уголь? Уголь, столь обыкновенная вещь, есть вмѣстѣ съ тѣмъ чрезвычайно замѣчательное твердое тѣло. Замѣчательность или особенность его состоитъ въ томъ, что онъ никакъ не можетъ быть превращенъ нетолько въ газообразное, но даже въ жидкое состояніе, сколько бы его ни нагрѣвать и ни жечь. Оставаясь, такимъ образомъ, постоянно въ твердомъ состояніи, уголь (или, какъ его называютъ въ наукѣ **углеродъ**) входитъ въ составъ всякаго живаго существа и служитъ, такъ сказать, остовомъ всего органическаго міра. Всякое органическое тѣло посредствомъ горѣнія обращается въ уголь. Но при горѣніи всякого органическаго тѣла, кромѣ угля, мы замѣчаемъ еще **дымъ** и, когда тѣло совсѣмъ уже сгоритъ,—**золу**. И такъ, **горѣніе** есть не что иное, какъ дѣйствіе кислорода на тѣло; причемъ, оно видоизмѣняясь разлагается на свои первоначальныя составныя части: уголь, дымъ и золу. **Гніеніе** есть не что иное, какъ то же горѣніе, т. е. разложеніе тѣла, только медленное, незамѣтное; впрочемъ, нерѣдко можно видѣть, какъ напр. гніеніе мокраго сѣна превращается въ горѣніе—что доказывается выходящимъ изъ него дымомъ и сильною жарою. Тѣла гніютъ именно отъ вліянія воздуха (или вѣрнѣе отъ составной части воздуха—кислорода); даже желѣзо съ теченіемъ времени разлагается и оставляетъ послѣ себя **ржавчину**, которая есть не что иное, какъ соединеніе кислорода съ желѣзомъ. Такъ-какъ тѣла, прежде чѣмъ сгніютъ, дѣлаются кислыми и такъ-какъ **окисленіе** происходитъ отъ сказаннаго газа, то поэтому онъ и названъ **кислородомъ**.

При горѣніи дровъ мы видимъ **дымъ**. Что же такое дымъ, который, приставая къ стѣнамъ избы или печки, образуетъ копоть и сажу? Дымъ есть тотъ же уголь, только въ мельчайшихъ частичкахъ и поэтому легко поднимающійся, вмѣстѣ съ водяными парами, вверхъ. Большіе куски угольн, остающіеся въ вытопленной печкѣ, тоже могутъ быть обращены въ дымъ, если стать ихъ сжигать; тогда останется только зола (т. е. соли, минеральныя частички, входившія въ составъ дерева). Итакъ, мы видимъ, что дерево, разлагаясь отъ горѣнія, выпускаетъ изъ себя паръ, частички угля и минеральныя вещества. Значитъ, все это составляетъ части дерева. Если дерево сухое, т. е. если оно высохло исподоволь, то, значитъ, жидкость изъ него вышла раньше, до горѣнія, мало-по-малу, непримѣтнымъ образомъ, и поэтому, при горѣніи, оно меньше дымитъ. Но, во всякомъ случаѣ, при горѣніи оно всетаки выдѣляетъ дымъ, — такъ какъ въ немъ непремѣнно есть уголь. Мельчайшія частички угля, соединяясь съ кислородомъ воздуха, образуютъ ядовитый для дыханія газъ, извѣстный подъ именемъ **углекислоты**; то, что мы называемъ въ общежитіи **угаромъ** (въ наукѣ — **окись угля**), въ сущности, есть не что иное, какъ та же углекислота, — разница только въ томъ, что въ углекислотѣ больше кислорода (8 частей) и меньше углерода (3 части), а въ угарѣ — наоборотъ, больше углерода и меньше кислорода (4 части перваго и 3 части втораго). Кислородъ соединяется со многими веществами и образуетъ разныя, совершенно между собой отличныя, тѣла. Такъ соединяясь съ газомъ **водородомъ**, кислородъ образуетъ совершенно новое тѣло, т. е. чистую воду; но въ воду входятъ еще примѣси минеральныхъ частичекъ, преимущественно солей. Тотъ же кислородъ, вмѣстѣ съ другимъ газомъ, называемымъ **азотомъ**, образуетъ чистый воздухъ; но, конечно, въ воздухѣ есть и постороннія примѣси, преимущественно водяные пары и углекислота, только въ весьма незначительномъ количествѣ, въ тысячныхъ доляхъ; азотъ же составляетъ три четверти, а кислородъ одну четверть всего объема воздуха.

Изъ какихъ частей состоитъ всякое тѣло и изъ какихъ различныхъ соединеній образуются газы и другія вещества, все это объясняется въ особой, весьма любопытной, наукѣ, **химіи**. Не менѣе любопытны и полезны знанія изъ другой науки, именно **физики**, объясняющей явленія природы. Химія и физика служатъ главнымъ основаніемъ познаній о нашей органической жизни. Для людей, вовсе не свѣдущихъ въ этихъ наукахъ и желающихъ съ ними познакомиться, мы совѣтуемъ прочесть слѣдующія книги: 1) *Бесѣды о землѣ и тваряхъ, на ней живущихъ*. Составл. Профессоромъ С.-Петербургскаго Университета А. Бекетовымъ. (Спб. 1865, ц. 50 к.), 2) *Изъ области естественныхъ наукъ. Популярное изложеніе различныхъ отраслей естествознанія*, А. Беренштейна. 4 части. (Спб. 1865, ц. 1 р. 20 к.), 3) *Исторія кусочка хлѣба, въ письмахъ къ дѣтямъ о жизни человѣка и животныхъ*, Доктора Масé. (М. 2-ое изд. 1868, ц. 1 р. 20 к.). Всѣ эти книги такъ ясно, такъ просто и, вмѣстѣ съ тѣмъ, такъ занимательно написаны, что понятны всякому грамотному человѣку и всякаго заинтересуютъ, кто только возмется за ихъ чтеніе.

Покажемъ теперь, въ общихъ чертахъ, значеніе воздуха и вышеупомянутыхъ газовъ собственно въ нашей, человѣческой жизни. Мы видѣли, что кислородъ служитъ для согрѣванія и сжиганія тѣлъ; какъ печка не могла бы вытопиться безъ кислорода, точно такъ-же и наше тѣло не могло бы согрѣваться внутри безъ вдыханія кислорода; недаромъ нашу земную жизнь сравниваютъ съ медленно горящею лампадою. Горѣніе тѣлъ выдѣляетъ водородъ (вода въ парахъ) и углекислоту. Извѣстно, какъ необходимы водородъ въ соединеніи съ кислородомъ, т. е. вода. Зачѣмъ же нуженъ азотъ, углеродъ и углекислота? Какъ углекислота, такъ и азотъ безъ примѣси кислорода былъ бы гибеленъ для дыханія; но и кислородъ безъ азота тоже былъ бы гибеленъ для нашей жизни, потому что горѣніе совершалось бы очень скоро и жизнедѣятельность живо бы истощилась; слѣдовательно, примѣсь азота ослабляетъ силу кислорода, и такимъ образомъ поддерживаетъ равновѣсіе жизни. Хотя азотъ самъ по себѣ вреденъ, но, въ соединеніи съ другими газами, онъ образуетъ жидкости и новые газы, необходимые для питанія растеній. Такъ, соединяясь съ водородомъ, азотъ превращается въ новый газъ, извѣстный въ химіи подъ именемъ **аммiака**, который, будучи смѣшанъ съ водою, образуетъ всѣмъ знакомый **нашатырный спиртъ**. Подобнымъ образомъ необходима для питанія растеній и углекислота. **Азотъ**, равно какъ и **кислородъ, водородъ, углеродъ** составляютъ основаніе всей органической жизни, потому что изъ химическаго ихъ соединенія образуются **вода, углекислота** и **аммiакъ**, которые и составляютъ главную пищу всякаго растенія. Кромѣ этихъ веществъ, въ составъ растеній входятъ, въ большемъ или меньшемъ количествѣ: желѣзо, известь, кремень и разныя соли, щелочи. Такъ-какъ кислородъ, азотъ, водородъ и углеродъ составляютъ главныя составныя части растеній, и такъ-какъ животныя питаются преимущественно растеніями, то изъ этого само собою выходитъ, что сказанныя четыре вещества составляютъ такъ же и необходимое условіе жизни животныхъ, а, слѣдовательно, и человѣка. Безъ этихъ веществъ не могло бы жить ни одной минуты ни одно живое существо.

Мы вдыхаемъ воздухъ, пьемъ воду, ѣдимъ мясо, также растительныя и, отчасти, минеральныя вещества, и этимъ самимъ вносимъ въ нашъ организмъ кислородъ, азотъ, водородъ, углеродъ, аммiакъ, известь, желѣзо, кремень и разныя соли. Часть этихъ веществъ служитъ для образованія крови, мяса, костей, хрящей, волосъ и т. п.; другая часть извергается обратно, наружу, переобразовавшись въ другія вещества, которыя, въ свою очередь, служатъ для питанія растеній. Вмѣсто принятыхъ дыханіемъ кислорода и азота, мы выдѣляемъ выдыханіемъ углекислоту. Выдѣленная углекислота переходитъ въ воздухъ, а оттуда—въ растенія. Растенія принимаютъ вышесказанныя вещества или посредствомъ корней—изъ земли, или посредствомъ листьевъ — изъ воздуха, и передаютъ ихъ намъ (въ видѣ пищи); а мы, съ своей стороны, переваривъ, эти же вещества, извергаемъ обратно въ воздухъ (углекислота) и въ землю (испражненія), т. е. возвращаемъ обратно растеніямъ. Итакъ, въ жизни органическихъ существъ совершается безпрерывный круговоротъ превращеній однихъ и тѣхъ веществъ, подобно превращеніямъ воды въ воздушномъ пространствѣ. Такимъ образомъ, весь окружающій насъ міръ представляетъ одну неразрывную цѣпь органическихъ и неорганическихъ существъ, взаимно связанныхъ и взаимно дѣйствующихъ другъ на друга. И человѣкъ въ этой безконечной и чудесной цѣпи есть только одно звено, существованіе котораго само-по-себѣ въ мірѣ было бы не-мыслимо. Изъ этого не трудно понять, какъ важно, при изученіи человѣческой жизни, знаніе окружающей его природы. Но и сама по себѣ жизнь человѣка, разсматриваемаго какъ отдѣльное существо, представляетъ нѣчто подобное тому круговращенію, которое мы видѣли въ природѣ и, такимъ образомъ, выражаетъ собою особый міръ, отдѣльный отъ внѣшняго. И въ нашемъ организмѣ совершаются подобныя же безпрерывныя превращенія и замѣна одного вещества на другое, какъ и во всей остальной природѣ; и у насъ происходитъ безпрерывное теченіе крови отъ сердца ко всѣмъ частямъ тѣла и, обратно, въ сердце и въ легкія, изъ легкихъ опять въ сердце и, обратно, во всѣ части тѣла; и этотъ круговоротъ, начавшись съ первой минуты нашего появленія на землѣ, продолжается до конца жизни. Знанія объ этомъ круговращеніи и вообще о жизнедѣятельности нашего организма излагаются въ особой наукѣ, извѣстной подъ греческимъ именемъ **физіологія** (что значитъ: рѣчь или разсужденіе о жизни). Такъ-какъ эта наука очень обширна и съ нею нельзя познакомиться въ краткихъ очеркахъ, то желающимъ подробнѣе познакомиться какъ съ физіологіею, такъ и, вообще, съ естественными науками, кромѣ вышеисчисленныхъ книгъ, мы совѣтуемъ прочесть еще слѣдующія, какъ болѣе удобопонятныя, сочиненія:

1) *Слуги желудка*. Соч. *Массе*. Спб. 1867. Ц. 1 р. 50 к.
2) *Первыя свѣдѣнія изъ естественныхъ наукъ*. В. *Санина*. Спб. 1866. Ц. 1 р.
3) *Бесѣды о природѣ*. Сост. *Н. Зобовъ*. Спб. 1868. Ц. 40 к.

4) *Сельскія бесѣды.* Сост. Гр. Ив. *Трусовъ.* Изд. 4-ое, Спб. 1859. Ц. 50 к.

5) *Первые разсказы изъ естественной исторіи.* Соч. *Германа Вагнера.* Пер. *Вал. Висковатова.* Спб. 1867. Ц. 1 р.

6) *Уроки физики.* Популярное объясненіе вседневныхъ явленій природы. Сост. *А. Игнатовичъ.* Спб. 1861. Ц. 50 к.

II.
Предварительныя объясненія о воспитаніи или о наукѣ педагогикѣ.

Многіе думаютъ, что воспитаніе дѣтей, какъ дѣло обыкновенное, не требуетъ никакихъ особенныхъ знаній: всякая деревенская безграмотная баба съумѣетъ выростить ребенка. Но не всякій знаетъ, сколько умираетъ на Руси дѣтей отъ того, что уходъ за ними не таковъ, каковъ долженъ бы быть и былъ бы при бо́льшихъ знаніяхъ со стороны матерей, мамокъ и нянекъ. Извѣстно, что самая большая смертность бываетъ именно между дѣтьми до пятилѣтняго возраста. По исчисленіямъ, произведеннымъ въ послѣдніе годы, въ Россіи изъ 100 новорожденныхъ въ первый годъ жизни умираетъ до 48; слѣдовательно, около половины людей гибнетъ при первомъ своемъ появленіи на землѣ. Такая ужасающая смертность господствуетъ не у насъ однихъ, но и въ другихъ государствахъ. Это, разумѣется, нисколько не можетъ служить для насъ успокоеніемъ, тѣмъ болѣе, что за границею давно уже начали серіозно заботиться о прекращеніи, по возможности, этого зла. Лучшимъ и вѣрнѣйшимъ средствомъ противъ смертности дѣтей считается распространеніе знаній изъ тѣхъ наукъ, о которыхъ мы говорили въ предыдущей главѣ, а также умѣнье **воспитывать** новорожденныхъ. Это умѣнье, пріобрѣтаемое лишь вѣковыми опытами и наблюденіями, и эти знанія, примѣненныя къ дѣлу воспитанія, излагаются въ особой наукѣ, называемой **педагогикой**. (*) Педагогика показываетъ, какъ **надо воспитывать** и **обучать** дѣтей, сообразно ихъ природѣ. Весьма многіе основательные люди посвящаютъ свою жизнь разработкѣ этой науки и многое въ ней уже признано за несомнѣнную истину, которую всякій можетъ повѣрить на опытѣ.

Изъ предыдущей главы мы уже знаемъ, что всякій организмъ **развивается**, т. е. увеличивается въ объемѣ, растетъ и крѣпнетъ. Такъ, изъ крошечнаго зернышка или сѣмячка какого-нибудь растенія, положимъ, яблока, помощью воздуха, теплоты, влаги и свѣта, выростаетъ мало-по-малу большое дерево и, когда оно дойдетъ до извѣстной степени развитія, приноситъ плоды. Но, чтобы они были хороши, вкусны, необходимо сдѣлать къ молодому деревцу прививку. Всякій мало-мальски свѣдущій въ садоводствѣ очень хорошо знаетъ, какого старательнаго ухода и неусыпной заботливости требуютъ плодовыя деревья. Иныя растенія, какъ напр. рожь, ячмень, клеверъ, приносятъ тѣ-же плоды, какіе были посѣяны, безъ всякой прививки и ухода; но и для ихъ произрастанія необходимо подготовить къ посѣву почву. Есть растенія, какъ напр. виноградъ, которыя требуютъ ухода еще болѣе тщательнаго, чѣмъ того требуетъ яблонь. Вообще, растительные организмы представляютъ различные виды относительно своего развитія: какая огромная разница между развитіемъ маленькой полевой травки и большимъ фруктовымъ деревомъ. То же самое видимъ и въ животныхъ организмахъ. Какая нибудь ничтожная инфузорія въ нѣсколько часовъ совершаетъ весь кругъ своего развитія, оставляя послѣ себя безчисленное потомство. Но зато есть животныя, жизнь и развитіе которыхъ тянутся цѣлые десятки лѣтъ. И чѣмъ сложнѣе организмъ, тѣмъ медленнѣе идетъ его развитіе и тѣмъ бóльшаго ухода требуетъ его потом-

---

(*) *Педагогика*, какъ и всѣ почти названія наукъ, слово не русское, а греческое и, въ переводѣ на русскій языкъ, означаетъ руководительство или *воспитаніе дѣтей*, отсюда *педагогъ* значитъ *руководитель дѣтей*, или короче—*воспитатель*.

ство. Заботы родителей о развитіи своего потомства въ животномъ царствѣ представляютъ поучительные примѣры. Сколько, напримѣръ, хлопотъ и даже самопожертвованій можно замѣтить со стороны самки и самца, когда они воспитываютъ своихъ птенцовъ!

Тѣмъ важнѣе должно быть воспитаніе и развитіе потомства у человѣка. Человѣкъ—это вѣнецъ всего Божья созданія; это—высшее существо въ огромномъ ряду безчисленныхъ организмовъ, начиная отъ микроскопической корненожки до огромнѣйшаго слона. Богъ надѣлилъ человѣка всѣми дарами органической жизни. Человѣкъ не только дышетъ, питается, какъ растенія и животныя, но и проявляетъ еще такія способности, какихъ не достаетъ ни одному органическому существу. По необыкновенной выносчивости своего организма, человѣкъ способенъ жить въ разныхъ климатахъ—и самыхъ холодныхъ и жаркихъ—и питаться самою разнообразною пищею—растительною, животною и минеральною. Не даромъ онъ надѣленъ такою гибкостью, податливостью и устойчивостью своихъ тѣлесныхъ качествъ: организмъ его приспособленъ къ гораздо обширнѣйшей и благороднѣйшей дѣятельности, чѣмъ у всѣхъ другихъ существъ на земномъ шарѣ. Жизнь его не изчезаетъ такъ незамѣтно, какъ изчезаетъ жизнь животныхъ: дѣянія его остаются въ памяти потомства и переходятъ изъ рода въ родъ, изъ вѣка въ вѣкъ. Родъ человѣческій, съ теченіемъ времени, замѣтно совершенствуется и постоянно стремится приблизиться къ своему совершеннѣйшему Первообразу, Премудрому Творцу, создавшему человѣка по образу и подобію Своему. Совершенствованіе это видно во всемъ: въ строеніи жилищъ, въ одеждѣ, пищѣ, обычаяхъ, нравахъ и познаніяхъ. Какая огромная разница между жизнію нашихъ предковъ, поклонявшихся какому-нибудь обрубку дерева—идолу Перуну и жизнію нашихъ современниковъ, строящихъ великолѣпные храмы и дворцы! Такого движенія впередъ, называемаго прогрессомъ, вовсе незамѣтно у животныхъ: какъ ни искусно строитъ свое жилище, напр. дроздъ, но никто еще не замѣтѣлѣ, чтобы съ вѣками въ этомъ строеніи произошло усовершенствованіе — и нынѣшній дроздъ строитъ такое же гнѣздо, какое строили его предки за тысячи лѣтъ тому назадъ.

Такое движеніе, такой прогрессъ не можетъ совершаться иначе, какъ только при оссобенно-богатой организаціи человѣка, организаціи, вполнѣ приспособленной къ выполненію столь высокаго назначенія, состоящаго въ постоянномъ стремленіи къ умственному и нравственному совершенствованію. Орудіями для этого служатъ, главнымъ образомъ — **даръ слова** и **разумъ**, составляющіе существенное отличіе человѣка отъ животныхъ. Опытъ и наблюденія просвѣтляютъ разумъ и, помощью ихъ, человѣкъ пріобрѣтаетъ постоянно все бо́льшій и бо́льшій запасъ знаній и становится умнѣе. Изложеніе всѣхъ знаній, пріобрѣтенныхъ человѣчествомъ впродолженіе вѣковыхъ опытовъ, въ систематическомъ (послѣдовательно-связномъ) порядкѣ составляетъ **науку** вообще. Познаніе добра и зла, просвѣтлѣніе разума посредствомъ науки, дѣлаетъ человѣка нетолько понятливѣе, умнѣе, но и добрѣе, нравственнѣе. Первымъ и главнымъ источникомъ познанія добра и зла служитъ въ наше время Божественное Ученіе Христа; оттого-то Законъ Божій (т. е. наука религіи, вѣры) стоитъ на первомъ планѣ во всякой школѣ какъ у насъ, такъ и во всемъ христіанскомъ мірѣ.

Любовь къ ближнему, проповѣдуемая Евангельскимъ ученіемъ, составляетъ основаніе христіанской религіи. Наука **педагогика**, въ отношеніи обращенія воспитателей съ дѣтьми, слѣдуетъ тому же Ученію: она не допускаетъ никакихъ истязаній и побоевъ, какъ это сплошь да рядомъ бываетъ въ нашихъ сельскихъ школахъ; напротивъ, она совѣтуетъ наставникамъ — обходиться съ учащимися со всевозможною кротостью, снисходительностью, терпѣніемъ и любовью. Независимо отъ такихъ религіозно-нравственныхъ истинъ, для достиженія цѣлей обученія, педагогика совѣтуетъ воспитателямъ — прежде всего познакомиться нетолько съ вещественною, но и духовною природою дитяти. Познанія о духовной природѣ человѣка вообще и о способностяхъ дитяти въ особенности излагаются въ наукѣ, извѣстной подъ именемъ **психологіи** (что значитъ: разсужденіе или наука о душѣ).

Если отъ садовника требуется умѣнье, какъ приготовить почву и какъ ухаживать за простымъ деревцомъ, чтобы оно вполнѣ развилось и принесло желаемые плоды, то тѣмъ болѣе необходимы знанія для матерей и, вообще, воспитателей, чтобы они съумѣли **воспитать** какъ слѣдуетъ дитя, существо разумное, надѣленное столь богатою организаціею. Подъ словомъ **воспитаніе** въ педагогикѣ разумѣется не одно только **питаніе** матеріальною (вещественною) пищею, т. е. вскармливанье ребенка: это было бы очень мало. У ребенка, кромѣ животныхъ потребностей — воздуха, пищи, движенія, покоя, одежды — есть еще духовныя потребности, вызываемыя его душевными способностями, выражающимися въ желаніи, чувствованіи и въ мышленіи; словомъ, у него есть разумъ, воля — душа. Возможно-ли такія драгоцѣнныя дарованія оставлять въ ребенкѣ безъ развитія, какъ говорится, на произволъ судьбы. У кого есть пониманіе, кто задумывался объ этомъ предметѣ, тому очень хорошо извѣстно, какъ много значитъ знанье и умѣнье въ воспитаніи дѣтей. Конечно, материнская любовь — могущественнѣйшая сила въ дѣлѣ воспитанія, сила, способная создать то, чего не создастъ ни одинъ мудрецъ въ мірѣ. Но знаніе есть неменѣе могущественная сила, которая творитъ нерѣдко чудеса. Сколько можно видѣть матерей, оплакивающихъ, къ сожалѣнію слишкомъ поздно, свои промахи, свою безпечность, какъ слѣдствія невѣжества.

Толковое, разумное воспитаніе требуетъ много знаній одного добраго желанія еще слишкомъ мало. Какая мать не желаетъ своему ребенку здоровья и ума-разума. Однако, какъ часто мать окармливаетъ дитя такими веществами, которыя положительно вредны; какъ часто она сама возбуждаетъ въ немъ такія желанія, которыя не развиваютъ, а лишь притупляютъ умственныя способности; и все это происходитъ единственно отъ незнанія, что полезно и что вредно ребенку.

А чтобы знать это, конечно, прежде всего необходимо познакомиться съ природою дитяти: нужно изучить настоящія его потребности, какъ тѣлесныя, такъ и духовныя. Тогда только, при такомъ только знаніи, можно увѣренно, а не гадательно, сказать, что именно содѣйствуетъ укрѣпленію тѣла дитяти и полному развитію его духовныхъ способностей; тогда только можно **воспитать вполнѣ здороваго, умнаго и добраго человѣка**. Это и составляетъ задачу педагогики; это и будетъ предметомъ нашихъ бесѣдъ.

Такъ-какъ человѣческая природа представляетъ двѣ, хотя тѣсно связанныя между собою, но всетаки отличныя, стороны — **физическую** (*) и **духовную**, то и жизнь дитяти должна разсматриваться съ тѣхъ же двухъ сторонъ; поэтому, и самое воспитаніе въ педагогикѣ, для удобнѣйшаго изложенія, обыкновенно раздѣляютъ на двѣ отдѣльныя части: **физическое** (тѣлесное) воспитаніе и **духовное** (умственно-нравственное) воспитаніе. Такъ-какъ при всякомъ надлежащемъ воспитаніи весьма важное мѣсто занимаетъ обученіе — домашнее или школьное, все равно, — и такъ-какъ этотъ предметъ требуетъ особыхъ знаній и, по своей многосложности, не можетъ быть изложенъ сподрядъ, то онъ составляетъ особую часть педагогики, извѣстную подъ именемъ **дидактики** (слово греческое и означаетъ: **обученіе**).

Между физическою и духовною природою человѣка, равно и между физическимъ и духовнымъ воспитаніемъ такая тѣсная связь и зависимость, что мы признали болѣе удобнымъ и правильнымъ — изложить основанія физическаго и духовнаго воспитанія сподрядъ, соединивъ ихъ въ одной части; и, такимъ образомъ, наше руководство состоитъ изъ двухъ отдѣльныхъ частей: въ первой говорится **о воспитаніи вообще до начала обученія**, во второй — **о начальномъ обученіи**.

(*) Слово *физическій* (отъ греч. слова *физика*, что, по русски, значитъ *вещественная природа*) часто употребляется въ смыслѣ тѣлесный или вещественный, въ противоположность слову *духовный*, т. е. *умственный и нравственный*.

III.
Естественныя потребности ребенка.

Представьте себѣ на двухъ разныхъ деревахъ двѣ однородныя почки, изъ которыхъ должны развернуться листики. Положимъ, что одна изъ этихъ почекъ носитъ въ себѣ больше жизненныхъ задатковъ, т. е. свѣжѣе, крѣпче, чѣмъ другая. Если обстоятельства одинаково будутъ благопріятствовать къ развитію той и другой, то, конечно, первая изъ почекъ пуститъ листики лучше, чѣмъ вторая и надежды на хорошій ростъ побѣга и дальнѣйшее его развитіе вѣрнѣе. Но, если случится что-нибудь неблагопріятствующее росту этой, хорошо сложенной, почки, положимъ, дунетъ на нее холодомъ, или засохнетъ почва, откуда она беретъ свои соки посредствомъ корней дерева,—то можетъ произойти совершенно обратное явленіе: первая изъ нашихъ почекъ погибнетъ, а вторая, хотя сначала и слабѣе, впослѣдствіи можетъ укрѣпиться и вполнѣ развиться при помощи внѣшнихъ благодѣтельныхъ вліяній, т. е. при достаточномъ количествѣ питанія, свѣта и теплоты.

То же самое происходитъ со всякимъ организмомъ и слѣдовательно, съ новорожденнымъ младенцемъ. Мы нерѣдко видимъ на опытѣ, что не одинъ ребенокъ крѣпкаго сложенія преждевременно умираетъ отъ небрежности или неумѣнья воспитать его какъ слѣдуетъ; и что, напротивъ того, при старательномъ и разумномъ уходѣ и хилое дитя съ лѣтами крѣпнетъ и выростаетъ вполнѣ здоровымъ. Слѣдовательно, здоровье младенца и дальнѣйшее физическое и духовное его развитіе зависитъ нестолько отъ того, какимъ онъ родился, сколько отъ его кормленія и внѣшнихъ вліяній. Къ такимъ вліяніямъ относятся: свѣтъ, воздухъ, звуки. Съ первой минуты рожденія младенецъ чувствуетъ вліяніе на себѣ воздуха; свѣтъ, дѣйствующій на его глаза, звукъ, доходящій до его слуха—тоже не остаются безъ всякаго вліянія на его нѣжную, впечатлительную природу. Все это, а равно и мѣсто, гдѣ находится младенецъ въ первые дни послѣ своего рожденія, со всею своею обстановкою, или такъ-называемая окружающая среда, оказываютъ благотворное или вредное вліяніе на здоровье дитяти, смотря по тому, удовлетворяютъ-ли, или же не удовлетворяютъ его естественнымъ, т. е. врожденнымъ, потребностямъ. И поэтому, прежде всего намъ необходимо познакомиться съ этими потребностями.

До родовъ младенецъ не составляетъ самостоятельнаго существованія: его жизнь и здоровье зависятъ отъ жизни и здоровья матери. Находясь въ утробѣ матери, въ постоянно-одинаковой теплотѣ (около 30 градусовъ по Реомюру), онъ не испытывалъ вліяній воздуха, свѣта и звука. Съ перваго мгновенія появленія своего на свѣтъ, онъ чувствуетъ рѣзкую перемѣну въ своемъ положеніи. Какъ бы ни была тепла комната (при 20 градусахъ уже довольно жарко), все-таки внѣшній воздухъ на первыхъ порахъ не можетъ не быть для него ощутительнымъ; какъ бы ни было нѣжно одѣяло, съ которымъ нѣжное тѣло его входитъ въ прикосновеніе, все-таки оно жестче той оболочки, въ какой онъ находился до рожденія. Прикосновеніе воздуха къ нѣжной и чувствительной кожѣ ребенка производитъ въ немъ непріятное ощущеніе: и вотъ почему сразу при появленіи на свѣтъ обыкновенно ребенокъ издаетъ крикъ. Но нѣтъ худа безъ добра: этотъ крикъ — признакъ здоровья. Съ первой же минуты своей жизни ребенку необходимо дышать, иначе ему не прожить больше нѣсколькихъ минутъ. Крикъ-то и приводитъ въ движеніе дыхательные органы, а это способствуетъ кровообращенію. Итакъ, первая потребность новорожденнаго младенца — дыханіе. Затѣмъ, вскорѣ являются другія потребности — потребности пищи, сна или покоя. Разсмотримъ каждую изъ этихъ потребностей отдѣльно.

Дыханіе.

Для надлежащаго животворнаго дыханія необходимо, чтобы воздухъ былъ чистый, незастоявшійся, неиспорченный.

Поэтому, жилыя комнаты съ спертымъ воздухомъ должны быть ежедневно провѣтриваемы посредствомъ открыванія оконъ или форточекъ и дверей. Порча въ воздухѣ можетъ происходить отъ неопрятности и тѣсноты въ комнатѣ. Пыль и разныя испаренія, происходящія отъ химическаго разложенія (гніенія) разныхъ веществъ, носятся незамѣтно по воздуху и, вмѣстѣ съ дыханіемъ, входятъ въ легкія и кровь человѣка; отсюда-то чаще всего и образуется извѣстная дѣтская болѣзнь — **золотуха (худосочіе)**. Какъ ядовита такъ-называемая **окись угля**, или, по-просту, угаръ (т. е. тонкій невидимый газъ, выдѣляющійся отъ неперегорѣвшихъ хорошо угольевъ), всякій знаетъ по опыту: отъ неосторожности и непониманія всего этого вреда, нерѣдко бываютъ опасные случаи — не только временнаго заболѣванія, но и смерти. Излишняя теплота или холодъ воздуха тоже вредно дѣйствуетъ на здоровье. Если испорченный воздухъ, а также излишній жаръ или холодъ, съ трудомъ переносятся взрослымъ и крѣпкимъ человѣкомъ, то само собою разумѣется, что это гораздо гибельнѣе дѣйствуетъ на слабенькій и чувствительный организмъ новорожденнаго. О воздухѣ мы еще поговоримъ подробнѣе въ слѣдующей главѣ.

Пища.

Естественною пищею ребенку служитъ материнее молоко. Въ случаѣ необходимости, оно можетъ быть замѣнено молокомъ животныхъ. Но такое искусственное кормленіе только отчасти, какъ говорится, съ грѣхомъ по-поламъ, замѣняетъ кормленіе грудью. Премудрая природа не забыла ни о чемъ, во всемъ видна цѣлесообразность. Въ первые дни послѣ рожденія организмъ ребенка еще не приспособленъ къ перевариванію даже такой легкой пищи, какъ молоко. И поэтому-то у матери сперва выдѣляется только въ небольшомъ количествѣ, и притомъ, такое жидкое, водянистое молоко, что его скорѣе можно назвать сывороткою, чѣмъ настоящимъ молокомъ, и служитъ оно собственно для очищенія кишекъ ребенка, видѣ слабительнаго. Черезъ день-другой, когда совершится это очищеніе, у ребенка появляется потребность болѣе питательной пищи; тогда и матернее молоко начинаетъ постепенно улучшаться, становится обильнѣе и гуще. Всякое лекарство въ видѣ слабительнаго, къ которому такъ охотно прибѣгаютъ деревенскія бабушки и знахарки, какъ средство искусственное и излишнее, положительно вредно и можетъ быть употребляемо только въ исключительныхъ случаяхъ, и то не иначе, какъ по совѣту врача. Впрочемъ, если, черезъ нѣсколько часовъ послѣ рожденія ребенка, его кишки не будутъ выдѣлять нечистотъ, можно дать ему чайную ложечку тепловатой воды съ сахаромъ, или даже касторового масла полложечки.

Если мать не здорова и сама не можетъ кормить своего ребенка, то это уже для него большое несчастье, — такъ-какъ трудно и даже почти невозможно во всякое время найти такую кормилицу, которая родила бы въ одно время съ этой матерью, и молоко которой заключало бы въ себѣ тѣ именно качества, какія необходимы для новорожденнаго.

Между простымъ народомъ рѣдки случаи, когда сама мать не кормитъ. За то обычай — предоставлять свое собственное дѣтище кормленію чужой груди довольно распространенъ въ высшемъ слоѣ общества. Часто совершенно-здоровая и полнокровная мать отдаетъ свое дитя кормить какой-нибудь болѣзненной или худосочной женщинѣ, вовсе не размышляя о послѣдствіяхъ такой безпечности. Почти всякая безграмотная женщина знаетъ по опыту, что даже временное болѣзненное состояніе кормилицы, положимъ, отъ испуга, гнѣва и какихъ бы то ни было сильныхъ душевныхъ волненій дѣлаетъ у ней молоко не годнымъ, не здоровымъ для питанія ребенка, пока она не прійдетъ въ себя, т. е. въ нормальное (обыкновенное) состояніе. Тѣмъ болѣе, разумѣется, не можетъ быть проку отъ женщины, постоянно-раздражительной, желчной и, вообще, болѣзненной. И поэтому, если мать, по своей болѣзненности или недостатку молока, не можетъ ни сама кормить, ни достать вполнѣ здоровой и съ добрымъ правомъ мамки, то гораздо безопаснѣе и полезнѣе для младенца питаніе коровьимъ или козьимъ молокомъ, впрочемъ, козье молоко не хорошо по своему непріятному запаху. Самымъ лучшимъ молокомъ могло бы считаться молоко ослицы, если бы не было трудно его достать. Но ни то, ни другое не можетъ вполнѣ замѣнить молока женщины, хотя молоко ослицы, по своимъ свойствамъ, и подходитъ ближе всего къ этому послѣднему.

Если судьбою назначено ребенку лишиться на первыхъ порахъ своей жизни единственной, естественной, т. е. назначенной самою природою, пищи, то искусственное кормленіе необходимо улучшить, по возможности приближая его къ женскому молоку. По совѣту врачей это дѣлается такъ: коровье молоко разводится водою и прибавляется не много толченаго сахару; эту смѣсь должно давать ребенку тепловатою. Что касается количества воды, входящей въ эту смѣсь, то на первыхъ порахъ она должна составлять около двухъ третей, а молоко — только одну треть, или не много болѣе; черезъ мѣсяцъ количество воды можно уменьшить немножко, прибавляя молока около половины, а черезъ нѣсколько времени и больше, такъ что на пятомъ мѣсяцѣ можно уже давать цѣльное молоко, безъ всякой примѣси. Молоко и вода каждый разъ должны быть свѣжи; вода кипятится, а молоко употребляется сырымъ.

Въ случаѣ недостатка въ свѣжемъ молокѣ, самою лучшею пищею для ребенка будетъ такъ-называемое **куриное молоко**, т. е. смѣсь свѣжаго яичнаго желтка съ водою и сахаромъ. Смѣсь эта дѣлается такъ: половина желтка разбивается въ чашкѣ, разжижается тепловатою водою и прибавляется немного сахару. Хорошо также къ молоку прибавлять третью часть бульону (т. е. процѣженнаго отвару изъ свѣжего говяжьяго или куринаго мяса); но въ такой крѣпкой пищѣ ребенокъ обыкновенно не нуждается раньше семимѣсячнаго возраста. Да и въ этомъ возрастѣ не всегда онъ не удовлетворяется молокомъ. Бульонъ полезно давать только ребенку вялому, слабому; для рѣзваго и вполнѣ здороваго лучше будетъ мучной отваръ, какъ болѣе питательная добавка къ молоку. Дѣлается она такъ: сваривъ въ водѣ ячменную, или овсяную крупу, отваръ процѣдить и влить въ молоко. Да и этотъ отваръ раньше отнятія отъ груди излишенъ, если только молоко у матери обильно; въ случаѣ же недостаточности материнаго молока, лучше давать въ перемежку коровье молоко, въ особенности ночью, когда для матери необходимъ покой. Когда ребенокъ плачетъ и часто суетъ пальцы въ ротъ, то это значитъ, что онъ требуетъ пищи болѣе питательной, чѣмъ молоко. Тогда только ему можно дать бульону или мучнаго отвару. Но, вмѣсто того, для успокоенья его даютъ ему обыкновенно соску изъ хлѣба съ сахаромъ. Это не совсѣмъ хорошо, потому что такая соска скоро портится, окисляется и вредно дѣйствуетъ на ротъ и желудокъ. Если нѣтъ бульону, то можно давать ребенку, кромѣ молока, свѣжее сырое яйцо, разжидивъ водою и прибавивъ немного сахару.

На седьмомъ или девятомъ мѣсяцѣ отъ роду, а иногда гораздо позже, у ребенка появляются молочные зубы. Тогда уже сама природа ясно указываетъ, что ребенка пора отнять отъ груди и давать ему пищу болѣе питательную. Но этотъ переходъ отъ самой легкой къ болѣе тяжелой пищѣ долженъ совершаться исподоволь, а не вдругъ, какъ это часто дѣлаютъ неразсудительныя матери; вѣдь и зубы же у ребенка не вдругъ всѣ прорѣзываются; окончательно выростаютъ они лишь черезъ два года слишкомъ. Къ чему же такая торопливость со стороны матери? Чтобы сразу избавить себя и ребенка отъ тѣхъ страданій, какія испытываются ими при отнятіи отъ груди? Но вѣдь эта-то торопливость и составляетъ главную причину страданій. Если кормленіе грудью будетъ прекращаться постепенно, замѣняясь другою, легкою пищею исподоволь; если ребенокъ съ каждымъ днемъ будетъ получать бульону или кашицы все чаще и чаще, а материнаго молока все рѣже и рѣже, то перемѣна въ кормленіи совершится незамѣтнымъ образомъ, безъ всякаго вреда и непріятностей какъ для кормилицы, такъ и для дитяти.

Что касается количества и времени употребленія ребенкомъ пищи, то для этого совершенно точныхъ правилъ въ физіологіи не существуетъ. Какъ взрослый человѣкъ, такъ и ребенокъ, одинъ требуетъ пищи больше, другой меньше, смотря по состоянію организма и возрасту. Нельзя однако сказать, чтобы чрезмѣрное употребленіе пищи вытекало прямо изъ физіологической необходимости: часто оно бываетъ только слѣдствіемъ дурной привычки, пріобрѣтенной еще въ дѣтствѣ. Дурное воспитаніе во всемъ оставляетъ свои слѣды. Такъ-какъ ребенокъ не можетъ высказывать своихъ желаній и всякое недовольство выражаетъ лишь крикомъ, то, часто, неопытная, или вѣрнѣе, нерасудительная мать суетъ ему свою грудь, хотя причиною крика можетъ быть не только не голодъ, а страданіе желудка отъ пресыщенія. Ребенокъ кричитъ не отъ одного чувства голода, а отъ всякаго сильнаго ощущенія происходящаго отъ раздраженія нервовъ, вслѣдствіе ли внѣшнихъ вліяній — холода, жара, рѣзкаго звука и свѣта, или вслѣдствіе неловкаго и стѣсненнаго положенія въ постели, или же, наконецъ, вслѣдствіе болѣзненнаго состоянія. Слѣдовательно, успокаивать всякій плачъ ребенка кормленіемъ — весьма неразумное средство. Заботливая и предусмотрительная мать какъ-то необъяснимо угадываетъ причину плача своего дитяти. Если ребенокъ, при поднесеніи ему груди, хватается за нее живо и съ радостною улыбкою, то это служитъ вѣрнымъ признакомъ, что пища ему необходима; и, напротивъ, если онъ смотритъ на грудь равнодушно и принимается сосать, такъ сказать, по-привычкѣ, то это ясно, что онъ не нуждается въ кормленіи и, поэтому, оно, какъ всякое излишество, противно его природѣ и, конечно, не можетъ идти въ прокъ. Если ребенокъ сряду послѣ кормленія засыпаетъ, то это значитъ, что оно ему навѣрно было во время; если же онъ продолжаетъ плакать, то еще сомнительно, пойдетъ ли въ пользу пища.

Въ первые мѣсяцы своей жизни ребенокъ еще такъ слабъ, что не способенъ ни къ какой дѣятельности: онъ постоянно спитъ. Но въ то же время организмъ его незамѣтно стремится къ развитію и укрѣпленію и, поэтому, нуждается въ частой пищѣ. Во всякомъ случаѣ, можно принять приблизительно за правило, что такого ребенка очень достаточно кормить разъ черезъ каждые два или даже три часа; впослѣдствіи, по мѣрѣ его возраста, пища требуется имъ все рѣже и рѣже.

Когда у ребенка прорѣзались зубы и, слѣдовательно, организмъ его уже приспособленъ къ перевариванію твердой пищи, тогда естественно является вопросъ: какая пища ему болѣе полезна — растительная или животная? Не вдаваясь въ физіологическія изслѣдованія, мы можемъ рѣшить этотъ вопросъ очень просто: стоитъ только разсмотрѣть наши зубы. Ихъ устройство, конечно, приспособлено къ размельчанію такого рода пищи, какая лучше всего соотвѣтствуетъ потребности нашего организма. Наши переднiе зубы (рѣзцы) похожи на зубы плотоядныхъ животныхъ (напр. собаки) и, очевидно, имѣютъ прямое назначеніе къ дробленію мяса. Заднiе же коренные зубы (точно у коровы) служатъ къ пережевыванію растительныхъ веществъ. Слѣдовательно, по устройству зубовъ человѣка, можно заключить, что самая полезная для него пища — пища смѣшанная, т. е. животная и растительная въ перемежку, хотя можно существовать и одною растительною. Самою здоровою и питательною пищею считается куриное яйцо, какъ соединяющее въ себѣ качества, заключающіяся въ хорошемъ мясѣ и, отчасти, въ растительныхъ веществахъ. Но надо замѣтить при этомъ, что яйца удобоваримы, и, слѣдовательно, полезны только совершенно свѣжія и при томъ сырыя или сваренныя въ смятку. Особенно полезны яйца въ смятку дѣтямъ слабаго сложенія, золотушнымъ и не употребляющимъ мясной пищи. Для вполнѣ здоровыхъ и полнокровныхъ мясная пища не столь необходима, и въ иныхъ случаяхъ можетъ быть съ пользою замѣнена одною растительною, вмѣстѣ съ молочною. — Во всякомъ случаѣ, умѣренность въ пищѣ всегда полезнѣе излишества.

Что касается питья, то само собою разумѣется, что не слѣдуетъ давать дѣтямъ никакихъ горячительныхъ и хмѣльныхъ напитковъ: они не всегда полезны и для взрослаго человѣка, а для слабаго и раздражительнаго организма ребенка они положительно вредны. Для утоленія его жажды есть вездѣ въ изобиліи созданный самою природою, и поэтому самый лучшій, напитокъ—чистая свѣжая вода.

Сонъ.

Необходимая продолжительность сна ребенка, точно также, какъ и количество потребной пищи, должна соразмѣряться съ состояніемъ его организма и лѣтами. Въ первые дни своего существованія, ребенокъ спитъ почти безпрерывно и просыпается лишь за тѣмъ, чтобы насытиться молокомъ. По мѣрѣ же развитія и укрѣпленія организма, въ немъ постепенно пробуждается потребность дѣятельности, бодрствованія и, вмѣстѣ съ этимъ, продолжительность сна исподоволь уменьшается. Если ребенокъ здоровъ и сытъ, то онъ спитъ спокойно и днемъ и ночью, и матери остается только позаботиться о томъ, чтобы его сну не мѣшали ни шумъ, ни свѣтъ, ни холодъ. Когда же онъ не спокоенъ, то необходимо отыскать и устранить причину, зловредно дѣйствующую на его организмъ. Всякія убаюкиванья и укачиванья, какъ на рукахъ такъ и въ люлькѣ, не только излишни, но и положительно вредны, потому что такіе способы прямо насилуютъ природу. Такой вынужденный сонъ, или вѣрнѣе, такое временное одурѣніе ребенка, скорѣе его утомляетъ, чѣмъ укрѣпляетъ. Тѣмъ больше, разумѣется, вредны какія-нибудь снотворныя вещества, употребляемыя знахарками, въ родѣ отвара маковыхъ головокъ, спирта и т. п. Если же ребенокъ все это выноситъ безъ замѣтнаго вреда и современемъ укрѣпляется и выростаетъ здоровымъ, то это только доказываетъ, что онъ хорошо сложенъ и по этому природа беретъ свое, успѣвъ преодолѣть тѣ препятствія, какія полагаются въ его развитіи неразумнымъ уходомъ.

Дитя спитъ именно столько, сколько ему нужно. Если ребенокъ, дойдя до пятилѣтняго возраста, спитъ около 11 часов въ сутки, то это не можетъ считаться излишествомъ, потому что и пятнадцатилѣтнему отроку необходимо спать 8 ч., а яному, слабому, еще больше. Вполнѣ взрослому человѣку считается достаточнымъ спать семь или даже шесть часовъ, старики спятъ гораздо меньше. Конечно, иногда не только дѣти, но и взрослые спятъ излишне, просто по дурной привычкѣ много спать. Но такая привычка укореняется только вслѣдствіе убаюкиваній, употребленія спиртныхъ напитковъ и усыпляющихъ снадобій, а также вслѣдствіе излишества въ пищѣ, испорченнаго воздуха и малаго движенія, вообще, вслѣдствіе всѣхъ тѣхъ обстоятельствъ, которыя задерживаютъ врожденное въ ребенкѣ стремленіе къ дѣятельности и, вмѣстѣ съ тѣмъ, разслабляютъ его организмъ.

IV.
Физіологическія выдѣленія.

Мы знаемъ, что во всемъ органическомъ мірѣ происходитъ безпрерывное круговращеніе въ обмѣнѣ веществъ. На этомъ круговращеніи держится жизнь всѣхъ организмовъ. Яснѣе всего мы это можемъ видѣть на растеніяхъ: осенью они замираютъ, а весною опять оживаютъ. На мѣсто отжившихъ, устарѣвшихъ къ зимѣ стеблей и листьевъ, лѣтомъ на нихъ опять появляется новое, уже свѣжее, вновь возобновленное, одѣяніе. Это повторяется каждый годъ и это всякому хорошо извѣстно. Но не всякій знаетъ, потому-что не всякій замѣчалъ то, что происходитъ ежеминутно въ каждомъ растеніи. Стоитъ только посмотрѣть на травку въ увеличительное стекло въ началѣ лѣта, когда она полна жизни: тогда можно замѣтить безпрерывное движеніе въ немъ соковъ, идущихъ вверхъ отъ корня. Изъ этихъ соковъ, въ которыхъ, кромѣ воды и газовъ, есть и твердыя минеральныя частички, образуется все растеніе: стволъ, вѣтви и листья.

Точно такъ же и всякій животный организмъ состоитъ изъ жидкихъ и твердыхъ веществъ. Точно такое же и еще болѣе сложное движеніе происходитъ и въ немъ. Какъ жидкія, такъ и твердыя вещества входятъ въ организмъ посредствомъ вдыханія и пріема пищи. Воздухъ, вода и пища, войдя въ составъ организма, при помощи свѣта и теплоты, даютъ ему ту форму (внѣшнее очертаніе и объемъ) и то движеніе, дѣятельность и развитіе, какія свойственны его природѣ. Воздухъ, пища и питье нетолько образуютъ кости, мускулы, хрящи, нервы, мозгъ, кожу, волоса, словомъ все тѣло, весь организмъ, но даютъ ему и теплоту, которая называется **животною** (внутреннею) для отличія отъ воздушной (внѣшней) теплоты. Къ развитію въ организмѣ животной теплоты содѣйствуетъ движеніе, выражающееся въ ходьбѣ, или въ какой-либо работѣ.

Всякій знаетъ, что бо́льшая часть употребляемой нами пищи и питья извергается двумя путями; только небольшое количество питательныхъ веществъ переработывается въ кровь и плоть и, слѣдовательно, служитъ для поддержанія въ организмѣ жизни. Но работа въ организмѣ далеко еще не ограничивается такимъ простымъ обмѣномъ питательныхъ веществъ. Если бы это было такъ, тогда естественно явились бы два вопроса: 1) Какимъ это образомъ частички пищи и питья, разъ усвоенныя организмомъ, т. е. перешедшія въ нашу кровь и плоть, остаются цѣлые десятки и даже сотни лѣтъ (т. е. во всю жизнь) неизмѣнными? 2) Отчего организмъ взрослаго человѣка не увеличивается въ объемѣ отъ непрерывной прибавки тѣхъ частичекъ, которыя входятъ въ составъ тѣла при ежедневномъ употребленіи пищи и питья? Но въ томъ-то и дѣло, что эта прибыль ежеминутно уравновѣшивается такою же убылью. Убыль эту ясно можно видѣть, когда человѣкъ вспотѣлъ, когда, какъ говорится, съ него потъ градомъ катится, вслѣдствіе жара, или же сильнаго движенія. Такая ненормальная (непомѣрная) убыль, требуетъ, разумѣется, и обильнаго возобновленія: и поэтому-то у сильно-вспотѣвшаго человѣка является жажда. Выдѣленіе, извѣстное подъ именемъ испарины, совершается на нашей кожѣ безпрерывно, только въ гораздо меньшей мѣрѣ, чѣмъ при вспотѣніи и, поэтому, незамѣтно. Болѣе замѣтны выдѣленія, отлагающіяся въ глазахъ (слезы), въ носу (мокрота) и въ ушахъ (сѣра). Постоянныя же выдѣленія посредствомъ кожи незамѣтны потому, что незамѣтны и пути, посредствомъ которыхъ они совершаются; хотя эти пути и выходятъ наружу, но такъ крошечны, что не могутъ быть видимы простымъ глазомъ. Когда кожа уже слишкомъ засорилась и потеряла даже свой естественный бѣлорозовый цвѣтъ, тогда только ясно видно, что испарины накопилось много.

Мелкія, непримѣтныя частички у вспотѣвшаго человѣка появляются въ видѣ крупныхъ капель отъ того, что поры на нашей кожѣ отъ жара расширяются и испарина становится обильнѣе; отъ холода же, напротивъ, поры сжимаются и испарина замедляется, и потому вовсе незамѣтна, точно такъ же, какъ незамѣтно испареніе воды отъ теплаго, но не очень жаркаго воздуха.

Какъ частый обмѣнъ веществъ въ человѣческомъ тѣлѣ происходитъ посредствомъ испарины, можно судить по скорости совершающагося въ нашемъ организмѣ кровообращенія: въ этомъ легко удостовѣриться, приложивъ руку къ сердцу, или лучше, палецъ къ запястью, гдѣ это движеніе болѣе замѣтно; и потому-то врачи обыкновенно осязаютъ такъ-называемый пульсъ (біеніе) именно въ этой части тѣла. У новорожденнаго младенца въ одну минуту совершается до 140 біеній, у взрослаго здороваго человѣка — до 80, у стариковъ до 50, или даже менѣе.

Такое быстрое кровообращеніе у младенца соотвѣтствуетъ какъ болѣе частому дыханію, такъ и болѣе частому употребленію пищи, чѣмъ у взрослаго человѣка; поэтому самому, и убыль выдѣленій должна уравновѣшиваться съ прибылью питанія. Если на которой-нибудь сторонѣ, вслѣдствіе какихъ-либо обстоятельствъ, случится перевѣсъ, то кровообращеніе выходитъ изъ своего нормальнаго состоянія и организмъ подвергается болѣзни, болѣе или менѣе чувствительной, смотря по степени и продолжительности такого неправильнаго состоянія. Этотъ перевѣсъ можетъ произойти, съ одной стороны, отъ излишней пищи и относительно умѣреннаго выдѣленія, или съ другой — отъ относительно скуднаго питанія и непомѣрнаго выдѣленія. Вотъ почему, послѣ купанья и, еще больше, послѣ бани, когда усилится испарина и убыль быстро перевѣшиваетъ прибыль, организмъ стремится къ такому же быстрому возобновленію, и въ немъ возбуждается сильный позывъ къ ѣдѣ и питью. И вотъ почему, если у человѣка поры засорены, т. е. кожа нечиста, и поэтому недѣятельна, онъ чувствуетъ какую-то томительную тяготу, въ особенности послѣ сытнаго обѣда; и наоборотъ, такъ пріятно и легко ему послѣ омовенія. Теперь не трудно понять, какое важное значеніе имѣетъ для нашего здоровья постоянное поддерживаніе кожи въ чистотѣ возможно частою перемѣною бѣлья, а также усиленною испариною и омовеніями всего тѣла.

Общераспространенный обычай — мыть каждодневно лицо и руки далеко еще не удовлетворяетъ вышесказанной потребности организма. Конечно, для людей бѣдныхъ, зарабатывающихъ насущный хлѣбъ въ потѣ лица, частыя омовенія всего тѣла неудобны и даже невыполнимы. Но, въ большей части случаевъ, пренебреженіе омовеніями происходитъ или отъ непониманія ихъ пользы, или просто — отъ лѣни и дурнаго воспитанія въ дѣтствѣ. Къ счастію и чести русскаго народа, онъ какъ-то инстинктивно (безсознательно) понялъ пользу бани, и уже издревле полюбилъ ее. Баня въ особенности полезна въ холодную и сырую погоду, когда значительно ослабѣваетъ выдѣленіе въ организмѣ посредствомъ испарины. Но какъ все въ мірѣ, такъ и баня, имѣетъ свою дурную сторону. Она можетъ причинить весьма серьезный вредъ въ томъ случаѣ, если послѣ сильнаго вспотѣнія быстро пріостановится испарина отъ холода, прежде чѣмъ успѣютъ исподоволь стянуться сильно раскрытыя поры. Такія простуды очень опасны. Конечно, если человѣкъ вполнѣ здоровъ и кожа дѣятельна, то въ его организмѣ, силою его особенной устойчивости, можетъ скоро возстановиться равновѣсіе въ неравномѣрномъ распредѣленіи животной теплоты, т. е. излишекъ тепла, бросившійся внутрь, можетъ опять прилить быстро къ кожѣ; и потому, въ подобныхъ случаяхъ, такой быстрый переходъ отъ жара къ холоду становится почти безвреднымъ. Но какъ бы то ни было, разъ избѣгнутая удачно опасность еще не представляетъ никакихъ основаній не обращать на нее вниманія. Чтобы вполнѣ обезопасить себя отъ простуды, при выходѣ изъ бани необходимо обмыть все тѣло тепловатою, или еще лучше, холодноватою водою, если кто не привыкъ къ совершенно холодной, и вытереться хорошенько досуха чистою простынею; тогда быстро возстановится на кожѣ равномѣрное распредѣленіе животной теплоты и скоро остановится излишняя испарина. Хорошо также — прежде потѣнія, сраду при входѣ въ баню, помыть холодною водою не только голову, но и все тѣло, и втянуть ее въ носъ. Какъ баня, такъ и купанье вредны тотчасъ послѣ ѣды, потому-что напряженная дѣятельность выдѣленія кожею одновременно съ такою же дѣятельностью пищеварительныхъ органовъ не можетъ быть благопріятна нормальному кровообращенію; и поэтому париться и омываться слѣдуетъ до обѣда, или послѣ обѣда не раньше трехъ часовъ, когда уже совершится въ желудкѣ самая трудная работа пищеваренія.

Если взрослый человѣкъ, неимѣющій обыкновенія очищать своей кожи ни въ бани, ни купаньемъ, пользуется здоровьемъ, то этимъ онъ обязанъ единственно своей напряженной дѣятельности и болѣе или менѣе частому движенію, — что много способствуетъ испаренію кожею. При всемъ томъ, нельзя сказать, чтобы онъ не былъ расположенъ къ заболѣванію въ большей мѣрѣ, чѣмъ такой же дѣятельный человѣкъ, который содержитъ свою кожу въ чистотѣ. Но, во всякомъ случаѣ, вредъ, происходящій отъ нечистоплотности, для взрослаго человѣка гораздо менѣе чувствителенъ, чѣмъ для ребенка, въ особенности, на первыхъ порахъ его существованія, когда онъ лежитъ постоянно въ постелькѣ почти безъ всякаго движенія. Слабенькій организмъ новорожденнаго съ чрезвычайною быстротою стремится къ своему укрѣпленію и развитію продолжительнымъ сномъ, частымъ дыханіемъ и насыщеніемъ. Соотвѣтственно такому усиленному приращенію въ тѣлѣ, и выдѣленія должны совершаться обильно. Но какъ бы дѣятельно ни выдѣлялась въ организмѣ младенца испарина, она легко можетъ пріостановиться или вслѣдствіе внѣшняго холода, или вслѣдствіе засоренія кожи. Такое состояніе кожи тѣмъ болѣе опасно, что самъ младенецъ собственными своими силами, движеніемъ, не въ состояніи помочь бѣдѣ; онъ такъ слабъ и беззащитенъ. Поэтому, на первыхъ порахъ своей жизни, онъ требуетъ величайшей, неусыпной заботливости со стороны матери. Малѣйшая оплошность, малѣйшая небрежность въ поддержаніи чистоты на кожѣ, можетъ легко повлечь за собою серіозную опасность. Къ сожалѣнію, матери въ нашемъ простонародьѣ не очень заботятся о чистоплотности дѣтей, считая это излишнею роскошью. Зато между главными причинами огромной смертности дѣтей (къ чему относятся: испорченность воздуха, холодъ и дурное питаніе), пренебреженіе въ ежедневномъ омовеніи ребенка занимаетъ не послѣднее мѣсто.

Итакъ, ежедневныя омовенія ребенка, для сохраненія его здоровья, составляютъ крайнюю необходимость. Надо при этомъ знать: какой температуры должна быть вода для такихъ омовеній? Взрослому человѣку холодная вода не можетъ причинить особеннаго вреда, и для того, кто къ ней исподоволь привыкнетъ, очень полезна; потому-что, хотя она прикосновеніемъ своего холода къ кожѣ сжимаетъ поры и, вслѣдствіе этого, кровь быстро бросается отъ поверхности тѣла къ легкимъ и сердцу, но въ то же время происходитъ сильное возбужденіе въ нервахъ и такъ-называемая **реакція** (воздѣйствіе). Говоря яснѣе, это значитъ, что если нервы крѣпки и кожа дѣятельна, то, за сильнымъ приливомъ крови къ легкимъ и сердцу, вслѣдствіе раздраженія холодною водою нервовъ, сильно возбуждается животная теплота; и поэтому быстро, вслѣдъ за тѣмъ, происходитъ отливъ той же крови къ кожѣ и, такимъ образомъ, вскорѣ возстановляется равновѣсіе въ кровообращеніи; и чѣмъ сильнѣе образуется въ организмѣ животная теплота, посредствомъ ли натиранія кожи, или посредствомъ движенія, тѣмъ скорѣе и совершеннѣе возстановляется это равновѣсіе. Вотъ почему многіе совершенно безвредно могутъ перенести такой рѣзкій переходъ отъ жара къ холоду, бросаясь изъ самой горячей бани прямо въ самую холодную воду. Хотя и теплая вода очищаетъ кожу и возбуждаетъ испарину, но она тѣмъ не хороша, что изнѣживаетъ кожу и дѣлаетъ ее воспріимчивѣе къ внѣшнему холоду, тогда-какъ холодная вода, укрѣпляя нервы посредствомъ напряженной ихъ дѣятельности, въ то же время пріучаетъ кожу къ перенесенію безвредно холода и, слѣдовательно, служитъ отличнымъ предохранительнымъ средствомъ отъ простуды.

Но то, что мы сказали о дѣйствіи холодной воды на организмъ крѣпкій и дѣятельный, не можетъ относиться къ слабому и мало подвижному организму ребенка. Въ не очень давнее время нѣкоторые врачи совѣтовали купать дѣтей въ лѣтней и даже холодной водѣ; но опытъ далеко не оправдываетъ пользы такихъ совѣтовъ, а физіологія совершенно опровергаетъ ихъ основательность. Нетрудно понять, что организмъ ребенка не въ состояніи перенести безвредно то потрясающее дѣйствіе, какое производитъ холодная вода даже на организмъ взрослаго человѣка, такъ-какъ столь слабый и мало подвижной организмъ не способенъ къ выше сказанной реакціи. Конечно, хорошо и даже слѣдуетъ пріучать ребенка съ самаго ранняго возраста къ перенесенію внѣшняго холода посредствомъ омовеній и купаній въ лѣтней водѣ; но какъ во всемъ, такъ и въ этомъ случаѣ, должно соблюдать постепенность и мѣру. Начавъ, со дня рожденія младенца, омывать и окунать его въ такой водѣ, какая ни своимъ холодомъ, ни жаромъ не можетъ причинить въ немъ непріятнаго ощущенія (*), потомъ, по мѣ-

---

(*) Температура такой воды должна близко подходить къ температурѣ человѣческой крови, т. е. 28 или 29° по Р. Необходимый для измѣренія температуры термометръ стоитъ не дорого: простой деревянный можно достать за полтинникъ. Можно и ощущеніемъ руки узнать температуру воды, но для этого требуется опытъ и привычка. При 28 градусахъ вода будетъ самая пріятная для ощущенія руки, т. е. теплая, но не горячая.

Подъ словомъ *лѣтняя* мы разумѣемъ здѣсь температуру такой воды, какая бываетъ обыкновенно у насъ въ рѣкахъ въ жаркіе лѣтніе дни, т. е. отъ 15 до 18°.

рѣ возрастанія ребенка, мѣсяцъ за мѣсяцемъ **понижать температуру** воды, т. е. дѣлать ее свѣжѣе, холоднѣе, такъ-что, когда онъ уже рѣзвится и бѣгаетъ на открытомъ воздухѣ, его можно съ пользою купать въ лѣтней водѣ. Вода для омовеній и купаній, точно такъ же какъ и для питья, всякій разъ должна быть свѣжая, незатхлая.

Въ I-ой главѣ мы говорили, что деревья выдѣляютъ, посредствомъ листьевъ, **углекислоту**. Въ нашемъ организмѣ тоже выдѣляется углекислота посредствомъ тѣхъ-же органовъ, которыми вдыхаемъ воздухъ, т. е. посредствомъ дыхательнаго горла и легкихъ. Убѣдиться въ этомъ не трудно. Всякому случалось замѣчать въ холодной комнатѣ выходящій изо рта паръ; это-то и есть выдѣленіе дыханія. Итакъ, въ нашемъ организмѣ постоянно совершается работа вдыханія и выдыханія, повторяющихся до 20 разъ въ минуту. Выдѣленія дыханіемъ мы не замѣчаемъ въ тепломъ воздухѣ по той же самой причинѣ, какая объяснена выше, когда шла рѣчь объ испаринѣ, т. е. при тепломъ воздухѣ пары не охлаждаются, слѣдовательно, не сгущаются, и потому не могутъ быть примѣтны. Но что выдыханіе совершается непрерывно при всякой температурѣ, въ этомъ можно удостовѣриться, поднеся близко ко рту кусокъ стекла. Подержавъ стекло въ такомъ положеніи нѣсколько минутъ, мы замѣтимъ на немъ мелкія частички испареній, въ видѣ воды.

Съ паромъ выдыханія выдѣляется, какъ мы сказали, газъ, извѣстный подъ именемъ углекислоты. Относительно малое количество этого газа, расплываясь въ относительно большомъ количествѣ чистаго комнатнаго воздуха, конечно, теряетъ свои ядовитыя свойства. Но, если представить себѣ маленькую избу такъ-плотно закрытую со всѣхъ сторонъ, что въ нее не можетъ приливать внѣшній свѣжій воздухъ и если эта изба будетъ, какъ говорится, биткомъ набита народомъ, то черезъ какія-нибудь сутки, и раньше, люди задохнулись бы, потому что весь воздухъ, бывшій въ избѣ, перейдетъ въ организмъ этихъ людей, а останутся только водяные пары съ углекислотою. Это объясненіе науки доказывается и опытомъ, такъ-какъ дѣйствительно были случаи подобнаго рода задушенія отъ недостатка воздуха.

Послѣ этого понятно, какой вредъ причиняетъ ребенку постоянное многолюдство въ тѣсной и мало-провѣтриваемой комнатѣ. Слѣдуетъ также обращать вниманіе и на то, что если небольшую комнату съ спертымъ воздухомъ загромаздить цвѣтами или деревцами, то отъ обильнаго испаренія изъ нихъ углекислоты можетъ также произойти болѣе или менѣе чувствительный вредъ для здоровья не только ребенка, но и взрослаго человѣка. Но какъ растенія выдѣляютъ углекислоту только ночью; при дневномъ же свѣтѣ, напротивъ, втягиваютъ въ себя именно тѣ испаренія, которыя вредны для здоровья человѣка и при томъ испускаютъ кислородъ: то, поэтому, деревца въ жилой комнатѣ очень полезны днемъ, и очень вредны ночью, если въ комнатѣ нѣтъ свободнаго теченія для внѣшняго воздуха.

V.

Естественные законы, управляющіе нашею физическою и духовною жизнію.

Въ предыдущихъ главахъ мы видѣли, что наша жизнь, точно такъ, какъ и жизнь всѣхъ другихъ организмовъ, совершается въ извѣстномъ неизмѣнномъ порядкѣ, подчиняясь вліянію внѣшняго, вещественнаго міра, который мы постоянно ощущаемъ пятью внѣшними чувствами, т. е. зрѣніемъ, слухомъ, осязаніемъ, вкусомъ и обоняніемъ. Совокупность всѣхъ этихъ предметовъ, которые созданы Богомъ и которые мы ощущаемъ сказанными чувствами, составляетъ **вселенную**, или **естество** (вещественную природу). Всѣ явленія въ природѣ, день и ночь, лѣто и зима, свѣтъ и мракъ, тепло и холодъ, находятся во взаимной другъ отъ друга зависимости и, смѣняя другъ друга, подчиняются извѣстнымъ законамъ, которые и называются естественными. Ихъ не въ состояніи измѣнить никакая сила человѣческая. Правда, трудъ человѣка, опытъ, наука могутъ значительно вліять на нѣкоторыя частныя измѣненія въ вещественной природѣ: такъ, безплодную почву—песчаную или болотистую—посредствомъ назёма и осушки можно превратить въ плодоносную ниву. Но это видимое одолѣваніе природы, это стремленіе искусства поработить ее своему произволу, въ сущности, нисколько не измѣняетъ ея естественныхъ законовъ. Если бы нашелся такой человѣкъ, который бы на песчаной безплодной почвѣ выростилъ, положимъ, отличную пшеницу, тогда можно бы сказать, что онъ дѣйствительно овладѣлъ природою. Но если онъ на песокъ кладетъ назёмъ и обращаетъ его въ плодородную ниву, то это значитъ, что онъ именно слѣдуетъ закону природы, по которому извѣстное растеніе не можетъ произростать безъ той пищи, какая ему необходима и какую оно получаетъ изъ удобренной почвы. Слѣдовательно, человѣкъ своимъ умомъ и трудомъ можетъ только помогать природѣ, т. е. содѣйствовать къ проявленію ею жизненныхъ силъ и этимъ увеличить свое благосостояніе; но измѣнить ея законовъ въ ихъ первобытной сущности никто не въ состояніи.

Точно такъ же никакое искусство не въ состояніи измѣнить естественныхъ законовъ, управляющихъ нашею жизнію. Съ первыхъ мгновеній нашего земнаго существованія начинается въ нашемъ организмѣ работа: дыханіе и выдыханіе, кровообращеніе, пищевареніе и вообще, обмѣнъ веществъ посредствомъ питанія и выдѣленій. Эта работа организма, извѣстная въ физіологіи подъ именемъ **органическихъ отправленій**, совершается безостановочно и безъ участія нашей воли, до послѣдней минуты нашей жизни. Пока мы живемъ, мы не можемъ не дышать и не употреблять пищи; не можемъ также пріостановить выше сказаннаго обмѣна веществъ. Но отъ нашей воли, отъ нашей заботливости и отъ нашего умѣнья зависитъ улучшать или ухудшать наше здоровье, смотря по тому, какой образъ жизни мы ведемъ и какъ дѣйствуетъ—благотворно или зловредно—на наши органическія отправленія окружающая насъ среда. Такъ, холодный и сырой воздухъ, отнимающій у насъ животную теплоту и сжимающій кожу и, слѣдовательно, вредно дѣйствующій на органическія отправленія, мы, по своему произволу, можемъ согрѣвать искусственнымъ тепломъ посредствомъ печей.

Ничто въ мірѣ не происходитъ безъ причины. Если ребенокъ слабъ и боленъ, то это значитъ, что въ немъ органическія отправленія совершаются неправильно. Чтобы привести ихъ въ нормальное состояніе, прежде всего необходимо устранить причину, вредно подѣйствовавшую на здоровье ребенка,—иначе никакое искусство, никакія лекарства ничего не помогутъ, потому-что, какъ мы сказали, ничто не можетъ измѣнить разъ установленныхъ Премудрымъ Создателемъ законовъ. Такъ, напр., часто у дѣтей случаются судороги, иногда очень опасныя. Ихъ начинаютъ лечить деревенскія бабы разными снадобьями и, вмѣсто помощи, приносятъ лишь вредъ ребенку, который нерѣдко отъ этого и умираетъ. Если бы эти доморощенные лекари, если бы эти такъ называемыя знахарки понимали дѣло, т. е. постарались узнать причину судорогъ, то болѣзнь ребенка устранилась бы очень просто безъ всякихъ мудреныхъ затѣй. Судороги у дѣтей происходятъ обыкновенно вслѣдствіе испорченнаго воздуха, дурной или неумѣренной пищи, испуга отъ рѣзкаго звука. Зная это, очень легко уже устранить болѣзнь: стоитъ только позаботиться о томъ, чтобы ребенокъ дышалъ чистымъ воздухомъ, употреблялъ здоровую пищу, и чтобы ничто не мѣшало спокойствію его сна.

Если при всемъ стараніи, причина болѣзни не можетъ быть открыта, то надо обратиться за совѣтомъ не къ знахарямъ, а къ настоящему врачу, т. е. человѣку, который дѣйствительно умѣетъ познавать и лечить болѣзни. Если уходъ за ребенкомъ правиленъ и старателенъ, то рѣдко бываютъ случаи, когда прибѣгать къ помощи врача необходимо. Обыкновенно же обращаются къ знахаркамъ, полагаются на авось или ссылаются на волю Божію. Но „береженаго и Богъ бережетъ:" вотъ умная поговорка. Воля Божья свята и непреклонна; но за то и основана на премудрыхъ и неизмѣнныхъ законахъ, которымъ мы и должны подчиняться и подчиняемся во многихъ случаяхъ невольно, часто сами того не замѣчая и не думая объ этомъ. По волѣ Божьей данъ намъ и умъ-разумъ, этотъ руководитель, этотъ свѣтильникъ нашей жизни: надобно же имъ пользоваться. Ученье—свѣтъ, неученье—тьма. Будемъ же пользоваться свѣтомъ науки, этой сокровищницы опытовъ и знаній, пріобрѣтенныхъ вѣковыми трудами людей, посвятившихъ свою жизнь на изученіе природы и на служеніе человѣчеству.

Кромѣ органическихъ отправленій, составляющихъ основу нашей физической жизни, намъ врождены еще способности, назначеніе которыхъ гораздо выше, чѣмъ простое поддержаніе земнаго существованія. Мы не удовлетворяемся, подобно животному, одною физическою дѣятельностію ради тѣлесныхъ потребностей: мы ищемъ высшихъ, благороднѣйшихъ наслажденій, чѣмъ сонъ и ѣда. Мы съ удовольствіемъ слушаемъ пѣніе и музыку,—они трогаютъ насъ иногда до глубины души. Мы любуемся живописными видами и прекрасными картинами. Мы съ любопытствомъ слушаемъ какой-нибудь занимательный разсказъ,—мы жаждемъ знаній. Насъ ежедневно что-нибудь занимаетъ и волнуетъ,—радуетъ или печалитъ. Словомъ, у насъ есть пріятныя или непріятныя чувства, которыя мы называемъ внутренними, для отличія отъ внѣшнихъ. Отъ этихъ чувствъ рождаются у насъ желанія. Мы желаемъ того, что доставляетъ намъ удовольствіе; и удаляемся отъ того, что производитъ въ насъ непріятное ощущеніе.

Итакъ, у насъ есть способности **чувствованія, познаванія** и **желанія**. Эти способности мы назовемъ духовными или душевными. Они-то и отличаютъ, главнымъ образомъ, человѣка отъ животныхъ. Человѣкъ, жизнь котораго бы ограничивалась только дыханіемъ, пищевареніемъ, сномъ и физіологическими выдѣленіями, не много стоялъ бы выше животнаго; при такой жизни даже разумъ и драгоцѣннѣйшій даръ—даръ слова отъ бездѣйствія потеряли бы свою силу и значеніе.

Но человѣку врождено стремленіе мыслить и разсуждать, а равно чувствовать и желать больше того, чѣмъ это требуется только для поддержанія его физической жизни. Дѣятельность чувствовательной, познавательной (мыслительной) и желательной способностей, для отличія отъ физической дѣятельности нашего организма, (т. е. органическихъ отправленій), будемъ называть **психическими** (т. е. душевными) **проявленіями**. Опытъ и наблюденія рождаютъ въ насъ мысли и сужденія, ощущенія при созерцаніи предметовъ и слушаніи звуковъ возбуждаютъ въ насъ чувства удивленія, радости, восторга, или испуга, досады, отвращенія; испытанныя удовольствія влекутъ за собою желанія. Мысли, чувства и желанія, все это — психическія проявленія, которыя и составляютъ духовную природу человѣка. Разнообразіе и богатство этихъ проявленій такъ велико, что нѣтъ возможности ихъ исчислить. Тѣмъ не менѣе, они, точно такъ же, какъ и отправленія физической жизни, совершаются по извѣстнымъ, естественнымъ, законамъ. Не познакомившись съ этими законами, мы не могли бы знать, что именно способствуетъ и что препятствуетъ къ полному естественному проявленію нашихъ духовныхъ способностей. Мы видѣли выше, что здоровье и жизнь ребенка обыкновенно зависитъ отъ заботливаго и разумнаго ухода за нимъ съ первыхъ минутъ его существованія. Точно такъ же и духовныя способности дитяти — добрый или дурной нравъ, остроуміе или тупоуміе — не есть плодъ слѣпаго случая, а есть плодъ воспитанія и той среды, той обстановки, среди которой онъ выросъ.

Младенецъ является на свѣтъ ни добрымъ, ни злымъ,— ни умнымъ ни глупымъ. Собственно говоря, въ минуту рожденія, у него нѣтъ никакихъ психическихъ способностей, а есть только задатки, зародыши ихъ проявленія. Конечно, эти зародыши, точно такъ же, какъ и тѣлесное сложеніе, не у всѣхъ новорожденныхъ одинаковы, такъ-какъ то и другое зависитъ отъ здоровья и духовныхъ способностей ихъ родителей и, преимущественно, матери. Но, какъ мы выше объяснили, при старательномъ и разумномъ воспитаніи и изъ хилаго младенца можно выростить здороваго юношу и, наоборотъ, невѣжественнымъ и небрежнымъ уходомъ легко отправить на тотъ свѣтъ ребенка даже съ самымъ крѣпкимъ сложеніемъ. То же самое можно сказать и о духовныхъ способностяхъ: и слабые задатки психическихъ проявленій, при благопріятныхъ условіяхъ, по мѣрѣ укрѣпленія тѣлесныхъ силъ ребенка, могутъ развиться широко и принести хорошіе и обильные плоды; и наоборотъ, при дурномъ воспитаніи — и богатые задатки легко могутъ заглохнуть какъ здоровое сѣмя, брошенное въ безплодную ночву. Независимо отъ воздуха, рода пищи и соблюденія или несоблюденія тѣлесной чистоты ребенка, весь внѣшній міръ, вся обстановка его жизни, все что только можетъ подѣйствовать такъ или иначе на его внѣшнія чувства — все это неотразимо отзывается на его духовныхъ способностяхъ и кладетъ на нихъ свою печать. Отъ слова **печать** и названы **впечатлѣніями** всѣ тѣ вліянія, которыя отражаются на нашемъ умѣ и чувствахъ. У новорожденнаго, въ минуту его появленія на свѣтъ, еще нѣтъ ни ума, ни внутреннихъ чувствъ; но уже первый лучъ свѣта, падающій на его зрѣніе, первый звукъ, доходящій до его слуха, первое ощущеніе холода и жара, первое удовольствіе при сосаніи груди — все это ведетъ къ возбужденію дремлющихъ зародышей психическихъ проявленій. Какъ излишество пищи, а равно и количественная или качественная недостаточность ея зловредно дѣйствуетъ на физическое здоровье ребенка, точно такъ же слишкомъ сильное возбужденіе, а равно и отсутствіе его зловредно отзывается на духовныхъ силахъ ребенка. Это непреложный законъ природы — и мы не можемъ его измѣнить, точно такъ же, какъ не можемъ не видѣть, или не слышать, когда свѣтъ дѣйствуетъ на наши глаза и когда звуки доходятъ до уха. Чтобы показать, какое важное значеніе имѣютъ въ развитіи духовныхъ способностей дитяти, а слѣдовательно и въ воспитаніи, внѣшнія чувства, мы посвятимъ этому предмету особыя главы.

VI.
Связь психическихъ проявленій съ внѣшнимъ міромъ.

Если человѣкъ взволнованъ, если имъ овладѣваетъ какое-либо сильное чувство, положимъ, печаль, то говорятъ, что у него сердце болитъ. Но не такъ бываетъ на самомъ дѣлѣ, какъ говорятъ. Всякое, испытываемое нами чувство—всякая радость или печаль, всякое удовольствіе или неудовольствіе проявляются не въ какой-либо другой части тѣла, а въ мозгу: мозгъ есть сѣдалище всей нашей духовной жизни. Но почему же, спроситъ читатель, всякое страданіе чувствуется не въ мозгу, а въ сердцѣ? Вмѣсто прямаго отвѣта, мы могли бы спросить: отчего у людей, испытывающихъ душевныя страданія, сердце обыкновенно остается здоровымъ, а дѣятельность мозга приходитъ въ разстройство? Отчего иногда отъ сильной грусти люди сходятъ съ ума? Оттого, что мозгъ—средоточіе не только умственныхъ способностей, но и всякаго чувства. Дѣйствительно, и въ сердцѣ отзывается испытываемыя нами волненія, но это не что иное, какъ только послѣдствіе усиленной мозговой дѣятельности; это—ускоренное кровообращеніе, и не въ одномъ только сердцѣ, но и въ другихъ частяхъ тѣла, хотя оно и не замѣтно; впрочемъ, на лицѣ сильно взволнованнаго человѣка ясно видно, что у него кровь измѣнила свое нормальное теченіе; лицо такого человѣка то блѣднѣетъ, то багровѣетъ. Но такъ-какъ всякое сильное чувство, хотя оно и проявляется въ мозгу, вызываетъ въ то же время и въ сердцѣ усиленную работу сжиманія его стѣнокъ, то эта необыкновенная напряженность и кажется страданіемъ сердца. Оно и на самомъ дѣлѣ можетъ подвергнуться страданію; но прямою причиною этого будетъ не чувство, вызвавшее волненіе, а это волненіе, какъ слѣдствіе мозговой дѣятельности.

Не только внутреннія, но и внѣшнія чувства, и всякое ощущеніе на кожѣ, отъ холода-ли, жара, или укола, удара—

все это проявляется въ мозгу, а не на тѣлѣ. На первый взглядъ это кажется невѣроятнымъ; но наблюденія естествоиспытателей несомнѣнность этого заключенія доказали самымъ положительнымъ образомъ. Здѣсь намъ нельзя вдаваться въ подробныя изслѣдованія этого предмета, но мы можемъ объяснить это наглядно на опытахъ, которые нетрудно провѣрить. Прежде такого объясненія, намъ однако необходимо взглянуть на самое устройство сообщеній головнаго мозга со всѣми внѣшними частями нашего тѣла.

Головной мозгъ—мы сказали—есть средоточіе нашей какъ физической, такъ и духовной жизни. Недаромъ онъ такъ бережно и безопасно запрятанъ внутри крѣпкаго костянаго черепа. Головной мозгъ можно сравнить съ корнями дерева. Отъ толстаго длиннаго корня идетъ въ разныя стороны множество вѣточекъ, которыя, въ свою очередь выпускаютъ изъ себя нити, а эти послѣднія развѣтвляются на тонкія ниточки и волоски (мо́чки). Такія же вѣточки, ниточки и волоски и, еще безконечно меньшія и въ неисчисленномъ множествѣ, выполняютъ полость мозга. Отъ него идетъ внизъ, по спинному хребту, другой мозгъ, въ видѣ толстаго каната, отъ котораго распространяется во всѣ части тѣла безчисленное множество вѣтвей, вѣточекъ и тончайшихъ ниточекъ, и чѣмъ дальше они отходятъ кнаружѣ, къ кожѣ, тѣмъ больше развѣтвляются въ безконечно маленькіе волоски, вовсе уже незамѣтные для простаго глаза. Эти вѣточки, ниточки и волоски, сообщающіе головной и спинной мозгъ съ самыми крайними оконечностями всего тѣла, называются **нервами**. Въ тѣхъ частяхъ тѣла, гдѣ сосредоточено побольше такихъ нервныхъ волоконъ и невидимыхъ волосковъ, какъ-то: на губахъ, языкѣ, въ концахъ пальцевъ, и т. д., тамъ и чувствительность, или впечатлительность развита сильнѣе.

Эту связь всякой малѣйшей частички тѣла съ головнымъ мозгомъ мы можемъ наблюдать на опытѣ. Если у какого-нибудь животнаго, напр. у собаки, перерѣзать нервъ чув ства, (*) положимъ, въ ногѣ выше колѣна, то вся нижняя часть ноги, начиная отъ перерѣза, лишится всякой чувствительности: можно жечь, колоть и дѣлать что́ угодно съ нею, она точно дерево, не будетъ ощущать никакой боли. Если повторять подобные опыты и надъ другими частями тѣла какого угодно животнаго, то постоянно будемъ замѣчать одно и то же явленіе: часть тѣла, лишившаяся сообщенія, посредствомъ нерва, съ головнымъ мозгомъ, совсѣмъ теряетъ всякую чувствительность. Слѣдовательно, всякое ощущеніе въ нашемъ тѣлѣ отъ какихъ бы то ни было внѣшнихъ причинъ — отъ холода-ли, жара, или отъ удара, сжиманія и т. п., — есть, такъ-сказать, мозговое ощущеніе.

Если же намъ кажется, что боль чувствуется именно въ той части тѣла, которая подвержена испытанію, то это потому, что мы не въ состояніи понять, какимъ образомъ посредствомъ нервовъ происходитъ мозговое ощущеніе. Насъ постоянно обманываютъ чувства; съ самаго ранняго дѣтства мы привыкаемъ принимать причину за слѣдствіе по невѣдѣнію физіологическихъ законовъ. Дитя въ первый разъ ощущаетъ, положимъ, уколъ на пальцѣ: такъ-какъ оно ничего не знаетъ не только о сообщеніи нервовъ пальца съ мозгомъ, но и о существованіи этого послѣдняго, то при чувствѣ боли все его вниманіе сосредоточивается на то именно мѣсто, гдѣ произошолъ уколъ. Дитя замѣчаетъ, что въ такомъ-то мѣстѣ иголка или другое острое орудіе прокололо кожу и, хотя самой боли не видитъ, но естественно заключаетъ, что она должна быть именно тамъ, гдѣ сдѣлана ранка. Проколъ, конечно, прямая причина ощущенія боли; потому-что онъ раздражаетъ нервъ прикосновеніемъ орудія и это раздраженіе съ быстротою молніи передается въ мозгъ. Но отчего же боль не прекращается вмѣстѣ съ вынутіемъ изъ кожи иголки? Оттого, что нервъ не переста-

---

(*) Мы говоримъ нервъ *чувства*, потому-что, кромѣ сказанныхъ нервовъ, есть еще и другіе подобные нервы, служащіе для *движенія* по желанію и волѣ человѣка. Каждый нервъ спиннаго мозга имѣетъ два корня, изъ коихъ задній служитъ для чувствованія, а передній для движенія.

етъ раздражаться или отъ причиненнаго ему поврежденія или же отъ прилива внѣшняго воздуха черезъ отверстіе, сдѣланное уколомъ. Слѣдовательно, раздраженіе нерва есть только причина ощущенія боли, но нервъ самъ не чувствуетъ ничего. А такъ-какъ съ устраненіемъ причины уничтожается и самая боль, то и кажется, что эта послѣдняя помѣщается именно въ томъ мѣстѣ, гдѣ и причина ея. И такъ-какъ всякой разъ при многократныхъ повтореніяхъ подобныхъ испытаній, само-собою совершающихся постоянно въ жизни, происходитъ подобный обманъ чувствъ, то съ теченіемъ времени, дитя такъ привыкаетъ принимать причину за самое дѣйствіе, что уже впослѣдствіи нѣтъ никакой возможности отрѣшиться отъ этого обмана, хотя бы уже и было извѣстно то, о чемъ мы теперь разсуждаемъ.

Итакъ, эти чудныя нити—нервы можно назвать вѣстовыми, которые обо всемъ, что ни происходитъ въ нашемъ тѣлѣ, сообщаютъ мозгу. Всѣ впечатлѣнія извнѣ передаются мозгу посредствомъ нервовъ. Въ мозгу совершается неумолкаемая работа человѣческой мысли и чувства. Въ немъ образуется свой особый міръ, который мы будемъ называть духовнымъ или **внутреннимъ** для отличія отъ внѣшняго: міръ психическихъ проявленій. Нервы-то и служатъ сообщеніемъ между этими двумя мірами, равно чудесными и достойными изслѣдованія. Къ сожалѣнію, пытливость человѣка встрѣчаетъ предѣлъ, дальше котораго нельзя идти. Намъ извѣстно внѣшнее устройство того чуднаго механизма, посредствомъ котораго мозгъ совершаетъ свою дѣятельность. Но наша любознательность встрѣчаетъ уже предѣлъ съ той минуты, когда мы захотимъ узнать ту внутреннюю силу, которая приводитъ въ движеніе сказанную дѣятельность и заправляетъ всѣми психическими отправленіями. Это уже тайна, никѣмъ еще неразъясненная.

Какая же польза для дѣла воспитанія изъ того, что намъ извѣстно о сообщеніи мозга съ внѣшнимъ міромъ посредствомъ нервовъ? Какое примѣненіе можно сдѣлать изъ этого къ физическому и духовному развитію дитяти? Польза отъ этого громадная, если мы хорошенько вдумаемся въ наше дѣло. Если всякое внѣшнее вліяніе отражается на мозгу и производитъ то или другое — пріятное или непріятное — ощущеніе, то это ощущеніе не можетъ же остаться безъ всякаго дѣйствія не только на тѣло дитяти, но и на его духовныя способности.

Въ жизни мы видимъ много примѣровъ разнаго способа воспитанія. Одинъ постоянно твердитъ своему дитяти: будь уменъ и добръ, а мальчикъ всетаки выходитъ и глупъ и золъ. Другой ничего этого не говоритъ и — изъ его питомца выходитъ прекрасный человѣкъ. Это доказываетъ, что одними словами и наставленіями ничего не подѣлаешь. Конечно, и наставленія въ дѣлѣ воспитанія имѣютъ свое значеніе, но лишь на столько, на сколько они могутъ быть ребенку понятны. Понятно же ему только то, что онъ видѣлъ собственными глазами и испыталъ другими внѣшними чувствами. Если онъ постоянно видитъ предъ собою примѣры порядочности, благоразсудительности и доброжелательства, то эти качества не могутъ не перейти къ нему; да и откуда взяться-то у него глупости или злости? Вѣдь, какъ уже мы сказали, на первыхъ порахъ своей жизни онъ не можетъ считаться ни глупымъ или умнымъ, ни злымъ или добрымъ. Значитъ, то или другое качество переходитъ къ нему изъ внѣшняго міра. Поговорка, что „примѣръ заразителенъ" вполнѣ справедлива, и вѣрность ея оправдывается не только практическими наблюденіями, но и физіологіею. Прежде всего на ребенка оказываетъ свое дѣйствіе примѣръ лицъ, съ которыми онъ входитъ въ соотношенія. Независимо отъ этого, затѣмъ, вся обстановка его жизни, вся окружающая среда своимъ порядкомъ вліяетъ незамѣтнымъ образомъ на его духовныя способности. Если ребенокъ постоянно испытываетъ какое-либо неудовольствіе, если нервы его постоянно раздражаются, при ощущеніи, напр., холода, тѣлесной боли, рѣзкаго звука и т. п., то это, отзываясь на мозгу, въ его естественныхъ отправленіяхъ, не можетъ не оказать на немъ разслабляющаго дѣйствія. Если окружающія его лица будутъ постоянно причинять ему зло, умышленно или неумышленно — все равно,—то откуда возьмется у него чувство добра, котораго он не испытываетъ. И звѣстно, что, въ пылу гнѣва, мы вовсе не бываемъ не только добрыми, но и разсудительными. Гнѣвъ же вообще говоря, происходитъ отъ неудовлетвореннаго желанія. Если и взрослый человѣкъ, уже по опыту неразъ убѣдившійся въ вредности гнѣва, но необладающій особенною силою воли не всегда способенъ удержаться отъ вспыльчивости, то естественно, что ребенокъ, неумѣющій вовсе ни о чемъ разсуждать, вполнѣ поддается тому чувству, которое вызывается въ его мозгу внѣшними впечатлѣніями. Если подобное чувство нервнаго раздраженія съ первыхъ мѣсяцевъ жизни ребенка станетъ часто повторяться, то оно войдетъ въ привычку,—а привычка, какъ весьма справедливо говорятъ, вторая натура (природа). Это значитъ, что извѣстные нервы отъ частаго раздраженія дѣлаются столь чувствительными, что достаточно малѣйшей причины, чтобы привести ихъ въ напряженное состояніе, которое, наконецъ, становится какъ бы естественною потребностію. И это легко подтвердить примѣромъ: какое-нибудь обстоятельство одного ребенка приводитъ въ сильное волненіе, тогда-какъ въ другомъ такого же возраста ребенкѣ то же самое обстоятельство едва задѣваетъ.

Ошибки въ воспитаніи, ошибки, происходящія отъ незнанія естественныхъ законовъ, управляющихъ нашею жизнію, встрѣчаются на каждомъ шагу. Укажемъ на нѣкоторыя изъ нихъ болѣе крупныя.

1. **Общераспространенный обычай пеленанія вреденъ** не только тѣлесному, но и духовному здоровью младенца. Пеленаніе противно самой природѣ человѣка. Зачѣмъ сжимаютъ члены дитяти, крѣпко завертывая свивальникомъ всё тѣло, кромѣ головки? Затѣмъ, отвѣчаютъ бабушки, чтобы ручки и ноги у младенца не вышли кривыя. Затѣмъ, отвѣтимъ мы въ свою очередь, чтобы съ первыхъ дней жизни ребенка возбуждать въ немъ безъ всякой надобности непріятное чувство неестественнаго, стѣсненнаго положенія. Затѣмъ, чтобы лишить его свободы движенія, свободы, составляющей первое

главное условіе полнаго проявленія способностей. Опровергать доводы бабушекъ какими бы то ни было доказательствами мы считаемъ излишнимъ, потому что на своемъ вѣку видѣли много дѣтей, которыхъ вовсе не пеленали свивальникомъ и у которыхъ однако ни руки, ни ноги вовсе не были кривы.

2. **Плаксивость** въ ребенкѣ часто развивается отъ излишняго возбужденія чувства жалости и состраданія. Такъ, напр., нянька, или мать, братъ или сестра ребенка притворяются, будто одинъ изъ нихъ причиняетъ другому боль и послѣдній дѣлаетъ видъ, что онъ плачетъ. И это дѣлается только для потѣхи. Но стóитъ-ли изъ-за такого пустаго удовольствія приводить нервы чувствительности въ ребенкѣ въ усиленное и часто повторяющееся раздраженіе и, такимъ образомъ, наносить ему очевидный вредъ? Если ребенокъ еще такъ мало развитъ, что притворство принимаетъ за дѣйствительность, то не зачѣмъ развивать искусственно то чувство, которое само собою проявляется въ обыденной жизни. Вѣдь ему приходится же не разъ видѣть настоящія непритворныя слезы. Развѣ этого недостаточно для возбужденія чувства состраданія? Если же дитя на столько уже опытно, что умѣетъ отличить притворство отъ искренности, то къ чему подобная комедія? Частое дураченье въ шутку можетъ вести лишь къ настоящей глупости.

3. **Злостность** въ ребенкѣ нерѣдко развивается вслѣдствіе тѣхъ, повидимому, невинныхъ, но въ сущности вредныхъ, шуточекъ, о которыхъ только что мы говорили. Такъ, напр., кто-нибудь изъ окружающихъ ребенка бьетъ вещь, причинившую ему боль, дѣлая видъ, что эта вещь наказывается. Тутъ опять или дурачатъ понапрасну ребенка, или же возбуждаютъ въ немъ искусственно чувство гнѣва и мести. И кто же тутъ виноватъ, если ребенокъ, привыкшій съ первыхъ годовъ своей жизни давать волю раздражительности, современемъ становится настоящимъ злымъ человѣкомъ? Неужели можно сваливать вину на природу и говорить, что подобный человѣкъ такимъ уже и родился, такъ ужь на роду написано?

4. Не одна несвѣдующая мать, по очень естественной, но

неразумной, любви къ ребенку, старается **угождать всѣмъ его прихотямъ**, воображая, что этимъ она дѣлаетъ ему добро. Пріятное ощущеніе удовлетвореннаго желанія чрезъ частое повтореніе становится въ ребенкѣ какъ бы естественною потребностію. Постоянная напряженность однихъ нервовъ начинаетъ преобладать надъ естественною воспріимчивостью другихъ. Такимъ образомъ, способность желанія, получивъ чрезмѣрное развитіе, придавливаетъ, такъ сказать, своею тяжестью другія способности — способность чувствовать и мыслить. Оттого-то изъ баловней или такъ-называемыхъ маменькиныхъ сынковъ обыкновенно выходятъ жестокосердые и тупоумные люди. Сначала они безсознательно капризничаютъ, даютъ волю своимъ прихотямъ, которымъ окружающіе потакаютъ и, слѣдовательно, или одобряютъ, или находятъ не слишкомъ дурными; потомъ жизнь и опытъ хотя и не разъ научатъ баловня, что удовлетвореніе нѣкоторыхъ его желаній влечетъ за собою дурныя послѣдствія, но какъ у него нѣтъ сдержанности, то привычка беретъ свое, и чѣмъ дольше повторяется удовлетвореніе, тѣмъ больше оно становится потребностью.

5. Какъ, съ одной стороны, излишнее искусственное возбужденіе, такъ съ другой — **стѣсненіе свободы дитяти въ врожденномъ стремленіи его къ проявленію своей дѣятельности вредно дѣйствуетъ на его физическое и духовное развитіе**. Когда ребенокъ начинаетъ ползать, онъ находитъ удовольствіе — постоянно передвигаться съ одного мѣста на другое, отъ одной вещи къ другой; онъ со вниманіемъ разсматриваетъ попадающіеся ему на глаза предметы, ощупываетъ ихъ и старается познакомиться съ тѣми ихъ свойствами, которыя онъ можетъ примѣтить **самъ непосредственно**, при помощи внѣшнихъ чувствъ. Это постоянное движеніе, эта неугомонная пытливость составляютъ естественную потребность природы дитяти; это и укрѣпляетъ, развиваетъ его физическія и духовныя силы. Заставьте ребенка постоянно сидѣть или лежать — онъ никогда не научится ходить; напротивъ, чѣмъ чаще онъ станетъ самъ пробовать свои силы, пытаясь

встать на ноги, тѣмъ скорѣе начнетъ ходить. Слѣдовательно, надо поддерживать дитя въ его самодѣятельности, давая ему возможность упражнять и укрѣплять свои члены посредствомъ постояннаго движенія. Въ жизни мы постоянно видимъ, что матери или няни поступаютъ наперекоръ этому естественному требованію природы дитяти. Такъ, напр., ребенокъ самъ хочетъ достать какую-нибудь вещицу и могъ бы ее достать при помощи своихъ собственныхъ усилій; но ему спѣшатъ подать эту вещицу, думая, что ему дѣлаютъ услугу и вовсе не подозрѣвая, что этимъ именно лишаютъ ребенка столь законнаго удовольствія и, вмѣстѣ съ тѣмъ, мѣшаютъ свободному развитію его природы. Такія дѣти, въ которыхъ не поддерживаютъ, а, напротивъ, убиваютъ врожденную самодѣятельность на первыхъ годахъ ихъ жизни, современемъ становятся лѣнтяями, тупоумными.

Итакъ, воспитатели, по своему невѣдѣнію, часто сами кладутъ въ духовную природу дитяти такіе задатки, плоды которыхъ вовсе нежелательны. Они не размышляютъ, что пустая шуточка, или едва замѣтное нервное раздраженіе, или, наконецъ, маленькая, но неумѣстная услуга со стороны няни —все это дѣйствуетъ разслабляющимъ образомъ на физическія и духовныя силы дитяти. Главная причина многихъ ошибокъ въ воспитаніи заключается въ томъ, что мать или няня смотрятъ на ребенка какъ на игрушку, предназначенную для ихъ удовольствія и потѣхи, забывая ту истину, что ребенокъ вовсе не для этого существуетъ на свѣтѣ и что онъ требуетъ самаго внимательнаго и разумнаго ухода.

VII.
Постепенное развитіе внѣшнихъ чувствъ.

Съ первой минуты появленія младенца на свѣтъ, у него начинаетъ свою дѣятельность чувство **осязанія**, распространенное по всей поверхности тѣла. Уже при своемъ рожденіи младенецъ чувствуетъ прикосновеніе къ его кожѣ внѣшняго воздуха; вліяніе холода или жара производитъ въ немъ извѣстныя ощущенія, которыя современемъ, съ дальнѣйшимъ опытомъ, становятся все болѣе и болѣе опредѣленными. Прикосновеніе одѣяла и бѣлья, въ свою очередь, возбуждаетъ въ немъ все бо́льшую и бо́льшую воспріимчивость чувства осязанія. Онъ уже можетъ ощущать различіе твердаго, грубаго полотна отъ тонкаго, мягкаго. Затѣмъ, прикасаясь рученкою къ другимъ предметамъ, онъ начинаетъ чувствовать разность въ поверхности—гладкой и шероховатой, жесткой и мягкой и т. п. Это—уже первый зародышъ того **сознанія**, изъ котораго впослѣдствіи развиваются духовныя способности. Но слѣдите дальше за постепеннымъ развитіемъ чувства осязанія. Вы увидите, что оно отъ упражненія, посредствомъ прикосновенія кожи къ различнымъ тѣламъ, становится все тоньше и тоньше. Вы замѣтите, наконецъ, что чувство осязанія получило особенное развитіе въ концахъ пальцевъ ребенка, тогда какъ другія части тѣла значительно отстали въ этомъ развитіи. Намъ уже извѣстно, что въ концахъ пальцевъ сосредоточено много микроскопическихъ нервныхъ волоконецъ; оттого-то пальцы и способны къ большей воспріимчивости чувства осязанія. Недаромъ же природа позаботилась надѣлить пальцы такимъ обиліемъ и такою необычайною тонкостью нервныхъ волоконецъ: пальцы постоянно нужны для дѣла; они же и упражняются постоянно. Отъ упражненія, послѣ длиннаго ряда опытовъ, чувство осязанія въ пальцахъ можетъ быть доведено до такой тонкости, что посредствомъ него отличаютъ краску на бумагѣ или ткани. Поразительнымъ примѣромъ такой необыкновенной воспріимчивости, между прочимъ, могутъ служить глухонѣмые, которые научаются даже читать посредствомъ осязанія, хотя конечно, это искусство достигается не безъ труда, терпѣнія и изобрѣтательности со стороны учителей.

Одновременно, но гораздо быстрѣе и проще, достигаетъ своего развитія чувство **вкуса**, вмѣщающагося въ полости рта, и преимущественно, на языкѣ. Кругъ дѣятельности чувства вкуса несравненно меньше, тѣснѣе, чѣмъ кругъ дѣятельности чувства осязанія. Намъ немного нужно названій для тѣхъ ощущеній, которыя испытываемъ посредствомъ вкушенья: мы опредѣляемъ ихъ или общими признаками: **вкусно, не вкусно**, или же болѣе частными: **прѣсно, горько, сладко, кисло, солоно**; для опредѣленія же оттѣнковъ этихъ качествъ мы употребляемъ слова съ болѣе общимъ значеніемъ, какъ напр. пріятно или непріятно, превосходно или отвратительно. Еще ограниченнѣе кругъ дѣятельности чувства **обонянія** (*). Въ психологіи оно можетъ быть признано скорѣе за роскошь щароватой природы, чѣмъ за необходимость для проявленія нашихъ духовныхъ способностей. Недаромъ оно развивается у ребенка позднѣе остальныхъ четырехъ чувствъ. Обонянія нерѣдко лишается, временно или же навсегда, и взрослый человѣкъ, и при этомъ онъ не чувствуетъ особеннаго недостатка.

Хотя чувство осязанія часто и значительно возбуждаетъ мозговую дѣятельность дитяти, но тѣ познанія, какія получаются съ его помощью, ничтожны въ сравненіи съ знаніями, пріобрѣтаемыми посредствомъ чувствъ **зрѣнія и слуха**. Человѣкъ, рожденный глухимъ, лишается возможности говорить, хотя голосовые органы у него совершенно здоровы. Какъ же ребенку научиться говорить, когда онъ ничего не слышитъ. Слѣпой, конечно, можетъ говорить; но много-ли онъ узнаетъ,

---

(*) Обоняемый нами запахъ происходитъ отъ носящихся въ воздухѣ тончайшихъ и потому невидимыхъ частичекъ, испаряющихся отъ разныхъ предметовъ, напр. цвѣтовъ. Съ воздухомъ онѣ входятъ въ полости носа, гдѣ своимъ прикосновеніемъ раздражаютъ нервы, которые въ свою очередь производятъ въ мозгу извѣстное ощущеніе, которое мы и называемъ чувствомъ обонянія.

если ничего не видитъ? Человѣколюбіе помагаетъ этимъ несчастнымъ, обиженнымъ природою: устроены особыя заведенія для обученья слѣпыхъ и глухонѣмыхъ (*). Искусство и терпѣніе учителей, конечно, только отчасти могутъ восполнить недостатокъ природы: глухонѣмые смотрятъ на губы говорящаго человѣка и, подражая тѣмъ движеніямъ голосовыхъ органовъ, коими образуются звуки рѣчи, научаются произносить слова, хотя, разумѣется, невполнѣ отчетливо. Какъ глухонѣмымъ помогаетъ зрѣніе, такъ точно слѣпымъ осязаніе помогаетъ пріобрѣтать тѣ знанія, какія можетъ имъ передать человѣколюбіе и искусство. Слѣдовательно, искусство на столько въ состояніи помочь природѣ, на сколько она сама даетъ къ тому возможность. Природа и въ этомъ случаѣ дѣйствуетъ на общемъ основаніи своихъ законовъ: отсутствіе или недостаточное развитіе одного органа восполняется особенною чувствительностью другаго органа, который расширяетъ область своей дѣятельности на счетъ перваго. Не будь у слѣпорожденныхъ особенно-тонкаго чувства осязанія, а у глухонѣмыхъ — необыкновенной воспріимчивости чувства зрѣнія, они остались бы всегда жалкими, ничего непонимающими, ничего несмыслящими людьми; и зародыши ихъ психическихъ способностей совершенно бы заглохли.

Отсюда мы видимъ, какое важное значеніе имѣютъ для проявленія духовныхъ способностей дитяти внѣшнія чувства. Но изъ этихъ чувствъ особенно важны только слухъ и зрѣніе; осязаніе же, вкусъ и обоняніе служатъ собственно для удовлетворенія нашихъ физическихъ потребностей. Правда, что нѣкоторыя познанія, могутъ быть пріобрѣтены только помощію или осязанія, или вкуса, или обонянія; но все-таки кругъ дѣятельности этихъ чувствъ относительно не великъ, въ особенности въ томъ возрастѣ, когда дитя уже по опыту умѣетъ распознавать посредствомъ зрѣнія и такіе предметы, которыхъ въ первые мѣсяцы своей жизни оно не могло распознать иначе

(*) Такія заведенія есть у насъ въ Петербургѣ, въ Варшавѣ.

какъ помощью осязанія, (какъ напр. о свойствѣ огня, его жгучести). Правда, что и осязаніе, какъ мы видѣли, пріобрѣтаетъ особенное значеніе у слѣпорожденныхъ, но всетаки не больше того, на сколько оно замѣняетъ или восполняетъ собою недостатокъ зрѣнія. И поэтому-то зрѣніе и слухъ называются высшими, благородными чувствами. Помощью ихъ у насъ образуется цѣлый міръ, міръ душевныхъ проявленій. Они-то даютъ намъ познанія о цвѣтѣ, величинѣ, о протяженіи, формѣ (внѣшнемъ видѣ, очертаніи), разстояніи, движеніи предметовъ и т. д. Прослѣдимъ ихъ постепенное развитіе.

Чѣмъ сложнѣе организмъ животнаго, тѣмъ болѣе требуется времени для полнаго развитія его. Цыпленокъ, едва вылупится изъ яйца, уже начинаетъ бѣгать и самъ ищетъ для себя пищи. Новорожденный младенецъ нетолько спитъ почти безпрерывно и неподвижно, но не можетъ даже самъ взять готовую пищу, и мать должна вложить въ его ротикъ свою грудь. Пока онъ достигнетъ того развитія, какимъ пользуется цыпленокъ въ первые минуты своей жизни, понадобятся цѣлые годы и длинный рядъ ощущеній и опытовъ, пріобрѣтаемыхъ посредствомъ внѣшнихъ чувствъ. Но и самыя эти чувства относительно развиваются весьма медленно; и чѣмъ сложнѣе ихъ дѣятельность, тѣмъ больше требуется времени для полнаго ихъ развитія. Зрѣніе и слухъ, назначеніе которыхъ столь важно въ жизни человѣка, развиваются гораздо медленнѣе, чѣмъ другія чувства, менѣе важныя.

Органы зрѣнія и слуха уже готовы при рожденіи младенца. Глаза уже способны воспринимать лучи свѣта и, посредствомъ зрительнаго нерва, передавать въ мозгъ свѣтовыя ощущенія, или впечатлѣнія. Уши также приспособлены къ воспріятію волнообразнаго колебанія воздуха и къ проведенію, посредствомъ слуховаго нерва, въ мозгъ звуковыхъ впечатлѣній (*).

(*) Звукъ, столь обыкновенное явленіе, людьми незнающими физики принимается за дрожаніе или сотрясеніе звучащаго тѣла, тогда-какъ звукъ есть собственно дрожаніе или сотрясеніе, не самаго тѣла, а *воздуха*, вслѣдствіе сотрясенія или дрожанія частичекъ въ звучащемъ тѣлѣ. Приведенныя въ

Но для той, почти безсознательной, жизни младенца, которая погружена въ продолжительный и глубокій сонъ, дѣятельность такихъ сложныхъ органовъ, какъ органы зрѣнія и слуха, была-бы излишня и несоотвѣтственна силамъ организма. Вотъ почему младенецъ въ первыя недѣли своей жизни или почти вовсе неспособенъ или мало способенъ къ опредѣленнымъ свѣтовымъ и слуховымъ ощущеніямъ. Но изъ этого, однако, не слѣдуетъ, что лучи яркаго свѣта и волны рѣзкаго звука не оказываютъ своего дѣйствія на зрѣніе и слухъ младенца. Если органы этихъ чувствъ, какъ мы сказали, уже приспособлены къ воспріятію, то они уже не могутъ не воспринимать свѣтъ и звука, хотя новорожденный и не чувствуетъ въ этомъ воспріятіи никакой потребности и хотя оно не можетъ не быть тягостнымъ и, вмѣстѣ съ тѣмъ, вреднымъ. Извѣстно, что младенецъ является на свѣтъ изъ совершенно-темной, мрачной среды, куда не проникалъ никакой свѣтъ и никакой звукъ. Если глазъ взрослаго человѣка, привыкшій уже къ солнечнымъ лучамъ, чувствуетъ весьма непріятное ощущеніе при внезапномъ переходѣ отъ мрака къ яркому свѣту, то каково будетъ дѣйствіе подобнаго перехода на органъ зрѣнія новорожденнаго? Яркій свѣтъ и рѣзкій звукъ очень опасны для органовъ зрѣнія и слуха новорожденнаго. Поэтому, чтобъ переходъ не былъ слишкомъ чувствителенъ, на первыхъ порахъ необходимо младенца помѣщать въ полутемной и спокойной комнатѣ и пріучать къ свѣту и звукамъ исподоволь нельзя полагаться на то, будто бы онъ, въ первые дни своей жизни, ничего не видитъ, хотя и смотритъ, и ничего не слышитъ, хотя до слуха его доходятъ звуки.

дрожаніе волны воздуха чрезъ наружный слуховой проходъ проникаютъ до барабанной въ ухѣ перепонки, къ которой приросъ молоточекъ. Молоточекъ, приходя въ сотрясеніе, передаетъ его косточкамъ, извѣстнымъ подъ именемъ наковальни и стремени, сообщающимъ это сотрясеніе находящейся во внутреннемъ слуховомъ проходѣ жидкости, которая въ свою очередь передаетъ сотрясеніе нерву, а этотъ послѣдній—мозгу, гдѣ и сознается впечатлѣніе звука. Вотъ въ общихъ чертахъ механизмъ слуховаго органа. Не менѣе сложно устройство и зрительнаго органа.

Въ первые дни своей жизни ребенокъ, дѣйствительно, смотритъ тупо, вынужденно. Звуковъ онъ даже какъ будто и вовсе не слышитъ; но пройдетъ мѣсяцъ-другой — и мы уже можемъ замѣтить, что внезапные звуки приводятъ его въ содроганіе: такъ сильна уже впечатлительность. Она не могла явиться безъ всякаго упражненія слуховаго органа: до слуха младенца неразъ уже доходили звуки голоса матери, отца и другихъ окружающихъ лицъ; эти-то звуки и подготовили его исподоволь, незамѣтно, къ воспріятію звуковыхъ впечатлѣній. Сначала раздраженіе слуховаго нерва было весьма слабо; потомъ, чрезъ многократное повтореніе, сдѣлалось настолько чувствительнымъ, что, наконецъ, при сильномъ сотрясеніи воздушныхъ волнъ, слуховой органъ пріобрѣлъ способность, вполнѣ проявить свою дѣятельность. Ребенокъ начинаетъ чувствовать, что звукъ, заставившій его содрогнуться, отличается отъ того обычнаго голоса, который часто доходилъ до его слуха. Послѣ многократныхъ повтореній подобнаго ощущенія, у ребенка образуется, наконецъ, извѣстное опредѣленное чувство, помощью котораго онъ начинаетъ отличать звуки нетолько по ихъ внѣшней силѣ, но и по модуляціи (т. е. по различнымъ переливамъ, тонамъ (*). Это — новая ступень къ духовному развитію; это новый зародышъ того сознанія, которое развивается при посредствѣ дара слова, и того высокаго наслажденія, которое мы испытываемъ отъ гармоническихъ звуковъ пѣнія и музыки.

Здѣсь мы сдѣлаемъ маленькое поясненіе на счетъ разви-

(*) Отъ дрожанія звучащихъ тѣлъ въ одну секунду можетъ произойти до 48,000 и болѣе сотрясеній. Стройное, гармоническое, т. е. повторяющееся въ извѣстномъ опредѣленномъ порядкѣ, сочетаніе звуковыхъ волнъ образуетъ музыку. Тонъ составляетъ основаніе пѣнія и музыки, такъ-какъ въ немъ число звуковыхъ сотрясеній въ одну секунду бываетъ одинаковое, стройное. Чѣмъ больше такихъ сотрясеній въ одну секунду, тѣмъ выше тонъ, и на оборотъ — чѣмъ меньше, тѣмъ ниже тонъ. Если сотрясеній меньше семи, то неслышно звука. Человѣческій голосъ самый толстый состоитъ изъ 100 сотрясеній, а самый высокій изъ 1606 сотрясеній. Неодинаковое, нестройное сочетаніе сотрясеній воздуха образуетъ звуки, называемые шумомъ, гуломъ, стукомъ, свистомъ и т. д.

тія у дитяти чувства зрѣнія, по поводу высказанной объ этомъ предметѣ мысли однимъ лицомъ, пользующимся у насъ извѣстностью **опытнаго** педагога. Этотъ педагогъ, въ своей книжкѣ (заглавія, а равно и имени самого автора мы здѣсь не хотимъ упоминать), съ голосу другихъ **опытныхъ** педагоговъ, утверждаетъ, будто дитя до **четырнадцатой** или даже **шестнадцатой недѣли** такъ **неясно видитъ**, что если поднести палецъ къ его глазу, показывая намѣреніе ткнуть, то оно не моргаетъ. По нашимъ личнымъ наблюденіямъ, дитя, дѣйствительно, не моргаетъ, и нетолько на шестнадцатой недѣлѣ, но даже въ **девятый мѣсяцъ** своей жизни. Но это происходитъ вовсе не отъ того, что дитя **неясно видитъ**: оно видитъ очень хорошо, а не моргаетъ потому, что еще весьма **неопытно** и, слѣдовательно, **не сознаетъ опасности** для глаза. Какъ бы дитяти не видѣть пальца, когда оно **пристально разсматриваетъ** и ощупываетъ самые мелкіе предметы, стремясь познакомиться съ ними поближе?!... Нельзя, конечно, съ совершенною точностью опредѣлить, когда дитя начинаетъ **ясно видѣть** окружающіе его предметы, такъ-какъ чувство зрѣнія, какъ и всякое другое чувство, развивается исподоволь. Но кто наблюдалъ жизненныя проявленія дитяти, тотъ не станетъ сомнѣваться, что оно **видитъ хорошо** уже на третьемъ мѣсяцѣ послѣ рожденія. Вообще, можно сказать, что развитіе зрѣнія идетъ въ такой же постепенности, какъ и развитіе слуха.

Сначала младенецъ смотритъ на предметъ тупо, какъ будто его совсѣмъ не видитъ; но потомъ, чрезъ упражненіе зрительнаго нерва, впечатлѣніе отъ свѣта становится все опредѣленнѣе и опредѣленнѣе, такъ-что, наконецъ, ребенокъ начинаетъ пристально всматриваться въ видимые имъ предметы, начинаетъ мало-по-малу отличать по ихъ внѣшнему виду, очертанію; ему не трудно, напр., отличить мать, мамку отъ посторонняго лица. Подвигаясь впередъ въ своемъ развитіи, зрѣніе затѣмъ, начинаетъ отличать спокойное положеніе предметовъ отъ ихъ мѣняющагося положенія (движеніе), близкій предметъ отдаленнаго (разстояніе). До такого сознанія, конечно, ребенокъ достигаетъ исподоволь, послѣ длиннаго ряда испытаній и ошибокъ. Когда онъ видитъ въ первый разъ, напр., мѣсяцъ, то протягиваетъ свою ручку въ ту сторону, откуда течетъ свѣтъ, какъ будто стараясь схватить самый мѣсяцъ. Въ другой разъ онъ видитъ свѣтъ отъ горящей свѣчи или луины—онъ повторяетъ то же испытаніе что и съ луною Тутъ онъ достигаетъ цѣли: ручка дѣйствительно пришла въ соприкосновеніе съ пламенемъ. Но увы, этотъ опытъ не обошелся безъ непріятностей—жгучее пламя причиняетъ ему чувствительную боль. Но эта боль ничего не значитъ въ сравненіи съ тѣмъ удовольствіемъ, которое онъ испытываетъ вслѣдствіе удовлетворенія пробуждающейся пытливости. Оно стóитъ того, чтобы опытъ былъ повторенъ еще разъ-другой. На помощь неразвитому чувству зрѣнія является чувство осязанія: то, чего ребенку нельзя было познать помощью зрѣнія, познается помощью осязанія. Ребенка удерживаютъ, ему говорятъ: **обожжешься**; но онъ не понимаетъ этого слова, не слушается и—дѣлаетъ испытаніе; ему хочется ближе узнать поражающій его предметъ и понять, что такое значитъ **жжетъ**. Дальнѣйшіе опыты поведутъ ребенка къ тому, что въ подобномъ испытаніи посредствомъ осязанія онъ вскорѣ не будетъ нуждаться. Обжогъ пальца научитъ его нетолько измѣрять разстояніе глазомъ, но и отличать этимъ же органомъ свѣтъ отъ самого тѣла, издающаго этотъ свѣтъ. Это уже новое возбужденіе зародыша той любознательности, того сознанія, которыя откроютъ дитяти, черезъ нѣсколько лѣтъ, и неиначе, какъ послѣ длиннаго ряда подобныхъ же испытаній и ошибокъ, цѣлый міръ духовныхъ наслажденій и умственныхъ пріобрѣтеній.

Представимъ теперь себѣ человѣка, младенчество и дѣтство котораго прошли бы въ такой средѣ, куда не проникалъ бы ни одинъ лучъ свѣта и ни одинъ звукъ (хотя трудно это представить); представимъ себѣ, что органы зрѣнія и слуха въ этомъ человѣкѣ остались безъ всякаго упражненія: какой это будетъ человѣкъ?! Онъ ничего бы не зналъ, что творится на бѣломъ свѣтѣ, онъ не понималъ бы самыхъ простыхъ вещей. Мы не нашли бы даже приличнаго названія для такого жалкаго человѣка. Но только въ подземельѣ и возможна такая странная среда вѣчнаго неподвижнаго мрака, вѣчнаго гробоваго затишья. Если, однакоже, въ обыкновенной человѣческой жизни невозможна подобная среда, то очень возможна противоположная,—за примѣрами далеко не ходить: какъ часто случается видѣть такое житье-бытье, гдѣ денно и нощно только и слышны крикъ, шумъ, стукъ, гамъ, невыносимые иногда даже для слуха, привыкшаго къ подобнымъ звукамъ, и гдѣ свѣтъ солнечныхъ лучей и искусственнаго освѣщенія прямо бросается въ слабенькіе глаза младенца. При подобныхъ обстоятельствахъ чрезмѣрное напряженіе зрительныхъ и слуховыхъ нервовъ поведетъ уже не къ развитію, не къ укрѣпленію, а къ временному, или же совершенному разслабленію органовъ зрѣнія и слуха. Оттого-то такъ часты случаи заболѣванія глазъ у новорожденныхъ, оттого-то такъ часто у дѣтей слухъ бываетъ тупъ, невоспріимчивъ. Случаи разрыва ушной барабанной перепонки, вслѣдствіе необыкновенно сильнаго сотрясенія воздуха, отчего происходитъ глухота, довольно извѣстны; объ этомъ очень хорошо знаютъ артиллеристы. Какъ необыкновенно сильный гулъ дѣйствуетъ оглушительно на слухъ, такъ точно необыкновенно яркіе лучи дѣйствуютъ ослѣпительно на зрѣніе. Случаи совершенной слѣпоты отъ дѣйствія яркихъ лучей, хотя рѣдки, но тѣмъ не менѣе возможны, въ особенности въ младенческій возрастъ. Итакъ, мы видимъ, что отъ чрезмѣрнаго и внезапнаго напряженія слуха и зрѣнія органы этихъ чувствъ или временно ослабѣваютъ и заболѣваютъ или же иногда и совсѣмъ лишаются способности къ свойственной имъ дѣятельности; и что, на-оборотъ, они достигаютъ своего полнаго естественнаго развитія только исподоволь и при достаточномъ, но не слишкомъ напряженномъ, упражненіи.

Итакъ, наблюденіе убѣждаетъ насъ, что внѣшнія чувства, по всей справедливости, можно назвать **проводниками знаній**, потому что только посредствомъ ихъ человѣкъ пріобрѣ-

...иметъ все свое умственное достояніе. Отсюда само собою вытекаетъ то прямое заключеніе, что родители и воспитатели должны съ особенною заботливостью относиться къ развитію этихъ чувствъ въ дитяти. Когда ребенокъ уже отличаетъ тоны звуковъ и разстояніе близкихъ предметовъ, надо доставить ему возможность видѣть отдаленные предметы и слышать гармоническіе звуки, надъ которыми онъ могъ бы упражнять исподволь свой слухъ и зрѣніе. Недостаточность такихъ упражненій ведетъ за собою тупость слуха и близорукость. Впрочемъ, въ деревняхъ, откуда обыкновенно открытъ видъ на поля и лѣса, ребенокъ самъ собою, безъ всякихъ особенныхъ заботъ со стороны родителей, находитъ достаточное упражненіе для своего зрѣнія; слухъ его тоже находитъ себѣ пищу въ пѣніи птицъ, звонѣ колокольчика, въ пѣсняхъ няньки, матери и другихъ окружающихъ лицъ и т. п. Но за то въ городахъ жизнь ребенка, среди узкихъ и темныхъ улицъ, крайне неблагопріятна для развитія зрѣнія. Оттого-то въ городахъ такъ много близорукихъ; въ особенности страдаютъ этимъ недостаткомъ швеи, постоянно напрягающія свое зрѣніе надъ самыми мелкими и тонкими работами. И, на-оборотъ, обитатели горъ и степей, а равно люди, занимающіеся охотою, отличаются необыкновенною дальнозоркостью, потому-что зрѣніе ихъ постоянно упражняется отъ частаго смотрѣнія на весьма отдаленные предметы.

VIII.
Развитіе умственныхъ способностей.

Мы уже знаемъ, какимъ путемъ, въ первые мѣсяцы своей жизни, ребенокъ мало-по-малу пріобрѣтаетъ нѣкоторыя познанія о предметахъ вещественной природы. Эти-то познанія и составляютъ основаніе того великолѣпнаго зданія, которое построится современемъ въ мозгу дитяти изъ дальнѣйшихъ его впечатлѣній и опытовъ. Въ началѣ своего существованія дитя вовсе не отличаетъ себя какъ нѣчто отдѣльное отъ видимыхъ предметовъ, и весь окружающій міръ ему представляется въ какомъ-то туманѣ. Но вскорѣ глаза его просвѣтляются, внѣшніе предметы получаютъ для него все болѣе и болѣе ясные образы. Тѣ изъ предметовъ, которые чаще бросаются ему въ глаза, успѣли уже довольно отчетливо отпечатлѣться на его мозгу. Ребенокъ смутно начинаетъ чувствовать, что эти отпечатки нѣчто отличное отъ тѣхъ ощущеній, которыя онъ повременамъ испытываетъ въ своемъ тѣлѣ, какъ, напр., ощущеніе голода, холода и т. п. Такимъ-образомъ, часто испытывая тѣ и другія ощущенія, ребенокъ начинаетъ сознавать, что предметы внѣшняго міра составляютъ нѣчто отдѣльное отъ его бытья. Такое чуткое, достаточно-развитое уже отъ упражненія частымъ повтореніемъ, чувство составляетъ **самосознаніе**. Самосознаніе уже привело ребенка къ тому, что онъ отличаетъ самого себя отъ всѣхъ внѣшнихъ предметовъ. Въ это время онъ уже начинаетъ говорить. Отпечатки въ мозгу отъ внѣшнихъ предметовъ становятся все опредѣленнѣе и, наконецъ, переходятъ въ одинъ ясный **образъ**, который мы будемъ называть **представленіемъ**. Прежде, внѣшній предметъ тогда только производилъ ощущеніе въ мозгу, когда ребенокъ смотрѣлъ на него глазами, и чуть только переставалъ смотрѣть, предметъ исчезалъ; теперь отпечатокъ оставляетъ свои слѣды, которые или никогда уже не изгладятся изъ мозга, если они будутъ повременамъ возобновляться, или же изгладятся лишь съ годами.

Поясним это примѣромъ. Ребенокъ, положимъ, видитъ разъ, другой, десятый, дерево: каждый разъ оно отпечатывается въ его мозгу, разумѣется, на столько, на сколько онъ успѣлъ его разсмотрѣть: чрезъ частое повтореніе такихъ отпечатковъ составляется образъ дерева, которое какъ будто видится и тогда, когда вовсе не смотримъ на него. Чѣмъ пристальнѣе ребенокъ всматривается во внѣшнее очертаніе дерева и въ зелень, тѣмъ яснѣе отражается въ его мозгу образъ

Возьмемъ еще другой примѣръ. Особенное вниманіе ребенка привлекло, положимъ, яблоко: глазъ его съ большимъ напряженіемъ всматривался въ желто-румяныя краски, разлитыя по кругловатой поверхности яблока, сладкій сокъ котораго уже испробованъ его вкусомъ. И вотъ, вечеромъ, когда дитя улеглось въ свою постельку и ничто не развлекаетъ его вниманія, мозгъ возобновляетъ ту дѣятельность, къ которой онъ былъ вызванъ напряженіемъ глаза; и вотъ въ головѣ дитяти неожиданно является то же самое яблоко, которымъ онъ любовался нѣсколько часовъ тому назадъ. Теперь мозгъ уже работаетъ и безъ помощи глаза. Прежде глазъ дѣйствовалъ на мозгъ и этимъ заставлялъ его воспринимать впечатлѣнія,— иначе мозгъ вовсе не могъ бы дѣйствовать; теперь на оборотъ: глазъ закрытъ, но мозгъ дѣйствуетъ самъ собою и какъ будто заставляетъ глазъ видѣть то, чего онъ никакъ не можетъ видѣть.

Тѣ немногія и безсвязныя, отрывочныя познанія, которыя ребенокъ пріобрѣталъ на первыхъ порахъ своей жизни, скорѣе можно назвать плодомъ дѣятельности внѣшнихъ чувствъ, чѣмъ плодомъ дѣятельности мозга; потому-что этотъ послѣдній тогда только приходилъ въ напряженіе, когда воспринималъ, посредствомъ внѣшнихъ чувствъ, впечатлѣнія, которыя поэтому и называются, въ психологіи, **чувственными воспріятіями,** или **ощущеніями.** Когда же ребенокъ начинаетъ отличать предметы по ихъ внѣшнимъ свойствамъ (признакамъ), когда, затѣмъ, въ головѣ его формируются (составляются) образы отдаленныхъ предметовъ и когда, наконецъ, мозгъ самъ собою **воспроизводитъ** эти образы, тогда уже, такой переходъ въ мозговой дѣятельности можно принять за извѣстную ступень **умственнаго развитія.** Но изъ этого еще не слѣдуетъ, что съ такимъ переходомъ въ мозговой дѣятельности пріостанавливается развитіе ума. Еще никто не нашелъ: гдѣ начало и гдѣ конецъ умственнаго развитія человѣка, потому-что оно, собственно говоря, начинается съ колыбели и оканчивается если не со смертью, то со старостью. Умственное развитіе дитяти, какъ и развитіе всего организма его, идетъ постепенно и безъ перерывовъ и скачковъ. Но такъ-какъ въ извѣстные возрасты дитяти въ совершившемся уже развитіи можно замѣтить нѣкоторую и, разумѣется, только относительную законченность, то, для большей отчетливости изложенія, мы подраздѣляемъ все умственное развитіе дитяти на три ступени.

Образованіе **представленій** составляетъ первую, самую низшую, ступень чисто-умственной дѣятельности ребенка. Когда онъ выговариваетъ только нѣкоторыя отрывочныя, безсвязныя слова, то значитъ, что у него есть уже представленіе о тѣхъ предметахъ, которые называетъ по имени. Слѣдовательно, отрывочное слово, выраженное звуками голоса, есть такъ сказать, внѣшняя форма (оболочка), въ которую облекается представленіе.

Къ концу втораго, или въ началѣ третьяго года, дитя уже говоритъ болѣе или менѣе связно; рѣчь его выражается цѣлыми мыслями, предложеніями. Такое развитіе дара слова никакъ не могло совершиться безъ соотвѣтственнаго развитія умственныхъ способностей. Теперь дитя можетъ представить въ своемъ умѣ не одинъ только отдѣльный предметъ, но и нѣсколько, или даже цѣлый рядъ предметовъ, связанныхъ между собою въ какихъ-либо извѣстныхъ соотношеніяхъ. Положимъ, дитя въ первый разъ услышало пѣніе птички въ саду. Въ то самое время, когда слухъ воспринималъ звуки птичьяго голоса, зрѣніе дитяти, конечно, не могло остаться безъ всякой дѣятельности; но это послѣднее было относительно слабѣе, чѣмъ дѣятельность органа слуха. Хотя въ глаза дитяти, можетъ быть, бросалась свѣжая зелень деревьевъ и травъ, но оно какъ будто этого не замѣчало: для его ума достаточно было уже той работы, чтобы представить себѣ пѣніе вмѣстѣ съ птичкою. И вотъ дитя это представленіе облекаетъ въ слово, съ восторгомъ восклицая: птичка поетъ. Тутъ два представленія—пѣніе и птичка—какъ бы сливаются въ одно: поющая птичка. Но вскорѣ дитяти случится услышать въ другой, третій, а, можетъ, и въ десятый разъ пѣніе птички, такъ-что это будетъ уже для него не новость. Пѣніе птички подѣйствуетъ столько же на его слухъ, сколько и зелень листьевъ—на зрѣніе, а можетъ быть и меньше. Тутъ уже два представленія—представленіе о зелени травъ и о пѣніи птички—будутъ равносильны, и потому, не сольются въ одно. Когда эти два представленія ребенокъ облечетъ въ форму слова, то они выразятся слѣдующими предложеніями: 1) „Я видѣлъ зеленую травку," 2) „Я слышалъ пѣніе птички." Если впечатлѣнія на слухъ и глазъ (впечатлѣнія пѣнія и зелени) впродолженіе дня не были, такъ сказать, заглушены другими впечатлѣніями, болѣе сильными, и, слѣдовательно, оставили на мозгу слѣды, то дитя возобновитъ въ своей головѣ оба сказанныя представленія и тогда, когда оно вовсе не слышитъ птички и не видитъ травы. Въ спокойномъ состояніи оно будетъ представлять въ своей головѣ нетолько одну поющую птичку и то мѣсто, гдѣ она сидѣла, но и другіе предметы, которые въ одно и то же время могли произвесть какія-либо впечатлѣнія, дѣйствуя на слухъ и зрѣніе. При такой дѣятельности мозга дитяти въ немъ можетъ возобновиться цѣлый рядъ образовъ, цѣлая картина предметовъ, которые впродолженіе дня произвели на его внѣшнія чувства извѣстныя впечатлѣнія. Это—уже вторая ступень умственнаго развитія, которое мы будемъ называть **воображеніемъ**.

Слѣдовательно, въ сущности, воображеніе есть не что иное, какъ способность представлять себѣ рядъ образовъ, связанныхъ между собою въ извѣстномъ послѣдовательномъ порядкѣ. Чѣмъ сильнѣе впечатлѣніе, тѣмъ яснѣе, отчетливѣе возобновляющіеся въ головѣ образы. Возобновленіе образовъ совершается по закону, извѣстному въ психологіи подъ именемъ закона **ассоціаціи** идей, т. е. соединенія, сочетанія образовъ. Сущность этого закона состоитъ въ томъ, что одно представленіе вызываетъ другое, съ нимъ сходное, или же однородное по мѣсту и времени. Положимъ, дитя видитъ на небѣ облачко, которое по своему внѣшнему виду напоминаетъ знакомаго ему старика. Положимъ, это облачко всплыло вверхъ надъ другимъ облачкомъ, изображающимъ нѣчто похожее на печку. Дитяти можетъ представиться нетолько старикъ, сидящій на печкѣ, но и та изба, гдѣ онъ видѣлъ подобнаго старика, и то время, когда дѣдъ сидѣлъ на печкѣ. Итакъ, одинъ образъ вызываетъ въ умѣ дитяти другой, представляющій въ которое внѣшнее сходство съ первымъ. Этотъ новый образъ, въ свою очередь, вызываетъ цѣлый рядъ другихъ образовъ, имѣющихъ съ нимъ какое-нибудь соотношеніе или по мѣсту нахожденія, или по времени чувственнаго воспріятія.

Воображеніе обыкновенно представляетъ предметы въ лучшемъ или худшемъ видѣ, чѣмъ они есть на самомъ дѣлѣ, смотря по тому, какое ощущеніе они произвели на наши чувства—пріятное или непріятное. Слѣдовательно, картины воображенія болѣе или менѣе обманчивы. Относительная вѣрность ихъ зависитъ отъ относительной вѣрности самихъ представленій (образовъ). Эти послѣднія, какъ это уже намъ извѣстно, въ свою очередь зависятъ отъ силы и отчетливости чувственныхъ воспріятій. На чувственныя же воспріятія дитяти дѣйствуетъ, въ особенности, внѣшняя сторона предметовъ, т. е. тѣ ихъ признаки, которые легче всего замѣчаются, такъ-сказать, сами бросаются въ глаза, напр. яркія краски, красивыя очертанія, или на оборотъ: мрачные цвѣта, уродливыя формы. Находясь подъ впечатлѣніемъ внѣшняго вида предметовъ, дитя не замѣчаетъ въ нихъ такихъ признаковъ, которые хотя и болѣе существенны, но менѣе выдаются наружу, и поэтому ускользаютъ отъ чувственнаго воспріятія. Вспомнимъ, что мы говорили объ яблокѣ, желторумяныя краски котораго отпечатлѣли въ головѣ дитяти такой привлекательный образъ. Допустимъ, что это яблоко хорошо только на видъ и что его сокъ очень киселъ. Глазъ опытнаго человѣка, можетъ быть, сразу бы замѣтилъ, что оно, не смотря на свою красоту, невкусно. Но, положимъ, что дитяти еще не случалось ѣсть такого сквернаго яблока. По его внѣшнему виду, дитяти оно кажется именно такимъ, какое было уже имъ испробовано. И вотъ, дитя представляетъ въ своемъ умѣ нетолько яркія краски яблока, но и тотъ сладкій сокъ, который когда-то произвелъ на его языкѣ такое пріятное ощущеніе, и котораго на дѣлѣ однако вовсе нѣтъ. Итакъ, въ умѣ дитяти нетолько воспроизводится дѣйствительный образъ, но и создается новый, какого вовсе нѣтъ и быть не можетъ. Такимъ же точно образомъ, рисующійся въ воображеніи дитяти облачный старикъ кажется ему гораздо уродливѣе, чѣмъ есть на самомъ дѣлѣ настоящій, дѣйствительный старикъ.

При извѣстномъ настроеніи воображенія, въ умѣ нашемъ можетъ создаваться цѣлый рядъ подобныхъ, не существующихъ въ мірѣ, образовъ, связанныхъ между собою по закону ассоціаціи. Стройное, связное воспроизведеніе такихъ образовъ называется **фантазіею**. Слѣдовательно, въ сущности, фантазія есть не что иное, какъ самая высшая, напряженная дѣятельность воображенія. Объяснимъ это примѣромъ, который мы приводили для поясненія закона ассоціаціи идей, т. е. образами движущихся облаковъ.

Облака иногда представляютъ поразительныя подобія. Видѣть въ облачкѣ изображеніе старика съ длинною сѣдою бородою и въ овечьей шубѣ наизнанку — вещь обыкновенная. Но, при извѣстномъ, едва замѣтномъ движеніи воздуха, изображеніе это можетъ превращаться въ разныя, все болѣе и болѣе странныя, формы. Стóитъ только дать волю своему воображенію и — нашему взору представится рядъ картинъ, въ сущности, безъ смысла и содержанія, но на столько напоминающихъ дѣйствительность, что намъ такъ и хочется забыться и вѣрить, что онѣ и на самомъ дѣлѣ существуютъ. И мы, дѣйствительно, иной разъ на столько увлекаемся этими картинами, что не замѣчаемъ всей ихъ неестественности. Сначала мы ясно усматриваемъ въ облачкѣ близкое подобіе знакомаго намъ старика. Мы готовы вѣрить, что нашъ старикъ перенесся въ воздушныя пространства. Во всякомъ случаѣ намъ очень нравится такая странность. Мы продолжаемъ всматриваться и любоваться такою чудною картиной. Но она скоро измѣняется: нашъ старикъ поднялся вверхъ и превратился въ какое-то чудовище съ предлинными ногами, тонкою шеей и огромною головой. Еще нѣсколько мгновеній — и образъ нашего старика совсѣмъ исчезъ, разорвавшись на какіе-то, едва замѣтные, кусочки. Мы уже начинаемъ сознавать, что исчезнувшій образъ былъ не что иное, какъ обманъ чувствъ; но въ то же время отрывается отъ тучки новое облачко и незамѣтно подплываетъ къ тому мѣсту, гдѣ мы видѣли старика. Облачко принимаетъ опредѣленныя формы и является предъ нашимъ взоромъ въ видѣ громаднаго медвѣдя. Мы опять забываемся и — намъ кажется, что нашъ старикъ преобразился въ медвѣдя. Такимъ образомъ, въ нашемъ воображеніи представляется цѣлый рядъ чудесныхъ, необыкновенныхъ картинъ, которыя, по-истинѣ, могутъ быть названы **фантастическими**. Если изъ подобныхъ картинъ составляется цѣлый связный разсказъ, то этотъ разсказъ будетъ не чѣмъ инымъ, какъ **творчествомъ фантазіи**. Изъ подобныхъ фантазій состоятъ и наши сказки.

Итакъ, мы видимъ, что изъ чувственныхъ воспріятій ребенка составляются образы (представленія), изъ этихъ же послѣднихъ — картины воображенія или фантазіи. Мы видѣли также, что эти образы и картины представляютъ преимущественно внѣшнія, болѣе выдающіяся, стороны предметовъ. Но дѣятельность дѣтскаго ума не ограничивается однимъ только воспроизведеніемъ чувственныхъ воспріятій. Уже на первомъ году жизни, у ребенка проявляется та пытливость ума, посредствомъ которой предметы различаются не по однимъ внѣшнимъ признакамъ, но и по ихъ внутреннимъ свойствамъ. Сначала ребенокъ отличаетъ, положимъ, пламя отъ другихъ знакомыхъ ему предметовъ по его свѣту; но потомъ, посредствомъ впечатлѣній и опытовъ, онъ доходитъ до познанія отличительнаго свойства огня — **его жгучести**. Теперь онъ начинаетъ сознавать, что одинъ свѣтъ жжетъ, а другой не жжетъ и что жгучесть тѣлъ не зависитъ еще отъ ихъ блеска. Это сознаніе на первыхъ порахъ, конечно, еще смутно, неопредѣленно; но со временемъ, при дальнѣйшихъ опытахъ, оно все болѣе и болѣе проясняется. Тогда уже у ребенка образуется **понятіе** объ огнѣ. Когда онъ представлялъ огонь въ видѣ свѣтящейся только точки, тогда онъ еще не зналъ, что такое огонь, онъ не имѣлъ объ немъ никакого понятія. Точно также, когда онъ представляетъ себѣ, напр., дерево по его внѣшнему виду (образу), то онъ еще не имѣетъ понятія о **деревѣ**. Понятія вырабатываются нескоро, только черезъ цѣлый рядъ годовъ; объ иныхъ предметахъ даже и взрослые люди или вовсе не имѣютъ никакого понятія или имѣютъ только смутное, неясное понятіе. Прослѣдимъ тотъ путь, по которому у ребенка вырабатывается понятіе, напр., о деревѣ.

Ребенокъ видитъ дерево, которое называютъ ему по имени, положимъ, **березу**. Въ его умѣ отпечатлѣлся образъ березы (т. е. у него образовалось представленіе о березѣ). Въ другой разъ онъ видитъ, положимъ, вербу; эту послѣднюю онъ тоже назоветъ березою. Это значитъ, что онъ не имѣетъ еще никакого понятія ни о березѣ, ни о вербѣ. Затѣмъ, онъ видитъ еще другія деревья: ольху, ясень, дубъ, сосну и т. д. Всякое изъ этихъ деревъ оставляетъ въ его головѣ отпечатокъ своего внѣшняго вида (по цвѣту и очертанію). Вскорѣ дитя узнаетъ уже и названія различныхъ деревъ; и оно уже начнетъ отличать березу отъ вербы нетолько по одному названію, но и по ихъ виду. При первомъ знакомствѣ съ березою и вербою, органъ зрѣнія дитяти воспринималъ одни и тѣ же впечатлѣнія зелени листьевъ и округленности формъ того и другаго дерева; и въ его умѣ образовался одинъ общій образъ, который можно назвать **внѣшнимъ**. Затѣмъ, при дальнѣйшихъ наблюденіяхъ дитя замѣтитъ, что, не смотря на столь большое сходство березы съ вербою, между ними есть, однако, разница. Разница эта особенно замѣтна по формѣ листьевъ и цвѣту коры; и она бросится, наконецъ, ему въ глаза. Ребенокъ пристально всматривается въ отличительные признаки березы и вербы; онѣ производятъ въ немъ новыя впечатлѣнія, отъ которыхъ и отражаются два новые образа, образъ березы и образъ вербы; образы эти, для отличія отъ перваго (внѣшняго), назовемъ **внутренними**. Первый изъ нихъ (внѣшній) образовался посредствомъ простаго воспріятія чувствомъ зрѣнія, вторые же (внутренніе)—чрезъ **сравненіе** отличительныхъ признаковъ березы съ такими же признаками вербы. Сравненіе это довело до того, что изъ общаго вида дерева (зелени и внѣшняго очертанія) выдѣлились признаки, принадлежащіе не обоимъ деревамъ вмѣстѣ, а каждому изъ нихъ отдѣльно; и изъ нихъ-то составились особые образы, которые въ то же время закрываютъ собою прежній внѣшній образъ, составившійся изъ признаковъ, общихъ какъ березѣ, такъ и вербѣ. Итакъ, мы видимъ, что накопившіяся въ умѣ дитяти впечатлѣнія приводятся въ извѣстный порядокъ: одинаковые, или общіе признаки, соединяются въ одинъ образъ (представленіе), неодинаковые же, частные, выдѣляются или отвлекаются въ отдѣльные образы (понятія). Такая дѣятельность ума представляетъ уже новую, высшую ступень въ его развитіи.

Тѣ понятія о березѣ и вербѣ, какія мы здѣсь показали, еще далеко неполны и сбивчивы. Съ опытомъ они постоянно становятся опредѣленнѣе. Если къ отличіямъ цвѣта коры и очертанія листьевъ прибавятся еще другіе, болѣе существенные, признаки, какъ напр. относительная плотность древесины березы и, вслѣдствіе того, относительно-бо́льшая пригодность послѣдней на дрова и подѣлки, то составится уже болѣе точное понятіе о березѣ и вербѣ. Но какъ первыя, такъ и вторыя понятія вырабатываются непосредственно помощью внѣшнихъ чувствъ (преимущественно зрѣнія), и поэтому ихъ можно назвать **чувственными**. При дальнѣйшемъ наблюденіи надъ березою, вербою, ольхою, ясенемъ, дубомъ, сосною, елью и т. д. дитя постоянно будетъ замѣчать въ нихъ: 1) тѣ особенные признаки, которые принадлежатъ каждому изъ нихъ въ отдѣльности и по которымъ мы отличали, напр., березу отъ вербы, и т. п.; 2) тѣ общія свойства, которыхъ нельзя примѣтить глазомъ и которыя тѣмъ неменѣе равно присущи какъ березѣ, такъ ольхѣ, дубу, соснѣ и проч., т. е., ихъ ростъ и, кромѣ того, еще общій внѣшній ихъ видъ—корни, стволъ, сучья и листья или иглы (хвои). Вслѣдствіе такихъ наблюденій, въ умѣ дитяти совершится дѣятельность, подобная той, какую мы видѣли выше при образованіи чувственныхъ понятій, т. е. дѣтельность выдѣленія или отвлеченія частныхъ признаковъ (1) и соединенія общихъ въ одинъ образъ (2). Изъ такого соединенія признаковъ, равно свойственныхъ и вербѣ, и березѣ, и ольхѣ, и дубу, и ясеню, и ели, и соснѣ и т. д., составится общее **понятіе о деревѣ**. Оно состоитъ въ слѣдующемъ: **все что имѣетъ корни, стволъ, сучья, листья (или хвои) и что ростетъ, носитъ общее названіе дерева.** Это понятіе потребовало уже болѣе сложной дѣятельности ума, такъ-какъ при образованіи его сравнивалось гораздо большее число однородныхъ предметовъ, чѣмъ прежде. Такое понятіе называется **отвлеченнымъ**, потому что образовалось чрезъ выдѣленіе (отвлеченіе) такихъ свойствъ, которыя недоступны прямому воспріятію внѣшнихъ чувствъ.

Точно такимъ же образомъ составляются въ нашемъ умѣ и понятія о кустарникѣ, травѣ, цвѣткѣ, злакѣ. При сравненіи деревьевъ съ кустарниками, цвѣтами, травами и злаками, мы замѣтимъ уже гораздо больше отличій, чѣмъ напр., между березою и ольхою, но тѣмъ неменѣе, всѣмъ имъ ровно присуще одно общее свойство — **ростъ**, и у насъ образуется новое, высшее понятіе, **понятіе о растеніи**.

Сравнивая, далѣе, напр. кошку съ собакою, точно такимъ же образомъ мы получимъ: прежде низшее (чувственное) понятіе, понятіе о собакѣ и кошкѣ, потомъ, изъ дальнѣйшаго же сравненія кошки и собаки съ лошадью, коровою, овцою и т. д., — высшее (отвлеченное) понятіе, понятіе о **животномъ**. Сравнивая, наконецъ, растенія съ животными, мы замѣтимъ, что у тѣхъ и другихъ есть общія свойства — **ростъ** и **питаніе**; отличія же ихъ состоятъ въ томъ, что животныя обладаютъ способностью чувствовать и двигаться, въ растеніяхъ же вовсе нѣтъ ни того, ни другаго свойства. Такимъ образомъ, посредствомъ соединенія сходныхъ и выдѣленія несходныхъ признаковъ, мы дойдемъ до новаго, самаго высшаго, понятія о всѣхъ **живыхъ** тваряхъ — понятія объ **организмѣ**. До этого понятія человѣкъ доходитъ уже не иначе, какъ помощью науки; и по этому, такое понятіе можно назвать нетолько отвлеченнымъ, но и **научнымъ**. Говоря вообще объ обыденныхъ предметахъ, для познанія сущности которыхъ не требуется особенныхъ наблюденій и научныхъ знаній, мы приходимъ къ тому заключенію, что ясность и опредѣленность понятій зависитъ отъ ясности представленій. Эти послѣднія, въ свою очередь, зависятъ отъ силы и отчетливости чувственныхъ воспріятій. Впечатлѣнія, воспринимаемыя посредствомъ внѣшнихъ чувствъ, формируютъ образы, а изъ этихъ послѣднихъ составляются понятія. Чѣмъ больше накопится въ умѣ дитяти образовъ и чѣмъ отчетливѣе эти образы, тѣмъ яснѣе у него будутъ понятія. И по этому-то такое дитя, которое много видѣло и въ то же время испытывало много сильныхъ впечатлѣній, обыкновенно бываетъ способно къ здравому и ясному пониманію вещей. Такимъ образомъ, здѣсь опять видно, какое важное значеніе имѣетъ въ умственномъ развитіи дитяти, развитіе внѣшнихъ чувствъ. Когда же у человѣка накопится такъ много представленій и ясныхъ чувственныхъ понятій о разныхъ вещахъ, что изъ этого матеріала у него сами собою вырабатываются отвлеченныя понятія, тогда уже у него можетъ неумолкаемо продолжаться умственная работа и безъ тѣхъ возбужденій, какими служатъ для ребенка чувственныя воспріятія. Но это можетъ случиться только въ зрѣломъ возрастѣ. Старики и вообще, люди, много на своемъ вѣку перечувствовавшіе и передумавшіе, въ случаѣ лишенія внѣшнихъ чувствъ, могутъ продолжать свои литературные и даже научные труды при помощи чужихъ глазъ и рукъ. Все вышесказанное убѣждаетъ насъ, что чѣмъ моложе дитя, тѣмъ болѣе оно нуждается въ чувственныхъ воспріятіяхъ, и, на-оборотъ, чѣмъ возрастнѣе человѣкъ, тѣмъ менѣе нуждается въ такомъ внѣшнемъ возбужденіи для своего умственнаго развитія.

Мы прослѣдили постепенно весь ходъ умственнаго развитія дитяти, начиная съ первыхъ ощущеній осязанія и оканчивая тѣми отвлеченными понятіями, до которыхъ доходятъ обыкновенно лишь въ отроческомъ возрастѣ. При этомъ мы указали на три, болѣе выдающіяся въ этомъ развитіи, ступени. Онѣ представляютъ собою тѣ главныя черты мозговой дѣятельности, по коимъ мы можемъ судить о всѣхъ сторонахъ умственныхъ способностей. Отдѣльные образы (представленіе) соединеніе ихъ въ картины (воображеніе) сравненіе и отличеніе предметовъ по ихъ существеннымъ признакамъ (понятіе) — все это такая мозговая дѣятельность, которая не можетъ иначе проявиться, какъ только при участіи тѣхъ способностей, которыя извѣстны подъ разными названіями, а именно: **воодушевленіе и вдумчивость, смышленость и смѣтливость, сообразительность и разсудительность** (разсудокъ, здравый смыслъ). И самый **разумъ**, понимаемый обыкновенно какъ высшая степень умственнаго совершенства, есть ничто иное, какъ способность обо всемъ судить здраво съ помощью здравыхъ понятій о вещахъ. Наконецъ, способность представить въ умѣ испытанныя чувственныя ощущенія, видѣнные предметы, а равно слышанную рѣчь или читанныя мысли, способность, извѣстная подъ именемъ **памяти**, въ сущности, есть не что иное, какъ совокупная дѣятельность всѣхъ сказанныхъ способностей, **съ преобладающею дѣятельностію воображенія**. Оттого-то люди, отличающіеся живымъ, пылкимъ воображеніемъ, отличаются и необыкновенною памятью. Однако, съ другой стороны, и человѣкъ, не обладающій сообразительностью и разсудительностью, не можетъ похвастаться твердостью памяти. Но какъ бы то ни было, не подлежитъ сомнѣнію, что всѣ эти способности находятся въ тѣсной зависимости одна отъ другой, одна другую пополняютъ и составляютъ нѣчто цѣлое, извѣстное подъ именемъ человѣческаго **ума**. Не подлежитъ также сомнѣнію, что болѣе или менѣе дѣятельное проявленіе той или другой стороны ума (той или другой способности) зависитъ отъ постепеннаго ихъ упражненія, соотвѣтсвенно возрасту дитяти и накопившемуся въ его головѣ запасу впечатлѣній, представленій и понятій.

IX.
Отличительныя черты дѣтской природы. — Индивидуальность.

Обыкновенно, на маленькихъ дѣтей смотрятъ какъ на существа, вовсе неспособныя интересоваться чѣмъ-либо серіозно. Если ребенокъ найдетъ, положимъ, какой-либо камешокъ, котораго яркія краски или правильность очертанія привлекли его взоръ, и если онъ съ любопытствомъ спроситъ у старшихъ: что это такое? то старшіе рѣдко отнесутся къ его вопросу съ должнымъ вниманіемъ и еще рѣже дадутъ себѣ трудъ — удовлетворить любознательность ребенка дѣльнымъ объясненіемъ, считая такую пытливость дѣтскаго ума преждевременною. Немногіе задумываются надъ тѣмъ: что вышло бы изъ ребенка, если бы онъ только бѣгалъ, рѣзвился, ничего не замѣчая подъ своими ногами и ни чѣмъ не интересуясь. Но любопытство дитяти не есть праздное желаніе знать то, чего еще не слѣдуетъ знать: онъ хочетъ знать именно то, что даетъ пищу его, еще несложившемуся, уму. Онъ задаетъ иногда такіе мудреные вопросы, что на нихъ не всегда легко отвѣчать взрослому человѣку, въ родѣ напр., слѣдующихъ: почему кошка не ѣстъ яблока? или: почему у женщины не ростетъ борода? И съ такими вопросами дитя обращается весьма серіозно и иногда настойчиво упрашиваетъ объясненія. Откуда дитяти приходятъ въ голову, подумаешь, такіе странные вопросы? Но стоитъ только поближе всмотрѣться въ дѣтскую духовную природу и — дѣло объяснится очень просто. Дитя замѣчаетъ, что кошка ѣстъ мясо, кашу, молоко, словомъ, все то, что и оно само ѣстъ; но оно ѣстъ такъ же съ большимъ наслажденіемъ и яблоко. Не естественно-ли затѣмъ, родиться вопросу: отчего бы не ѣсть такой вкусной вещи и кошкѣ? Этотъ вопросъ доказываетъ, что дитя наблюдало надъ кошкою, сравнивало ея вкусъ съ своимъ и подмѣтило уже тутъ сходство; какъ же послѣ того не обратить вниманія и на разницу которая такъ рѣзко и неожиданно бросается ему въ глаза? Если дитя дѣлаетъ такія наблюденія и спрашиваетъ о томъ, чего оно не можетъ само понять, то это значитъ, что у него работаетъ мозгъ, что оно мыслитъ и вырабатываетъ изъ сравненій понятія. Слѣдовательно, остается только радоваться и поддерживать такое стремленіе молодаго ума.

Если дитя здорово, если оно испытало немало впечатлѣній, если его нервы и мозгъ разшевелены ощущеніями, то стремленіе къ познанію проявляется у него гораздо сильнѣе и гораздо раньше, чѣмъ многіе предполагаютъ. Присмотритесь только къ жизни дитяти, прослѣдите хоть одинъ день, какъ оно проводитъ свое время съ утра до вечера и—вы усмотрите многое изъ того, что достойно особеннаго вниманія и чего однако ане замѣчали, потому-что все это считали пустяками. Посмотрите, какъ оно любуется цвѣткомъ, его жолтенькими лепестками, какъ оно бережно щиплетъ листики, словно боясь упустить что-нибудь изъ виду: сколько тутъ пищи для его души, любующейся чудными формами и красками и стремящейся узнать тайны природы! Или, взгляните, какъ оно серіозно строитъ домикъ изъ щепокъ: точно оно и въ самомъ дѣлѣ задумало соорудить зданіе—какая подражательность, какая жажда дѣла! Посмотрите, какъ оно роется своими рученками въ травѣ и съ какимъ любопытствомъ вытаскиваетъ оттуда жуковъ, козявокъ и червичковъ, стараясь разглядѣть ихъ разноцвѣтное одѣяніе и изучить ихъ нравы. Долго бы намъ пришлось перечислять забавы, игры и занятія дитяти, въ которыхъ, уже на первыхъ годахъ своей жизни, оно проявляетъ всю дѣятельность своихъ духовныхъ способностей, и въ которыхъ такъ ясно рисуется будущій взрослый человѣкъ. Но уже и приведенныхъ здѣсь примѣровъ достаточно, чтобы вывести несомнѣнное заключеніе, которое ясно само собою всякому наблюдательному воспитателю, а именно: что **отъ колыбели врождены дитяти пытливость, любознательность и наблюдательность, а равно и стремленіе какъ къ физической, такъ и умственной дѣятельности.**

Но, если это такъ, спроситъ читатель, то отчего, когда прійдетъ пора отдать дитя въ ученье, оно само не хочетъ учаться и его надо заставить учиться? Природа дитяти гибка какъ воскъ; изъ него все, что угодно, можно сдѣлать: какъ легко его пріохотить къ ученью, такъ точно не трудно убить въ немъ всякую любознательность и возбудить отвращеніе къ тому же ученью. Представьте себѣ хорошаго работника, который акуратно и добросовѣстно исполняетъ каждодневно свое дѣло. Что изъ него выйдетъ, если онъ побалуется нѣсколько лѣтъ или хоть нѣсколько мѣсяцевъ, по цѣлымъ днямъ ничего не дѣлая? Разумѣется, привычка къ лѣни отыметъ у него всякую охоту къ работѣ и то дѣло, которымъ онъ прежде вовсе не тяготился, превратится въ мученье. Не то же ли самое случится и съ дитятею, когда въ его жизни совершится подобный рѣзкій переходъ отъ бездѣлья къ непосильному труду? Въ первые годы своей жизни, ребенокъ самъ вездѣ находитъ пищу для своего ума: въ саду, въ полѣ, въ рощѣ, на лужайкѣ, на нивѣ, у ручья, у камня, и т. п. Все для него ново, все поражаетъ его вниманіе; онъ бѣгаетъ то туда, то сюда, и вездѣ встрѣчаетъ что-нибудь привлекательное для своего пытливаго взора. Но пройдутъ три-четыре года такой неугомонной дѣятельности и — пища для его любознательности оскудѣла. Онъ успѣлъ ужъ все высмотрѣть, во все вглядѣться и всѣмъ налюбоваться. То, что прежде бросалось ему въ глаза своею новизною и приводило его нервы въ сильное напряженіе, теперь уже сдѣлалось вещью обыкновенною и не оказываетъ уже особеннаго дѣйствія на чувственныя воспріятія. Между тѣмъ, его воспріимчивый умъ неумолкаемо продолжаетъ свою работу и требуетъ для себя все новаго и новаго матеріала. И вотъ ребенокъ обращается къ взрослымъ съ требованіемъ объяснить ему то то, то другое. Ему очень бы хотѣлось заглянуть и въ книгу, которую по временамъ читаетъ отецъ. Но, вмѣсто того, чтобы поддержать въ немъ любознательность, прочитывая, напр., что-нибудь для него понятное, или разсказывая изъ прочитаннаго, ему говорятъ: „не при васъ писано,“ или: „куда тебѣ! успѣешь — вонъ куда тянется" и т. п. Такимъ образомъ, умъ дитяти почти бездѣйствуетъ и мало-по-малу пріучается къ лѣни. Какъ же послѣ того приняться ему за азбуку, о которой онъ и понятія никакого еще не имѣетъ, когда ему минуло семь-восемь лѣтъ, т. е. когда наступила самая лучшая пора для ученья? Ясное дѣло, что азбука вовсе не прійдется ему по вкусу.

Наблюдая дальше за жизнью маленькихъ дѣтей, легко замѣтить, что имъ скоро надоѣдаетъ не только какое-нибудь занятіе, но даже игра, если только она не оживляется разнообразными тѣлодвиженіями. Дитя очень любитъ бѣгать, прыгать, кувыркаться, лазить по лѣстницамъ, цѣпляться за сучья деревъ и дѣлать всевозможныя вращенья и круженья. Люди, непонимающіе дѣтской природы, такую подвижность дитяти считаютъ только „шалостью." Пусть это и шалость, но шалость, имѣющая основательныя причины для своего оправданія. Причины необыкновенной подвижности дитяти кроются въ природѣ его молодаго, развивающагося организма. Все что полно жизни, требуетъ движенія; что неподвижно, то безжизненно, мертво. Чѣмъ свѣжѣе, чѣмъ моложе жизнь, тѣмъ сильнѣе кипитъ въ ней дѣятельность. И наоборотъ: чѣмъ старѣе организмъ, тѣмъ менѣе онъ подвиженъ. Дѣти любятъ неугомонную дѣятельность, а старики тихій покой. Съ первыхъ дней жизни младенца въ его организмѣ идетъ неумолкаемая дѣятельность питанія. Черезъ годъ-другой организмъ его укрѣпится и дитя станетъ на ноги. Его ножки сначала такъ слабы, что едва удерживаютъ на себѣ туловище, и ребенокъ на первыхъ порахъ идетъ шатаясь, поддерживаемый рукою няни, точно на деревяшкахъ. Но потомъ, отъ постояннаго упражненія, ножки набираютъ силы; ребенокъ чувствуетъ, что онѣ ему не измѣнятъ и—вотъ онъ пробуетъ ихъ все смѣлѣе и смѣлѣе и, наконецъ, приводитъ ихъ въ настоящее дѣло. Откуда у него такая радость, когда онъ завладѣетъ, такъ сказать, своими ножками? Видно, и другія части тѣла и всѣ мышцы ждали уже для себя упражненія: а безъ помощи ногъ плохое для нихъ упражненіе. Дитя инстинктивно чувствуетъ настоятельную потребность упражненій для своихъ мускуловъ посредствомъ всевозможныхъ тѣлодвиженій. Это-то удовлетвореніе, какъ и всякое другое удовлетвореніе, и доставляетъ ему удовольствіе. Притомъ, когда дитя начинаетъ бѣгать, тогда оно употребляетъ уже твердую пищу. Пища у него идетъ нетолько на поддержаніе физіологическаго обмѣна веществъ, но еще и на ростъ. Слѣдовательно, относительное количество пищи для дитяти требуется въ большемъ размѣрѣ, чѣмъ для взрослаго. А это влечетъ за собою относительную усиленность пищеваренія, которое, въ свою очередь, требуетъ относительно усиленнаго движенія. Итакъ, мы видимъ здѣсь двѣ фи**зіологическія причины, вызывающія въ дитяти естественную потребность движенія въ относительно большей мѣрѣ, чѣмъ это необходимо для взрослаго человѣка.**

Необыкновенная подвижность дитяти мѣшаетъ ему заняться чѣмъ-нибудь однимъ продолжительное время. Оно такъ и вертится и, кажется, неспособно усидѣть ни одной минуты на одномъ мѣстѣ. Но пусть только его что́-нибудь сильно заинтересуетъ, и вы увидите, какъ оно забудется, хотя, разумѣется, ненадолго. Если, съ одной стороны, дитя требуетъ движенія для укрѣпленія своихъ мышцъ, то, съ другой — его умъ тоже заявляетъ свои права. Оттого-то, чтобы удовлетворить той и другой естественной потребности, оно не останавливается долго надъ однимъ предметомъ и постоянно мѣняетъ свои занятія и игры. Сидѣть, сложа руки, какъ это дѣлаютъ часто взрослые, для него не можетъ доставлять никакого удовольствія. Если есть и такія дѣти, которыя не любятъ ни бѣгать, ни интересоваться чѣмъ-либо, то они достойны сожалѣнія, потому-что такая неподвижность свидѣтельствуетъ о плохомъ состояніи ихъ здоровья. Вялость у дѣтей обыкновенно происходитъ или отъ испорченнаго воздуха, или отъ дурнаго питанія, но всего чаще — отъ привычки къ вынужденному спокойному сидѣнью въ комнатѣ, вслѣдствіе строгости отца или другихъ воспитателей. Какая бы ни была причина болѣзне-

...сти, во всякомъ случаѣ такихъ дѣтей необходимо почаще расшевеливать, посылая ихъ въ общество рѣзвыхъ сверстниковъ, которые всегда оказываютъ обоятельное дѣйствіе на товарищей.

Замѣна одного занятія другимъ, какъ извѣстно, для трудолюбиваго человѣка составляетъ отдыхъ. Дитя есть тотъ же, только въ маленькомъ видѣ, трудолюбивый человѣкъ. Но такъ какъ у дитяти силы гораздо слабѣе, чѣмъ у взрослаго, то оно устаетъ скорѣе отъ всякаго занятія, даже отъ игры. Но чѣмъ чаще оно будетъ приниматься за одно и то же дѣло, тѣмъ больше будетъ съ нимъ свыкаться и тѣмъ дольше можетъ ему предаваться. Семилѣтнему мальчику очень трудно, напр., даже полчаса просидѣть сряду за азбукою, на первыхъ порахъ ученья, тогда какъ впослѣдствіи, черезъ годъ-другой, онъ можетъ заняться по часу и даже полтора часа, не чувствуя особеннаго утомленія; пятнадцатилѣтній юноша въ состояніи уже нѣсколько часовъ сряду прокорпѣть надъ ученьемъ, не очень томясь этимъ. Слѣдовательно, только постояннымъ упражненіемъ физическихъ и умственныхъ силъ можно довести дитя до сосредоточеннаго занятія какимъ-нибудь серіознымъ дѣломъ. **Чѣмъ моложе дитя, тѣмъ меньше оно способно засиживаться долго за однимъ дѣломъ, и потому-то тѣмъ больше требуется разнообразія въ его ежедневныхъ занятіяхъ, которыя должны постоянно замѣняться одно другимъ.**

Какъ ни похожъ одинъ человѣкъ на другаго въ общемъ, но, какъ это всякому хорошо извѣстно, отличія между отдѣльными личностями до того замѣтны, что мы никакъ не примемъ, напр. Ивана за Петра, Ѳаддея за Ѳедота и т. п. У всякаго есть нетолько своя физіономія (обликъ, окладъ, черты лица), но и свой особый складъ ума, свой нравъ, вкусъ и наклонности. Эти-то личныя особенности, составляющія неразрывную принадлежность каждаго человѣка, и составляютъ такъ-называемую **индивидуальность** (отъ латинскаго слова individuus, **недѣлимое, особь**). Независимо отъ рожденія, съ которымъ младенецъ, являясь на свѣтъ, приноситъ съ собою извѣстные задатки къ проявленію своей личности, индивидуальныя особенности много зависятъ отъ окружающей дитя среды и отъ разныхъ внѣшнихъ вліяній какъ со стороны природы, такъ и со стороны людей и общества. Такъ, напр., дѣти, которыя въ первые годы своей жизни много наслушались гармоническихъ звуковъ, обыкновенно отличаются особенною тонкостью слуха и охотою къ музыкѣ. Индивидуальныя особенности часто переходятъ отъ родителей къ дѣтямъ по наслѣдству: такъ, напр., у музыкантовъ и сыновья обыкновенно бываютъ музыкантами; и это очень понятно, если вспомнимъ, какъ дѣти любятъ подражать взрослымъ и какъ они свыкаются съ занятіями и образомъ жизни окружающихъ лицъ. Но, отъ чего бы ни зависѣла та или другая наклонность дитяти—отъ природы-ли, или отъ домашней обстановки и другихъ, часто неуловимыхъ, вліяній—во всякомъ случаѣ, въ воспитаніи индивидуальность имѣетъ важное значеніе и на нее необходимо обращать серіозное вниманіе.

Конечно, какъ вкусы, такъ и наклонности съ лѣтами мѣняются, и по тѣмъ или другимъ наклонностямъ восьми-девятилѣтняго мальчугана еще нельзя опредѣлительно судить о томъ, къ чему онъ особенно способенъ и къ чему вовсе не способенъ. Но уже и въ этомъ возрастѣ дитя заявляетъ о своей индивидуальности. То, что для одного мальчика выполнить очень легко, для другаго представляетъ большія трудности. Такъ, напр., бо́льшая часть дѣтей особенно любитъ чертить, рисовать; дайте только имъ кусокъ бумаги да карандашъ и они съ величайшимъ наслажденіемъ наставятъ вамъ разныхъ каракулекъ и изображеній видѣнныхъ ими предметовъ. Но случаются и такіе дѣти, которымъ рисованіе вовсе не доставляетъ никакого удовольствія и они на это искусство смотрятъ какъ то презрительно; они какъ будто знаютъ уже напередъ, что имъ не сдѣлать въ этой области никакихъ успѣховъ и что у нихъ есть другое, болѣе сподручное, дѣло. По временамъ между дѣтьми являются такія замѣчательныя, хотя, конечно, рѣдкія личности, которыя своими необыкновенными способностями, приводятъ въ изумленіе самыхъ наблюдательныхъ естество-испытателей. Такъ, напр., одинъ семилѣтній мальчикъ рѣшалъ въ умѣ такія сложныя ариѳметическія задачи, которыя едва могъ рѣшить самъ учитель при помощи вычисленій на бумагѣ. Опытнымъ учителямъ извѣстно, что нѣкоторые мальчики съ удивительною легкостью зазубриваютъ наизусть цѣлыя страницы, тогда какъ съ величайшимъ трудомъ могутъ усвоить четыре ариѳметическія дѣйствія, и наоборотъ: иному легко дается счисленіе и трудно—заучиванье наизусть, напр., географическихъ названій. Все это такія особенности, которыя можно считать или за природные недостатки или за недостатки воспитанія въ первомъ дѣтствѣ, и которыя не всегда изглаживаются при дальнѣйшемъ, правильномъ, обученіи. Но какъ бы то ни было, во всякомъ случаѣ та или другая черта индивидуальности дитяти имѣетъ свои причины, иногда неуловимыя, но тѣмъ не менѣе достойныя изслѣдованія. Пренебреженіе и невнимательность къ индивидуальности дитяти можетъ влечь за собою недоразумѣнія между питомцемъ и воспитателемъ. Такъ, намъ однажды случилось слышать, какъ отецъ кричалъ на своего сына: „Нѣтъ, Ваня, ты балуешься, ты лѣнтяй: ты старше и способнѣе Пети, и—что же? онъ уже бойко читаетъ, а ты еще не дошелъ до складовъ, хотя учишься дольше его.“ Когда мы разсмотрѣли хладнокровно дѣло, то легко убѣдились, что недоразумѣніе заключалось въ непониманіи отцомъ дѣтской природы. Этотъ Ваня былъ мальчикъ довольно взрослый; былъ смѣтливъ, но вовсе не обладалъ воспріимчивою памятью. Ему было очень трудно запомнить буквы въ азбучномъ порядкѣ, но хотѣлось знать, зачѣмъ эти буквы; чтобы понять, въ чемъ суть грамоты, онъ обращался къ отцу за объясненіями, но ему приказывали молчать и зубрить. Итакъ, онъ бился безъ всякой охоты, то заучивая наизусть три, четыре буквы, то опять забывая, хотя ему и очень хотѣлось научиться читать поскорѣе. Покажи ему кто-нибудь тотъ именно способъ ученья, который ближе подходилъ къ индивидуальности Вани, т. е.

6

посредствомъ котораго приводится въ дѣятельность несколько память, сколько соображеніе учащагося и — онъ навѣрно скоро достигъ бы цѣли. Маленькому же, неразвитому Петѣ, напротивъ, зубряжка именно пришлась подъ стать, а тотъ способъ, который былъ бы хорошъ для Вани, для него бы не годился.

Итакъ, изъ всего сказаннаго выходитъ, что **всѣхъ дѣтей нельзя мѣрять одною мѣркою**, и что при ихъ воспитаніи вообще и при обученіи въ особенности необходимо сообразоваться съ ихъ возрастомъ, съ ихъ способностями и индивидуальными особенностями. Съ болѣе способнаго можно требовать больше, съ менѣе способнаго — меньше.

ЧАСТЬ ВТОРАЯ.

ПЕРВОНАЧАЛЬНОЕ ОБУЧЕНІЕ.

X.
Основныя педагогическія начала первоначальнаго обученія.

Въ прежнее, еще не очень давнее, время (какой-нибудь десятокъ лѣтъ тому назадъ) на умственныя способности шести-восьми-лѣтняго дитяти смотрѣли какъ на способности уже вполнѣ готовыя къ усвоенію научныхъ знаній. Но опытъ и наука доказали, что дитя неспособно къ усвоенію какихъ-бы то ни было знаній, пока оно къ тому не подготовлено исподоволь. Вызубрить, конечно, можно и цѣлыя страницы хоть по-китайски; но толку въ томъ будетъ мало. Когда поближе познакомились съ природою дитяти и стали слѣдить за постепеннымъ развитіемъ его духовныхъ способностей, начиная съ колыбели, то не трудно было замѣтить всю несостоятельность такого насилованія дѣтскаго ума. Представьте себѣ дитя, мускулы котораго еще столь слабы, что оно едва можетъ поднять тяжесть, положимъ, въ десять фунтовъ; представьте себѣ, что безъ всякаго постепеннаго упражненія мышцъ, его вдругъ заставятъ таскать камни, или что-нибудь другое, вѣсомъ въ полпуда. Что же выйдетъ изъ этого? Всякій догадается, что такая непосильная работа измучитъ понапрасну ребенка и что отъ подобнаго упражненія его физическія силы нетолько не окрѣпнутъ, но надорвутся, и пропадетъ всякая охота къ труду. То же самое происходитъ и съ духовными силами дитяти, когда его заставляютъ учить то, что мало доступно его пониманію, т. е. когда задаютъ ему непосильную умственную работу: духовныя способности его ослабѣваютъ и самое ученіе не можетъ не показаться ему и скучнымъ и противнымъ. Какъ во всякомъ насилованіи природы, такъ и въ этомъ случаѣ, дѣло не обходится безъ дурныхъ послѣдствій. Такіе дѣти, которыхъ учили многому и у которыхъ память приходила въ чрезмѣрное напряженіе, современемъ становятся тупоумными.

Слѣдовать во всемъ законамъ природы — вотъ святое правило, которое главнѣе всего должно быть въ виду, когда дѣло идетъ объ обученіи. Природа не терпитъ перерывовъ и скачковъ. Вспомнимъ, что мы говорили на счетъ развитія внѣшнихъ чувствъ и умственныхъ способностей дитяти, какая **постепенность и послѣдовательность** въ пріобрѣтеніи имъ познаній при первомъ знакомствѣ его съ видимымъ міромъ помощью внѣшнихъ чувствъ. Впечатлѣнія и образы оживляютъ, возбуждаютъ его мысль, которая сначала скользитъ по внѣшнимъ признакамъ видимыхъ предметовъ, а потомъ углубляется въ ихъ внутреннія отличительныя свойства, сравниваетъ, соединяетъ, отдѣляетъ и выводитъ заключенія. Мыслить и познавать міръ Божій — не великое-ли это дѣло! Однако, какъ это совершается тихо и незамѣтно, какъ будто ничего и не бывало. Развивая свой умъ исподоволь, безъ всякаго замѣтнаго напряженія, пріобрѣтая познанія безъ всякаго посторонняго понужденія, ребенокъ вовсе и не подозрѣваетъ, что, еще до грамоты, онъ научился многому, многому и научился именно тому, чему не научила бы ни одна наука въ мірѣ, если бы у него не было такой заботливой и премудрой руководительницы, какъ мать-природа.

Пусть же и учитель ведетъ свое дѣло тихо, спокойно, — пусть онъ будетъ продолжателемъ, а не насилователемъ природы. Пусть онъ не думаетъ, что онъ самъ собою приноситъ величайшую пользу своимъ ученикамъ. Онъ не вобьетъ въ головы учащихся ни одного аза, если эти головы сами не будутъ работать и если самъ учитель не будетъ работать головою же, чтобы съумѣть заставить чужія головы — работать. Дѣло начальнаго учителя — великое дѣло, но лишь тогда великое, когда учитель, какъ говорится, положитъ въ него свою душу, полюбитъ это дѣло всѣмъ сердцемъ. Но что бы полюбить свое дѣло, надо знать, какъ его вести и надо понимать все его значеніе. Слѣдовательно, не въ томъ величайшая заслуга учителя, что онъ научитъ чему-нибудь, а въ томъ, что онъ руководитъ, облегчаетъ и упрощаетъ способы ученья. Какъ всякому дѣлу, такъ и грамотѣ, нерѣдко научаются любознательные люди и сами собою, по наглядкѣ и наслышкѣ, безъ всякихъ учителей, лишь бы была охота. Но въ томъ-то и бѣда, что рѣдко у кого является охота учиться. Слѣдовательно, первый долгъ учителя—заохотить къ ученью. А заохотить дѣтей къ ученью можно успѣть только тогда, когда будемъ слѣдовать законамъ природы, которая научаетъ величайшимъ въ мірѣ знаніямъ — говорить и мыслить—не давая себя даже чувствовать и не налагая никакого непосильнаго бремени.

Изъ наблюденій надъ природою, надъ ея законами, проявляющимися во всемъ и, слѣдовательно, и въ ребенкѣ, выведемъ слѣдующія правила для руководства при первоначальномъ обученьи.

1. Въ первоначальномъ обученіи должна строго соблюдаться постепенность, т. е. обученіе слѣдуетъ начинать съ самаго легкаго и простаго и переходить постепенно къ болѣе трудному и сложному. Что же можно считать самымъ легкимъ для дитяти, начинающаго учиться? Ужъ, конечно, буквы, отвѣтитъ, безъ сомнѣнія не одинъ учитель. Но, по нашему, заучиванье буквъ для ребенка, который еще вовсе ничему не учился, кромѣ развѣ того, чему научила его мать природа, дѣло вовсе нелегкое, если онъ не затвердилъ еще ни одной буквы самъ-собою, исподоволь, играючи, и если, слѣдовательно, азбука для него еще совсѣмъ еще незнакомая. Самымъ легкимъ можетъ считаться только то, что намъ близко, что́ насъ занимаетъ и что хоть сколько-нибудь для насъ знакомо. Ребенку, конечно, изъ того, что́ онъ долженъ учить, ничего еще нѣтъ знакомаго. Но зачѣмъ же тотчасъ начинать съ ученья? Вѣдь можно съ нимъ побесѣдовать о предметахъ, не относящихъ прямо къ

школьному обученью и ему уже знакомыхъ изъ самой жизни и, такимъ образомъ, подготовить его исподоволь къ азбукѣ. Можно, напр., поговорить съ нимъ о томъ, что онъ видѣлъ, что онъ знаетъ. Употребленныя на это нѣсколько минутъ — не потерянное время, потому-что такая бесѣда покажетъ ему, что учитель принимаетъ въ немъ участіе; этимъ онъ ободритъ его и внушитъ къ себѣ довѣріе. Притомъ, какъ-бы ни былъ простъ и обыкновененъ предметъ разговора, всетаки онъ шевелитъ мысль и упражняетъ выговоръ: а языкъ у деревенскихъ дѣтей очень часто неповоротливъ отъ небрежнаго воспитанія и требуетъ немалаго упражненія. Мы дальше будемъ подробнѣе говорить, какъ вести первые уроки, и потому излишне было бы распространяться здѣсь о томъ, съ чего и какъ начать ученье.

2. **Всякое обученье должно непринужденно привлекать вниманіе дѣтей.** Что́ дѣйствуетъ болѣе или менѣе сильно на внѣшнія чувства дѣтей, то привлекаетъ ихъ вниманіе, потому-что впечатлѣнія внѣшняго міра даютъ пищу ихъ уму и удовлетворяютъ врожденной его потребности дѣйствовать; всякое же естественное удовлетвореніе, какъ мы знаемъ, влечетъ за собою удовольствіе. Вотъ почему дѣти съ наслажденіемъ засматриваются на такіе предметы, которые своею внѣшнею стороною доступны ихъ воспріятію, а слѣдовательно, и познанію. А такъ какъ семи-восьми лѣтнія дѣти мало знакомы или вовсе незнакомы съ отвлеченною стороною предметовъ, т. е. съ ихъ внутренними, существенными свойствами, то эти послѣднія и не могутъ остановить на себѣ вниманія учащихся до тѣхъ поръ, пока эти свойства не будутъ раскрыты ихъ чувственному взору и пока, слѣдовательно, не сдѣлаются доступными ихъ пониманію. Толкуйте дитяти сколько угодно, что, напр., грамота, полезна, — ничего не выйдетъ — слова ваши будутъ все равно, что горохъ объ стѣну, потому-что дитя не можетъ представить себѣ той пользы, какую усматриваетъ въ грамотѣ взрослый человѣкъ. А прочтите какую-нибудь басенку, какой-нибудь занимательный разсказъ вполнѣ доступный понятію дѣтей и — вы увидите, съ какимъ

удовольствіемъ выслушаютъ они ваше чтеніе и какъ заинтересуются книжкою, въ которой пишутся такія занимательныя для нихъ вещи. Дитя смотритъ на вещи съ своей дѣтской стороны; оно и не можетъ иначе смотрѣть, пока оно дитя, пока оно не втянулось въ житейскія треволненія съ ихъ ежедневными нуждами и интересами. Школа, ради ученья, отрываетъ его отъ домашней жизни, среди которой дни его проходили беззаботно; она хочетъ маленькаго безграмотнаго человѣчка сдѣлать грамотнымъ: и вотъ она засаживаетъ его за азбуку, считающуюся ступенькою къ мудрости. Но что ему за дѣло до той мудрости и до той пользы, о которой вы толкуете и о которой онъ не имѣетъ ровно никакого понятія. Вы ему покажите на дѣлѣ, что обученье—это его собственный, а не вашъ интересъ; воодушевите его мыслію, пониманіемъ. Но въ томъ-то и бѣда, что онъ васъ не пойметъ до тѣхъ поръ, пока вы его не поймете. Вамъ трудно снизойти на ту ступень понятій, на которой стоитъ дитя и на которой вы сами когда-то стояли: какъ же вы хотите, чтобы оно поднялось на ступень вашихъ понятій, съ которыми оно сталкивается лишь впервые. Если вы прочли дитяти занимательный разсказецъ, то этимъ расшевелили его мысль, давая пищу его уму и возбуждая въ немъ духовные интересы. Затѣмъ, можете возбудить въ немъ и матеріальные интересы, указывая на практическую пользу грамоты. Можете, напр., указать на Ивана или Петра, которые получаютъ письма изъ дальнихъ сторонъ отъ отца или брата и которые, не смотря на отдѣляющее ихъ большое разстояніе, обмѣниваются своими чувствами и желаніями. Примѣры изъ подобныхъ обстоятельствъ, извѣстныхъ почти всѣмъ учащимся, и поэтому доступныхъ ихъ пониманію, не могутъ не привлечь ихъ вниманія и не возбудить желанія учиться писать. Но, возбудивъ желаніе, надо его и поддержать. Та же причина, которая возбуждаетъ желаніе, можетъ и поддерживать его. Желанія у дѣтей, какъ извѣстно, живы и пылки, но зато неустойчивы и скоропроходящи. Намъ уже извѣстно, что чѣмъ медленнѣе и рѣже удовлетворяется желаніе, тѣмъ болѣе оно ослабѣваетъ; и, наоборотъ, чѣмъ скорѣе и чаще оно удовлетворяется, тѣмъ сильнѣе укореняется. Слѣдовательно, если въ головѣ дитяти образуется понятіе, или, по-крайней-мѣрѣ, представленіе о пользѣ грамоты и, вслѣдствіе того, возбудится желаніе умѣть писать и читать,—то и надо скорѣе удовлетворять этому желанію. Если же его заставить зубрить по цѣлымъ недѣлямъ или мѣсяцамъ буквы да склады безъ всякой, видимой ему, пользы; то его желанію прійдется долго ждать удовлетворенія. Но если вы сряду на первомъ же урокѣ научите его читать цѣлое слово, или, по-крайней мѣрѣ, укажете на возможность скоро этого достигнуть, то дитя увидитъ на дѣлѣ ощутительную для его пониманія пользу; значитъ, его желаніе отчасти уже удовлетворено, и остается только поддерживать его и впередъ, каждый разъ прибавляя понемножку подобное новое знаніе. Намъ не разъ случалось видѣть, съ какимъ восторгомъ бѣжитъ мальчикъ домой изъ школы, гдѣ его научили сразу читать и писать все слово—ему хочется поскорѣе подѣлиться своею радостью съ родителями и показать имъ, что онъ уже „читаетъ" и „пишетъ." Много еще малюткѣ предстоитъ труда, пока онъ овладѣетъ этимъ искусствомъ, но онъ объ этомъ не думаетъ: онъ только видитъ, что уже научился чему-то и что задача достигается гораздо проще, чѣмъ это казалось.

Но какъ бы дѣти ни пріохотились къ ученію, какъ бы оно ни занимало ихъ,—рвеніе скоро охладится, если ихъ силы не будутъ чаще освѣжаться движеніемъ и перемѣною занятій. Отсюда вытекаетъ

3. **Необходимость оживленности и разнообразія въ обученіи.** Ничего нѣтъ противнѣе дѣтской природѣ, какъ продолжительное неподвижное сидѣнье за одною работою. Слабый, неокрѣпшій еще упражненіями дѣтскій умъ скоро устаетъ отъ напряженія; но дайте ему отдохнуть немножко хоть перемѣною занятій, и онъ опять будетъ способенъ продолжать прежнюю работу. Когда въ классѣ царствуетъ скука, и не видно оживленія ни въ самомъ учителѣ, ни на личикахъ дѣтей, когда

учащіеся погружены въ какую-то дремоту, то навѣрно можно сказать, что въ такомъ классѣ учатся развѣ только скучать и лѣниться, а не дѣло дѣлать. Мы увѣрены, что если учащіеся займутся съ одушевленіемъ полчаса, то они пріобрѣтутъ въ тысячу разъ больше, чѣмъ въ два-три часа, проведенные въ томительномъ бездѣйствіи. Оживить классъ можно: **во-первыхъ**, обращаясь постоянно съ вопросами, которые заставили бы учащихся отвѣчать, нѣсколько подумавши, но не слишкомъ задумываясь; **во-вторыхъ**, перемѣняя почаще одно занятіе на другое, и **въ-третьихъ**, давая время отъ времени возможность учащимся сдѣлать маленькое тѣлесное упражненіе (гимнастику), велѣвъ, напр., имъ встать по знаку, потомъ сѣсть опять встать, и сѣсть, руки поднять вверхъ, потомъ опустить и опять поднять и опустить, головы закинуть назадъ, двинуть впередъ и т. п. Вводя такіе порядки въ школу, мы не изобрѣтаемъ ничего новаго, а только стараемся, по возможности, удовлетворить вопіющей естественной потребности, потребности движенія, и подражаемъ тому порядку вещей, какой дѣйствуетъ вездѣ внѣ школы, въ то время, когда дитя бѣгаетъ, рѣзвится на свободѣ и, вмѣстѣ съ тѣмъ, развиваетъ свои духовныя способности, воспринимая впечатлѣнія незамѣтнымъ для него образомъ. Независимо отъ этого, выполненіе учащимися въ классѣ разныхъ тѣлодвиженій по командѣ учителя приносятъ еще ту пользу, что пріучаютъ ихъ къ порядку, сдержанности и послушанію. Само-собою разумѣется, что дѣти съ охотою будутъ дѣлать всякія тѣлодвиженія и, чрезъ частое повтореніе, выполненіе команды учителя незамѣтно войдетъ у нихъ въ привычку исполнять непринужденно и другія его требованія.

4. **Начатки ученья должны сопровождаться наглядностью.** Самый смыслъ этого слова показываетъ его значеніе. **Наглядность** состоитъ въ томъ, что учащіеся разсматриваютъ собственными глазами тотъ предметъ, о которомъ идетъ рѣчь, **всматриваются, вглядываются** въ его отличительныя свойства, сравниваютъ между собою эти свойства,

выдѣляютъ (отвлекаютъ) несходные и соединяютъ сходные признаки и, такимъ образомъ, вырабатываютъ болѣе или менѣе опредѣленныя понятія. Слѣдовательно, наглядность въ обученьи есть не что-иное, какъ тотъ же пріемъ, который употреблялся самимъ дитятею, помимо его собственной воли, по закону природы, и посредствомъ котораго развивались въ немъ духовныя способности, начиная съ первыхъ годовъ его жизни и оканчивая временемъ поступленія въ школу. Что же школа можетъ сдѣлать лучшаго, какъ не продолжая дѣло природы? Когда дѣти собственными глазами разсматриваютъ предметъ, замѣчаютъ въ немъ существенные и несущественные признаки и, такимъ образомъ, принимаютъ непосредственное участіе въ выработкѣ новыхъ понятій и въ усвоеніи новыхъ знаній, то въ учащихся сильно возбуждается умственная **самодѣятельность**. О наглядномъ обученіи мы еще будемъ говорить особо, и чтобы яснѣе показать, какъ его вести, покажемъ дальше образчики практическихъ уроковъ.

5. **Умственная самодѣятельность составляетъ главнѣйшее условіе успѣшности всякаго ученья.** Никто въ мірѣ не въ состояніи вбить въ головы учащихся какія бы то ни было знанія, если эти головы не приспособлены къ усвоенію знаній и если онѣ не будутъ работать сами за себя. Дѣти научаются чему бы то ни было не иначе, какъ собственными силами, постепеннымъ упражненіемъ и развитіемъ умственныхъ способностей. Обязанность учителя—возбуждать къ дѣятельности эти способности и облегчать, по возможности, трудъ учащихся приличными объясненіями и указаніями, почерпаемыми какъ изъ личныхъ наблюденій и опытовъ, такъ равно и изъ педагогической науки. Если учитель будетъ слѣдовать законамъ природы, т. е. если обученіе пойдетъ **наглядно, оживленно, съ соблюденіемъ постепенности** отъ легчайшаго къ труднѣйшему, если оно **будетъ интересовать дѣтей и привлекать ихъ вниманіе**, словомъ, если имъ будутъ соблюдены всѣ вышеизложенныя правила, то цѣль ученья будетъ вполнѣ достигнута.

XI.

Образовательное значеніе грамотности.

Въ послѣдніе годы у насъ много говорили и писали о пользѣ грамотности. Но нашлись и такіе люди, которые доказывали, что грамотность для простаго народа по большей части вредна, тому-что большинство такъ называемыхъ грамотниковъ — люди безпутные, которые отрознились отъ крестьянства, сдѣлались писарями-ябедниками и неспособными къ дѣльному, полезному труду. Это мнѣніе встрѣчено было съ величайшимъ негодованіемъ. Но тутъ было недоразумѣніе, которое осталось и до сихъ поръ неразъясненнымъ. Отрицать, вообще, пользу грамотности значило бы доказывать, что знать что-нибудь хуже, чѣмъ ничего не знать, что мракъ невѣжества лучше свѣта науки. Но, съ другой стороны, нельзя такъ же отрицать и тѣхъ очевидныхъ фактовъ (примѣровъ), которые встрѣчаются повсюду и которые дѣйствительно доказываютъ, что многіе грамотники, по своей умственной неразвитости и безнравственности, хуже неграмотныхъ. Какъ бы ни полезна была грамотность, не подлежитъ сомнѣнію, что она можетъ приносить и вредъ. Въ этомъ ничего нѣтъ удивительнаго: въ мірѣ все имѣетъ и свою хорошую и свою дурную сторону. Возьмемъ, для примѣра, огонь: кто станетъ отрицать нестолько его пользу, но и безусловную необходимость. Однако, сколько онъ можетъ надѣлать зла въ рукахъ не умѣющаго съ нимъ обращаться, или неосторожнаго. Слѣдовательно, всякая вещь можетъ быть и хороша и дурна, смотря по тому, какъ ее понимаютъ и какое изъ ней дѣлаютъ употребленіе. Въ иныхъ случаяхъ нетолько огонь, но и ножъ, топоръ, серпъ, коса, цѣпъ и т. п., причиняютъ много зла; однако слѣдуетъ-ли изъ этого, что они вредны и ненужны? Конечно, нѣтъ. Но безъ этихъ орудій не было бы и хлѣба, слѣдовательно, безъ нихъ не могъ бы жить ни одинъ человѣкъ; а безъ грамоты, слава Богу, можно обойтись, и это всякому очевидно. Вотъ тутъ-то и вся суть спора о полезности и вредности грамоты. Грамота въ иныхъ случаяхъ необходима, а въ иныхъ нетолько безполезна, но и вредна. То и другое можно доказать неопровержимыми фактами. Слѣдовательно, нѣтъ надобности **всѣмъ безъ исключенія** учиться грамотѣ. Такое вышло и другаго не могло выйти заключенія изъ всѣхъ доказательствъ въ пользу и противъ грамотности. И на этомъ все дѣло у насъ остановилось. Возобновлять вновь споръ не приходится. Грамота въ крестьянскомъ быту нужна для прочтенія дѣловыхъ бумагъ, писемъ и другихъ надобностей въ **практической** жизни. Но живутъ же люди, слава Богу, не дурно и безъ грамоты. „Грамота въ крестьянскомъ-то дѣлѣ, говоритъ наши мужички — пользы никакой не приноситъ, отъ ней хлѣба ни прибавится, ни убавится,—работа не пойдетъ ни скорѣе, ни тише." Правда, нашлись люди, которые грамотѣ хотѣли придать особенное значеніе, т. е. считать ее душеспасительнымъ дѣломъ: „Грамота, говорили они, необходима для разумѣнія Божьяго Слова, знанія и пониманія молитвъ". Отсюда само собою слѣдуетъ, что грамота **необходима для всѣхъ безъ исключенія**, такъ-какъ всякій долженъ заботиться о спасеніи своей души. Но и противъ этого нашлись возраженія, проникнутыя тѣми же практическими соображеніями, какія высказывались и въ пользу грамоты. „Молитвы знать—хорошо, а и не знать—такъ на томъ свѣтѣ съ безграмотнаго меньше взыщется: онъ де былъ темный человѣкъ, неграмотный, съ него и взыскивать нечего." Вотъ какія мнѣнія, между прочимъ, высказывались нашимъ простанародьемъ на счетъ безполезности грамоты. Стоитъ-ли ихъ опровергать? Не значило бы это то же самое, что доказывать зрячему человѣку, притворяющемуся слѣпымъ, что слѣпота его происходитъ отъ его собственной воли.

Пока будутъ смотрѣть на грамоту съ одной внѣшней стороны, до-тѣхъ-поръ не уничтожатся и противорѣчія во взглядахъ на счетъ ея пользы, или вреда. Но пора опредѣлить истинное ея значеніе, какого она у насъ не имѣетъ и какое, однако, она должна имѣть по своей сущности. Въ большей части европейскихъ государствъ знаніе грамоты **признается безусловною обязанностію всякаго члена общества**, и тѣ родители, которые не отдаютъ своего сына въ ученье въ первоначальную школу или не обучаютъ грамотѣ дома **подвергаются наказанію по закону** — денежному штрафу (пени) или заключенію въ тюрьмѣ. Здѣсь не мѣсто разсуждать о томъ, слѣдовало бы или нѣтъ и у насъ установить такой же законъ, т. е. признать первоначальное обученіе **обязательнымъ**. Мы будемъ смотрѣть на этотъ предметъ не съ точки зрѣнія государственнаго права, а съ точки зрѣнія тѣхъ началъ нашей природы, по которымъ **духовное развитіе** человѣка признается за **общую, всѣмъ врожденную, необходимость**. Есть на свѣтѣ не мало людей, которые теплоту и свѣтъ солнечныхъ лучей не признаютъ необходимостью для своего существованія — живутъ же дикари и въ темныхъ пещерахъ. Но слѣдуетъ ли изъ этого, что, не мудрствуя лукаво, свѣтъ и теплоту можно и не признавать за первое и необходимѣйшее условіе всякой органической жизни? Точно такой же вопросъ можетъ быть сдѣланъ и на счетъ грамотности. Если человѣкъ, по своей природѣ, надѣленъ умомъ-разумомъ, который развивается не иначе, какъ посредствомъ напряженія мозга, если человѣку врождено стремленіе къ духовному совершенствованію и если это совершенствованіе невозможно безъ свѣта знаній и науки, то слѣдуетъ-ли изъ этого, что цѣлые миліоны людей могутъ оставаться въ мракѣ невѣжества потому только, что многіе изъ нихъ свою жизнь считаютъ удобною и безъ всякаго образованія? Мы говоримъ, что вовсе не слѣдуетъ. Но эти люди, съ своей точки зрѣнія, такъ же могутъ считать себя правыми, какъ и мы; они смотрятъ на грамотность совершенно правильно, они говорятъ: вамъ нужна грамота для такихъ-то практическихъ цѣлей и для спасенія души, учите же вашихъ дѣтей грамотѣ, съ Богомъ; мы же сыты бываемъ и безъ грамоты, а о нашей душѣ не безпокойтесь — посмотрите лучше, какъ спасаютъ душу свою ваши грамотники-пьяницы и лѣнтяи. Въ чемъ же тутъ причина разногласія? Въ томъ, что мы на грамоту смотримъ какъ на **общеобразовательное начало**, наши противники же — какъ **на ремесло**, пригодное лишь въ извѣстныхъ случаяхъ и обстоятельствахъ жизни. Теперь, значитъ, вопросъ въ томъ: что такое общеобразовательное начало и почему многіе не видятъ его въ грамотности?

Всякое образованіе не можетъ имѣть другой цѣли, какъ только — сдѣлать человѣка лучше, т. е. добрѣе и умнѣе. Если обученіе грамотѣ достигаетъ этой цѣли, то, значитъ, въ немъ есть и образовательное начало; если же не достигаетъ, то, значитъ, нѣтъ этого начала. Но обученье обученью розь: одинъ зубритъ буквы и склады, точно попугай, — языкъ его работаетъ, а умъ дремлетъ; и поэтому-то, сидя за азбукою безъ движенія и безъ всякаго физическаго труда по цѣлымъ днямъ, онъ **пріучается къ лѣни**; другой же, напротивъ, учась, приводитъ въ дѣятельность свои умственныя силы, мыслитъ, словомъ, работаетъ головою, мозгомъ, — тотъ, конечно, **пріучается къ труду**. Итакъ, одно и то же обученье одному приноситъ очевидный вредъ, а другому — очевидную пользу. Слѣдовательно, теперь мы приходимъ уже къ тому заключенію, что вся суть пользы или вреда грамотности заключается не въ самомъ обладаніи этимъ искусствомъ, а въ томъ, какъ, какимъ способомъ обученія она пріобрѣтается. Такимъ образомъ, вышесказанное недоразумѣніе разрѣшается очень просто, и споръ можетъ быть не о чемъ другомъ, какъ только о способахъ обученья грамотѣ.

Способы обученья, которые выработаны опытомъ и педагогическою наукою, называются **раціональными** (т. е. разумными, — отъ латинскаго слова — ratio, умъ, разумъ). Способы эти мы изложимъ въ слѣдующихъ главахъ. Теперь же объяснимъ, что такое вообще раціональное обученіе, какихъ оно цѣлей достигаетъ, чѣмъ оно разнится отъ **обученія**, лишеннаго всякихъ основаній и поддерживающагося въ нашихъ школахъ не чѣмъ инымъ, какъ только изстари укоренившимися привычками. Раціональное обученіе держится тѣхъ именно началъ, какія мы изложили въ предыдущей главѣ.

Слѣдовательно, оно имѣетъ цѣлью—слѣдуя по пути естественныхъ законовъ, содѣйствовать къ возможно-полному проявленію учащимися дарованныхъ имъ Богомъ умственныхъ и моральныхъ способностей. Такое обученье совершенно отлично отъ того обученья, въ которомъ „горекъ корень, а сладокъ плодъ." Естественные законы намъ показываютъ, что плодъ зависитъ не отъ корня, а отъ сѣмени или же прививки. Въ индивидуальныхъ зачаткахъ младенца лежитъ сѣмя, изъ котораго развивается будущій человѣкъ. Окружающая среда, воспитаніе, обученіе вносятъ въ неокрѣпшіе ростки органической жизни ребенка новые соки, способные видоизмѣнять въ извѣстной степени его естественныя отправленія,—это все равно, что прививка плодовыхъ деревьевъ и уходъ за ихъ ростомъ. Не принесетъ сочнаго и сладкаго плода то дерево, къ которому вы привьете отростки отъ дерева, дающаго терпкіе и горькіе плоды. Точно такъ же не выйдетъ добрый и умный человѣкъ изъ того ребенка, къ которому прививаются лѣнь, грубость и другія дурныя привычки, въ особенности, во время обученія.

Образованнымъ человѣкомъ называется не тотъ, кто многому учился, а тотъ, кто умѣетъ здраво судить о вещахъ, кто развилъ, слѣдовательно, свои познавательныя способности до степени яснаго пониманія окружающей природы и своихъ настоящихъ потребностей, кто понимаетъ цѣну добра и способенъ на всякое доброе дѣло. Достигнуть такого совершенства, конечно, можно бы и безъ обученья, если бы дитя съ первыхъ годовъ жизни видѣло вездѣ одни хорошіе примѣры, если бы нетолько поступки, но и слова и сужденія окружающихъ лицъ постоянно были назидательны, полны знанія и разума. Но такъ-какъ этого нигдѣ не бываетъ и дѣти скорѣе видятъ дурные, чѣмъ хорошіе примѣры, то единственнымъ средствомъ для духовнаго усовершенствованія дитяти считается раціональное обученіе. Такъ-какъ у родителей не достаетъ ни умѣнья и терпѣнья, ни средствъ и времени слѣдить постоянно за всѣми проявленіями духовной жизни ребенка и, устранивъ всѣ вредныя вліянія, поставить его въ такія выгодныя условія, чтобы онъ самъ собою естественнымъ путемъ могъ органически развиваться и стремиться къ удовлетворенію врожденной любознательности; то, по необходимости, приходится засаживать дитя за ученье и принимать болѣе или менѣе искусственныя и болѣе или менѣе принудительныя мѣры къ возбужденію въ немъ умственной самодѣятельности. И тутъ-то обыкновенно начинается уже слишкомъ безцеремонная шлифовка неокрѣпшаго организма; педагоги стараго покроя, извѣстные подъ именемъ рутинеровъ, говорятъ: мы сглаживаемъ угловатости и пополняемъ пробѣлы природы; а учителя-ремесленники, вовсе не вдаваясь ни въ какія разсужденія, прямо принимаются за „выправку" посредствомъ общеупотребительныхъ пріемовъ — безжалостныхъ колотушекъ и зубренія сухихъ сентенцій (т. е. нравственныхъ, отвлеченныхъ наставленій). Но напрасны труды — насиліе не ведетъ къ добру: безсмысленное зубреніе букваря не вызываетъ любознательности; холодныя слова ничего не говорятъ ни уму, ни сердцу; и ребенокъ, точно улитка, упорно прячетъ свои духовныя силы въ грубую скорлупу, образовавшуюся изъ окружающей среды, подъ вліяніемъ которой онъ находился въ первое дѣтство. Теперь спрашивается: виновата-ли тутъ сама по себѣ грамота, что обученье не ведетъ къ той цѣли, къ какой оно должно вести? Если въ обученьи нѣтъ ни смысла, ни любви, то оно не можетъ вселить этихъ качествъ въ учащихся по одному желанію учителя. Грамотники, вышедшіе изъ такой школы, вовсе не выносятъ никакой любви къ свѣту знанія; они съ презрѣніемъ смотрятъ на всякую книгу и свое механическое знаніе умѣютъ лишь примѣнить къ тѣмъ узкимъ практическимъ цѣлямъ, дальше которыхъ не способенъ ничего видѣть ихъ пріученный къ лѣни умъ; и, вообще говоря, они остаются на всю жизнь такими же невѣждами, такими же суевѣрными, темными людьми, какъ и безграмотные.

Обученіе грамотѣ прежде всего должно развить въ дѣтах хорошіе **навыки** и пріохотить къ чтенію полезныхъ книгъ. Достигнуть этого можно не принужденіемъ и побоями, а раціональными методами, развивающими духовныя силы учащихся и здравыя понятія о вещахъ. Навыки у дѣтей пріобрѣтаются обыкновенно чрезъ подражаніе взрослымъ. Присмотритесь къ жизни маленькихъ дѣтей: вы увидите, что они, въ подражаніе взрослымъ, исполняютъ даже работы совсѣмъ несоотвѣтственныя ихъ возрасту: такъ, дѣвочки принимаются **нянчить** куклу, а мальчики — **ѣздить верхомъ** на палочкѣ. Затѣмъ, когда подрастутъ, они сами, безъ принужденій, охотно принимаются за хозяйственныя и другія дѣла своихъ родителей. Но какъ рѣдко случается видѣть, чтобы дѣти сами принимались за ученье! Отчего же это происходитъ? Отъ того, что польза ученья еще не вошла въ сознаніе общества, отъ того, что жизнь не видитъ въ немъ своихъ насущныхъ интересовъ; отъ того, наконецъ, что обученіе идетъ неестественнымъ путемъ, что оно становится для дѣтей какимъ-то пугаломъ и тягостнымъ бременемъ. Пусть школа покажетъ на дѣлѣ, что грамота всякому нетолько полезна, но и необходима во всѣхъ обстоятельствахъ жизни; пусть покажутъ дѣтямъ, что ученье, не насилуя природы, въ то же время даетъ пищу ихъ прожденной любознательности и — повѣрьте, что они охотно возьмутся за азбуку, какъ и за всякое другое жизненное дѣло. Пусть дѣти видятъ въ школѣ примѣры акуратности, порядочности, соревнованія и трудолюбія, — повѣрьте, что эти качества перейдутъ и къ нимъ. При такихъ условіяхъ и порядкахъ ученья, грамотность никому не будетъ во вредъ: она не сдѣлается ремесломъ, а будетъ руководительницею во всякомъ дѣлѣ. Кто привыкнетъ въ школѣ мыслить и разсуждать здраво, тотъ во всѣхъ обстоятельствахъ жизни съумѣетъ извлечь пользу изъ пріобрѣтеннаго знанія; во всякомъ случаѣ, развитой умъ никому не можетъ быть въ тягость. Кто привыкнетъ въ школѣ къ посильному труду, къ порядку и исполнительности, тотъ во всякомъ званіи, во всякомъ дѣлѣ, будетъ исправенъ и порядоченъ. У кого, наконецъ, дѣйствительно разовьется ученьемъ любовь къ просвѣщенію, тотъ не броситъ, ради книги, ни сохи ни другихъ хозяйственныхъ занятій, потому во-первыхъ, что знаніе можетъ пригодиться и для земледѣльца, и во вторыхъ потому, что нѣтъ ничего прекраснѣе и соотвѣтственнѣе природѣ человѣка, какъ соединеніе умственнаго труда съ физическимъ. Школа грамотности должна проникнуться именно этою мыслію, и потому она должна устроить у себя такой порядокъ, чтобы ученье не совершенно отвлекало дѣтей отъ ихъ обыкновенныхъ домашнихъ и хозяйственныхъ занятій, и наоборотъ, чтобы эти занятія служили отдыхомъ послѣ умственнаго напряженія. И поэтому, лучше всего можетъ удовлетворять какъ требованіямъ педагогики, такъ и требованіямъ человѣческой природы, та именно школа, въ которой, рядомъ съ обученіемъ грамотѣ, будутъ заведены для дѣтей и занятія, требующія физическаго труда, какъ напр., различныя мастерства, садоводство, огородничество. При такомъ устройствѣ школы, учащіеся въ ней привыкнутъ смотрѣть на жизнь такъ, какъ и слѣдуетъ смотрѣть. А смотрѣть на нашу жизнь мы не можемъ иначе, какъ сообразно тому назначенію, какое предопредѣлено ей Премудрымъ Создателемъ: такъ какъ наша органическая жизнь состоитъ изъ тѣла и души, то и свою естественную дѣятельность она должна проявить именно съ двухъ сторонъ — физической и духовной. Когда будутъ именно съ этой точки зрѣнія смотрѣть на значеніе грамотности, то безъ сомнѣнія уничтожатся всѣ поводы къ нареканіямъ на грамотниковъ и наши поговорки: 1) **Грамота — Божья искра** и 2) **Азбука — къ мудрости ступенька** найдутъ свое оправданіе и въ дѣйствительной жизни, а не въ однѣхъ только книгахъ.

XII.
О методахъ обученія чтенію вообще.

Поговорка: „сколько головъ, столько умовъ" вполнѣ примѣнима и къ методамъ (или способамъ) обученія грамотѣ. Но какъ ни разнообразны эти способы по различнымъ **частнымъ** пріемамъ, въ сущности, они сводятся къ двумъ путямъ, по которымъ ведется обученіе. Извѣстно, что всякій предметъ состоитъ изъ частей, болѣе или менѣе различныхъ или сходныхъ между собою, и что всякій предметъ представляетъ двѣ стороны: все свое **цѣлое** и свои составныя **части**. Возьмемъ для примѣра телѣгу; въ ней мы видимъ слѣдующія составныя части: кузовъ, колеса, ось, облучекъ, оглобли и т. д. Телѣга—предметъ всякому знакомый. Но допустимъ, что мы ее нигдѣ не видали и что намъ приходится узнать ее впервые; для этого мы должны были бы разсмотрѣть весь ея составъ. Разсмотрѣвъ всѣ ея составныя части и взаимную между ними связь, мы получимъ болѣе или менѣе опредѣленное понятіе о телѣгѣ. Но если насъ спросятъ, какъ именно дѣлается телѣга,—мы не были бы въ состояніи дать удовлетворительный отвѣтъ, не присмотрѣвшись напередъ въ мастерской, какъ отдѣлывается каждая ея часть и какъ эти части связываются въ одно цѣлое. Слѣдовательно, наши познанія, напримѣръ, о телѣгѣ могутъ быть пріобрѣтены двумя путями: или мы начинаемъ наше ознакомленіе съ общаго, цѣлаго и переходимъ къ разсмотрѣнію частностей, частей (элементовъ), или, наоборотъ: начинаемъ съ частей и переходимъ къ цѣлому. Такими двумя путями или способами усваиваются и всѣ какія бы то ни было научныя знанія; такими же путями пріобрѣтается и грамотность. Первый изъ этихъ путей называется въ наукѣ **аналитическимъ** (отъ слова **анализъ**, раздробленіе, разборъ), а второй—**синтетическимъ** (отъ слова **синтезъ, синтезисъ**, составленіе, соединеніе).

Прежде чѣмъ мы обратимся къ обученію грамотѣ, мы

попросимъ читателя обдумать хорошенько, который изъ сказанныхъ путей будетъ болѣе вѣрный для полнаго, точнаго ознакомленія съ устройствомъ телѣги. Устройство телѣги довольно просто; однако, чтобы его понять хорошо, не видѣвши, какъ дѣлаются колеса, кузовъ, оси и т. д., потребуются нѣкоторыя соображенія; для дитяти же мало опытнаго и мало развитаго, а слѣдовательно, неумѣющаго соображать о самыхъ простыхъ вещахъ, будетъ вовсе невозможно составить себѣ какое-нибудь понятіе объ этомъ предметѣ. Но когда оно увидитъ собственными глазами, какъ дѣлаются части телѣги и какъ онѣ соединяются въ одно цѣлое, тогда уже ему не трудно понять и самое устройство телѣги. Если же мы возьмемъ болѣе сложный предметъ, напр. карманные часы, то ихъ устройство будетъ положительно недоступно пониманію даже взрослаго человѣка до тѣхъ поръ, пока онъ хорошо не познакомится со всѣмъ механизмомъ часовъ, т. е. со всѣми ихъ частями и взаимною связью этихъ послѣднихъ. Но начнемъ изучать устройство часовъ помощью анализа, т. е. разберемъ ихъ на составныя части. Мы будемъ разсматривать каждую изъ этихъ частей, и всетаки не поймемъ самаго механизма до тѣхъ поръ, пока не начнемъ складывать всѣ части въ такомъ же порядкѣ, въ какомъ онѣ находились до разборки часовъ и пока, слѣдовательно, не увидимъ, какимъ образомъ одна часть приводитъ въ движеніе другую. Итакъ, хотя мы начали съ анализа, дѣло всетаки не объяснилось до тѣхъ поръ, пока не взялись за синтезъ. Теперь спрашивается: зачѣмъ же намъ было начинать съ анализа, а не прямо съ синтеза, и какое можетъ имѣть значеніе здѣсь анализъ? Въ этомъ случаѣ, разумѣется, анализъ былъ вовсе не нуженъ и онъ не имѣетъ здѣсь никакого значенія, такъ какъ мы могли, вовсе не разсматривая всего устройства часовъ, прямо начать изученіе съ частей уже разобраныхъ часовъ и, послѣ разсмотрѣнія ихъ взаимной связи, познакомиться со всѣмъ механизмомъ. Но бываютъ случаи, гдѣ именно необходимъ анализъ. Положимъ, что намъ хорошо знакомъ механизмъ карманныхъ часовъ, мы не знаемъ, какимъ образомъ устраивается бой въ стѣнныхъ часахъ. Чтобы объяснить себѣ это, намъ нѣтъ никакой надобности прибѣгать къ синтезу, т. е. изучать весь механизмъ стѣнныхъ часовъ посредствомъ складыванія ихъ составныхъ частей и, такимъ образомъ, терять даромъ время: намъ достаточно раскрыть часы такъ, чтобы можно было видѣть тотъ довольно простой механизмъ, который устроенъ собственно для боя. Это—уже анализъ.

Итакъ, мы видимъ, что въ тѣхъ случаяхъ, когда предметъ совершенно незнакомъ, основательное изученіе его невозможно иначе, какъ посредствомъ синтеза; анализъ же употребляется въ тѣхъ случаяхъ, когда въ знакомомъ предметѣ неизвѣстны только нѣкоторыя его части, или когда сравниваются два предмета, изъ которыхъ одинъ хорошо знакомъ, а другой мало знакомъ. Такъ-какъ въ изложеніи всякой науки всегда представляются тѣ и другіе случаи, то исключительное употребленіе того или другаго способа немыслимо: синтезъ и анализъ постоянно чередуются между собою и одинъ изъ нихъ можетъ только преобладать надъ другимъ, но никакъ не занимать все изложеніе. Что же касается первоначальнаго обученія, въ которомъ всѣ учебные предметы совсѣмъ или почти незнакомы для дѣтей, то преподаваніе на этой ступени должно быть преимущественно синтетическое. И самое первоначальное обученіе называется элементарнымъ именно потому, что посредствомъ его сообщаются дѣтямъ только тѣ знанія, которыя составляютъ элементы (т. е. простѣйшія частички) науки.

Теперь перейдемъ къ обученію чтенію. Такъ-какъ весь механизмъ чтенія основывается на различныхъ сочетаніяхъ отдѣльныхъ звуковъ, означаемыхъ буквами, то, какъ само собою разумѣется, не усвоивъ буквъ, нельзя научиться читать. Слѣдовательно, чтобы научиться читать, прежде всего необходимо затвердить буквы. Иначе это не дѣлалось и никогда не будетъ дѣлаться. Но дѣло въ томъ, что, какъ при самомъ изученіи отдѣльныхъ буквъ, такъ и при усвоеніи ихъ разнообразныхъ сочетаній употребляются различные пріемы, смотря по личному взгляду и умѣнью учителя. Такъ, чтобы познакомить учащагося съ буквами, одни заставляютъ его прямо, безъ всякихъ разсужденій, затвердить ихъ въ обыкновенномъ азбучномъ порядкѣ, чтобы, затѣмъ, составить изъ нихъ слоги и слова (синтезъ); другіе начинаютъ съ анализа цѣлыхъ словъ, т. е. цѣлое слово разбиваютъ на слоги (склады), а склады разлагаютъ на буквы. Сообразно этому различію въ пріемахъ, употребляемыхъ для ознакомленія съ буквами и съ ихъ разнообразными сочетаніями, сами собою вытекаютъ и различные методы обученія.

Когда слѣдуютъ аналитическому пути, то усвоеніе учащимися разнообразныхъ сочетаній буквъ въ склады (слоги) и въ цѣлыя слова идетъ одновременно съ усвоеніемъ отдѣльныхъ звуковъ (буквъ). Такъ, напр., анализируя слово Маша, учащіеся знакомятся: 1) съ буквами м, а, ш, и 2) съ слогами ма и ша. Послѣ такого изученія, взявъ другое слово, напр. овца, учащіеся знакомятся съ новыми буквами о, в, ц, и новыми сочетаніями ов и ца. Продолжая точно такой же анализъ надъ другими словами, учащіеся постепенно ознакомляются со всѣми буквами и, вмѣстѣ съ тѣмъ, съ разнообразными ихъ сочетаніями въ слоги и слова и, такимъ образомъ, научаются читать прямо по верхамъ.

Когда же слѣдуютъ синтетическому способу, то послѣ затверженія отдѣльныхъ буквъ, усвоеніе сочетаній буквъ въ слоги и слова можетъ совершиться помощью двухъ слѣдующихъ, общеупотребительныхъ, пріемовъ:

1. Начинаютъ со складовъ слѣдующимъ образомъ: прежде сочетаются согласныя буквы съ гласными: ба, бе, би, бо, бу, бы, бѣ, бэ, бю, бя,— ва, ве, ви,..... га, ге, ги.... и т. д.; затѣмъ, обратно—гласныя съ согласными: аб, ав, аг, ад, аж, аз, ак, ал,..... еб, ев, ег, ед, еж, ез, ек, ел,..... иб, ив, иг, ид,..... и т. д.; наконецъ нѣсколько согласныхъ съ одною гласною бра, вра,..... бре, вре,..... стра, стре..... Когда такими пріемами затвердятся всѣ склады изъ всевозможныхъ сочетаній согласныхъ съ гласными и о-

братно—всѣхъ гласныхъ со всѣми согласными, начинается чтеніе по верхамъ такимъ образомъ: складываютъ нетолько однажды порознь каждый слогъ, но и все слово, при каждомъ новомъ складѣ повторяя прежніе начальные склады; такимъ образомъ, если слово, напр., состоитъ изъ трехъ слоговъ, положимъ, **благодать**, то слоги **бла** и **го** повторятся три раза, а слогъ **дать**—два раза: бе, эль, а—бла, ге, о—го, благо, де, а, те, ерь—дать, благодать. Если слово состоитъ изъ четырехъ слоговъ, положимъ, **милостыня**, то первые два слога **ми** и **ло** повторятся четыре раза, третій слогъ **сты**—три раза и послѣдній **ня**—два раза и т. д. Чѣмъ многосложнѣе слово, тѣмъ чаще повторяются слоги; притомъ, два первые начальные слога всегда повторяются столько разъ, сколько слоговъ находится въ словѣ; повтореніе слѣдующихъ затѣмъ слоговъ постепенно уменьшается, такъ-что послѣдній слогъ всегда повторяется только два раза, изъ сколькихъ бы слоговъ ни состояло слово, все равно.

2. Слоги не **складываются**, а прямо **читаются**, т. е. буквы согласная съ гласною или, наоборотъ, гласная съ согласною не выговориваются отдѣльно, а произносятся заразъ вмѣстѣ:—ба, бе, би, бо,..... или аб, еб, иб, об., а не бе, а—ба, бе, и—би, бе, о—бо..... или а, бе—аб, е, бе—еб, и, бе—иб и т. д. Когда затвердятъ такимъ образомъ наизусть различныя сочетанія буквъ въ слоги, начинаютъ читать цѣлыя слова, не по складамъ, а по слогамъ, т. е. каждый слогъ произносится одинъ разъ: такъ, слово **благодать** выговаривается: **бла-го-дать** заразъ, безъ тѣхъ повтореній складовъ, какія мы видѣли въ предыдущемъ способѣ.

Тотъ или другой пріемъ, войдя въ обыкновенную школьную практику и сдѣлавшись постояннымъ правиломъ, составляющимъ главное основаніе обученія, получаетъ общее названіе метода. Хотя каждый изъ исчисленныхъ нами трехъ способовъ можетъ допускать и, дѣйствительно, допускаетъ нѣкоторыя частныя измѣненія или уклоненія отъ изложенныхъ нами правилъ, но основное начало, или сущность этихъ правилъ, всетаки остается въ своей силѣ; и поэтому, сказанные способы считаютъ отдѣльными методами, хотя между двумя послѣдними изъ нихъ, т. е. между синтетическими, больше сходства, чѣмъ между синтетическимъ и аналитическимъ. Разница между аналитическимъ и синтетическимъ способами значительна и очевидна; и когда мы будемъ говорить еще отдѣльно о первомъ способѣ, разница эта выкажется сама собою яснѣе. Здѣсь же мы разсмотримъ, въ чемъ заключается вся суть показанныхъ нами синтетическихъ способовъ и въ чемъ они сходны и несходны между собою.

Первый изъ изложенныхъ выше синтетическихъ способовъ есть древнѣйшее изобрѣтеніе, второй—явился позже въ школьной практикѣ, начавшей стремиться къ нѣкоторымъ улучшеніямъ. Этотъ послѣдній у насъ въ Россіи мало распространенъ; за то первый, до послѣднихъ годовъ, былъ во всеобщемъ употребленіи, такъ-какъ десять лѣтъ тому назадъ у насъ рѣдко кто зналъ о тѣхъ улучшеніяхъ въ обученіи, какія давно введены въ западной Европѣ. Оба эти способа у насъ извѣстны подъ общимъ названіемъ **силлабическаго** (отъ греко-латинскаго слова syllaba, складъ, слогъ). Одинъ изъ нашихъ педагоговъ, разбирая разные способы обученія грамотѣ, и указывая на разницу между этими двумя способами, считаетъ это названіе правильнымъ только для второго, первый же называетъ **буквосочетательнымъ** (*). Дѣло, конечно, не въ названіи, а въ самомъ понятіи, какое соединяется съ названіемъ. Такъ-какъ при томъ и другомъ способѣ нетолько буквы заучиваются по одному и тому же пріему, но и вся суть усвоенія самыхъ сочетаній буквъ въ словѣ основаны на **отдѣльныхъ же складахъ**, то можно бы легко доказать, что названіе **силлабическій** (или порусски **складовой**) одинаково приличествуетъ и тому и другому. Но такъ-какъ, съ другой стороны, въ заучиваньи отдѣльныхъ складовъ по тому и другому способу есть разница, хотя и

(*) См. Журн. „Учитель," 1862, 1863 и 1864 г.

видимому, и незначительная, но ведущая къ весьма важнымъ результатамъ (послѣдствіямъ),—что даетъ основаніе признать второй способъ за особый методъ, и такъ-какъ, вообще, не легко пріискать названіе, вполнѣ соотвѣтствующее сущности дѣла, то, мы удерживаемъ уже принятыя въ педагогической литературѣ названія. Показавъ какъ сходство, такъ и существенную разницу межу буквосочетальнымъ и силлабическимъ способами съ внѣшней ихъ стороны, посмотримъ, затѣмъ, въ чемъ заключаются внутреннее превосходство втораго предъ первымъ.

Всякій сколько-нибудь наблюдательный учитель грамоты легко могъ замѣтить что при обученіи по буквосочетательному способу, учащіеся, какъ бы отлично ни вызубрили всѣ склады **прямые и обратные** (прямые: **ба, бе, би… бра, вра, гра…** и обратные: **аб, еб, иб,… абр, авр, агр,** и т. д.), когда прійдется имъ читать цѣлыя слова и предложенія **по верхамъ**, т. е. прямо, не складывая, никакъ не могутъ прочесть слова, пока не разберутъ его по складамъ. Значитъ, зубреніе отдѣльныхъ складовъ ни къ чему не привело: сколько бы ни было потрачено времени и силъ на склады, ихъ всетаки надо опять повторять. Мало того: склады нетолько не помогаютъ, но еще мѣшаютъ плавному чтенію цѣлыхъ словъ. Продолжительное зубреніе складовъ до того входитъ въ привычку воспріимчиваго дитяти, что оно не въ состояніи читать прямо и тогда, когда уже, повидимому, могло бы это сдѣлать безъ затрудненія. Глазъ у него настолько уже привыкъ къ буквамъ, что можетъ заразъ обхватить все слово и, кажется, ничего не стоитъ произнесть его безъ остановки; но привычка беретъ свое и—дитя, прежде чѣмъ произнести его вслухъ, всетаки прочтетъ по складамъ про себя. И оттого, много еще предстоитъ труда, пока оно, исподволь, все читая склады уже про себя, а не вслухъ, отвыкнетъ, наконецъ, отъ этой привычки. Итакъ, при такомъ способѣ обученія, идетъ двойная работа: сначала **пріучаютъ** сочетаніе буквъ читать по складамъ, а потомъ **отъучаютъ** отъ чтенія по тѣмъ же складам. Но **отъучение**, какъ извѣстно, почти всегда стоитъ бо́льшаго труда, чѣмъ **пріученіе**. Это—одна изъ главныхъ причинъ той медленности, какою всегда отличается усвоеніе грамоты по буквосочетательному способу. Обучая же по силлабическому способу избѣгаютъ нетолько вышеобъясненнаго затрудненія, но еще и другаго неудобства. Когда обучаютъ по буквосочетательному способу, то согласныя буквы, при складываніи ихъ съ гласными, выговариваются неправильно, т. е. имъ придаютъ не тотъ звукъ, какой имъ на самомъ дѣлѣ принадлежитъ. Такъ, напр., при складываніи слога **ба** произносятъ **бе**, а—**ба**. Но если звукъ **б** читается за **бе**, т. е. за двѣ буквы, **б** и **е**, то отъ прибавки **а** должно бы выйти не **ба**, а **беа**. Дитя такъ и читаетъ, да и не можетъ иначе читать. Но его, разумѣется, постоянно поправляютъ и постоянно твердятъ, что изъ **бе** и **а** выходитъ **ба**, а не **беа**. Такъ какъ оно не имѣетъ никакого понятія о разницѣ между гласною и согласною, то ему кажется страннымъ, такое неестественное произношеніе. Да, въ самомъ дѣлѣ, какъ тутъ понять и усвоить настоящій звукъ буквы **б**: разъ его произносятъ съ прибавкою буквы **е** (**бе**), а другой разъ—безъ этой прибавки (**б**). Это-то и сбиваетъ учащихся, пока они, наконецъ, чрезъ частое повтореніе не привыкнутъ механически (безсознательно) къ надлежащему произношенію сочетаній согласныхъ съ гласными и, наоборотъ, этихъ послѣднихъ съ первыми. Но это пріобрѣтеніе, конечно, не можетъ обойтись безъ нѣкотораго лишняго труда какъ со стороны учителя, такъ и со стороны учащихся. Чтобъ избѣгнуть этого затрудненія, нѣкоторые приступая къ складамъ, сразу объясняютъ учащимся разницу между произношеніемъ гласной и согласной. Но подобныя объясненія ни къ чему не ведутъ и только больше путаютъ учащихся, которые, не познакомившись еще на дѣлѣ съ значеніемъ тѣхъ и другихъ буквъ, само собою разумѣется, не въ состояніи разсуждать объ ихъ различіи. Учась же по выше объясненному силлабическому методу, дѣти сразу читаютъ слогъ **ба** такъ, какъ слѣдуетъ и букву **б** произносятъ правильно, т. е. ей придаютъ тотъ именно звукъ, какой она и имѣетъ. Такимъ образомъ, учащіеся скоро привыкаютъ читать нетолько отдѣльные слоги, но и цѣлыя слова безъ тѣхъ остановокъ и затрудненій, какія встрѣчаются при употребленіи буквосочетательнаго способа.

Но какой бы ни употреблялся способъ въ школьной практикѣ, съ теченіемъ времени онъ подвергается нѣкоторымъ, болѣе или менѣе значительнымъ, измѣненіямъ, по указанію опыта и по наблюденію учителя. Лучше всего это можно видѣть изъ новѣйшихъ азбукъ по буквосочетательному способу: въ нихъ мы находимъ уже нѣкоторыя улучшенія. Такъ, напр. „**Азбука и уроки изъ исторіи ветхаго и новаго завѣта, съ картинками**" (*) предлагаетъ только двѣ странички складовъ, состоящихъ изъ двухъ буквъ, т. е. изъ одной гласной и одной согласной; затѣмъ, уже идутъ цѣлыя слова. Въ азбукѣ Евгеніи Бутлеръ (**) вовсе не поскупились за склады—они занимаютъ около пятнадцати страницъ; тамъ вы найдете и **ба, бе, би, ... аб, ав, аг, ад**, и т. д., и **бла, бле, ... жра, жре, гна, хна . . . . . шка, шта, ...** и даже такіе мудреные склады, какъ **ахт, авг, бнай, ждюй** и т. п.; но за то склады эти идутъ не сподрядъ, какъ въ старинныхъ азбукахъ, а въ перемежку съ цѣлыми словами, т. е. послѣ прямыхъ складовъ изъ двухъ буквъ слѣдуютъ слова изъ этихъ же складовъ—**ба-ба, па-па** и т. д., затѣмъ,—обратные склады и за ними цѣлыя слова, опять склады изъ трехъ буквъ и опять слова и т. д. Это, конечно, можетъ считаться нѣкоторымъ усовершенствованіемъ противъ старинныхъ азбукъ, потому-что дѣти не принуждены сряду томиться такъ долго, какъ это дѣлалось встарь, надъ одними складами. Читая въ перемежку слова, они уже отдыхаютъ: цѣлыя слова для нихъ гораздо легче и пріятнѣе складывать, чѣмъ отрывочные слоги, незаключающіе въ себѣ никакого смысла, и потому недающіе

(*) Изданіе Общества распространенія полезныхъ книгъ. Москва, 1862.
(**) *Уроки чтенія и постепеннаго развитія мышленія*. Спб., 1864.

никакой пищи для ихъ любознательности и невозбуждающіе никакой умственной самодѣятельности.

Подобныя измѣненія произошли и въ силлабическомъ способѣ. Когда замѣтили, какъ трудно и скучно дѣтямъ вызубрить сряду всѣ буквы въ алфавитномъ порядкѣ, то придумали новый пріемъ, состоящій въ томъ, что предварительно заставляли учащихся затвердить только гласныя буквы; затѣмъ, съ буквами согласными стали знакомить прямо посредствомъ ихъ сочетанія съ гласными. Дѣлается это слѣдующимъ образомъ: берутъ одну изъ согласныхъ буквъ, (наклеенныхъ на папку или досчечку), положимъ **б**, и, не выговоривая ея звука, приставляютъ ее поочередно къ гласнымъ, **а, е, и**, и т. д.; затѣмъ, произносятъ обѣ буквы вмѣстѣ **ба, бе, би,** и т. д. Такимъ же образомъ знакомятъ и съ другими согласными буквами по порядку. Слѣдовательно, этотъ пріемъ основанъ на особомъ изобрѣтеніи, т. е. на **подвижныхъ** или **разрѣзныхъ** буквахъ. Употребленіе подобныхъ буквъ существовало уже и въ древности; по-крайней-мѣрѣ, мы находимъ въ твореніяхъ Блаженнаго Іеронима (умершаго въ 420 г.), между прочимъ, слѣдующее мѣсто, относящееся къ обученію чтенію: „Обученіе надо начинать игрой, давая буквы изъ воску или слоновой кости и называя ихъ, но не придерживаясь алфавита. Смѣшивай почаще буквы между собой,—говоритъ онъ,—такъ, чтобы дитя узнавало ихъ нестолько по тону, произнося наизустъ, сколько по формѣ. Въ видѣ поощренія, надо соединить ихъ потомъ въ слоги, что очень нравится этому возрасту" (*). Прочитывая наставленія Св. Іеронима о воспитаніи дѣтей, нельзя не замѣтить въ Блаженномъ Отцѣ глубокаго знанія дѣтской природы. Вообще, онъ заботится и объ оживленности и занимательности въ обученіи. Буквы изъ воску или слоновой кости служили прекраснымъ средствомъ къ поощренію и облегченію дѣтей при обученіи по буквосочетательному способу.

(*) См. „*Очеркъ исторіи воспитанія и обученія съ древнѣйшихъ до нашихъ временъ.*" Л. Модзалевскаго. Вып. I, стр. 216. Спб. 1866.

По тому же силлабическому способу, который мы только-что объяснили, разрѣзныя буквы составляютъ необходимое условіе обученья. Этотъ способъ обученія съ помощью подвижныхъ буквъ вообще мало распространенъ, такъ-какъ онъ представляетъ большія неудобства, о которыхъ мы скажемъ послѣ. У насъ онъ извѣстенъ по обстоятельному изложенію въ азбукѣ, г. Кремлева, изданной подъ названіемъ: „**Способъ обученія русскому чтенію**. (Спб. 1854). Тотъ же силлабическій способъ съ подвижными буквами употребляется и г. Главинскимъ, извѣстнымъ въ послѣднее время составителемъ „**Руководства къ изученію русской грамоты и численія**" (*). Впрочемъ, Главинскій въ своемъ Руководствѣ ввелъ значительное измѣненіе, состоящее въ томъ, что сочетанія гласныхъ съ согласными изучаются помощью подвижныхъ буквъ не на **отрывочныхъ складахъ**, а на **цѣлыхъ словахъ**. Такъ, онъ беретъ гласныя: а, о, у, ю, и, приставляя къ нимъ согласныя б, д, составляетъ изъ нихъ прямо слова: баба, обую, оба,— да, ад, даю и т. д. Изъ заученныхъ отрывочныхъ словъ сряду составляются цѣлыя предложенія (фразы). Это уже немалое улучшеніе противъ старинныхъ азбукъ. О педагогическомъ значеніи этихъ улучшеній мы скажемъ дальше, разсматривая другія новѣйшія азбуки (Лермонтова и Ященко).

Разрѣзныя буквы вошли почти во всеобщее употребленіе съ того времени, когда стали обучать грамотѣ по совершенно-новому способу, извѣстному подъ общимъ именемъ: **звукового**. У насъ въ Россіи разрѣзныя буквы, сколько намъ извѣстно, впервые появились, должно быть, неранѣе 1841 года, когда была издана: „**Таблица складовъ для употребленія въ дѣтскихъ пріютахъ.**" Помощью разрѣзныхъ буквъ, по этой таблицѣ склады изучались на цѣлыхъ словахъ.

(*) Это Руководство состоитъ изъ 4-хъ отдѣловъ: 1-й — обученіе чтенію (Ц. 10 к.), 2-й — статьи для упражненія въ чтеніи (Ц. 20 к.), 3-й — правила счисленія на счетахъ и ариѳметическія дѣйствія надъ числами *простыми и именованными* (Ц. 10 к.) и 4-й — прописи (Ц. 5 к.).

Въ 1846 г. издалъ „**Русскую Азбуку для дѣтей**" безъ складовъ, съ 176 подвижными буквами, г. Студитскій. Затѣмъ вскорѣ, въ подражаніе г. Студитскому, появились получившія всеобщую извѣстность: „**Таблицы для взаимнаго обученія чтенію и письму** В. Золотова, котораго почтили, Богъ вѣсть почему, именемъ изобрѣтателя **новаго** способа, хотя этотъ новый способъ давнымъ-давно былъ извѣстенъ нетолько за границею, но и у насъ въ Россіи. Обзору какъ способовъ гг. Студитскаго и Золотова, такъ и другихъ издателей новѣйшихъ азбукъ, мы посвящаемъ три слѣдующія главы.

XIII.
Новѣйшіе способы обученія грамотѣ.

Всякое дѣло постепенно совершенствуется временемъ и опытомъ. Такъ и обученіе грамотѣ только послѣ тысячелѣтней практики приняло, наконецъ, тотъ видъ, который вполнѣ соотвѣтствуетъ сущности дѣла. Много было придумываемо у насъ и за границею разныхъ пріемовъ съ цѣлью — облегчить и ускорить усвоеніе учащимися грамоты. Но опытъ показалъ, что только немногіе изъ этихъ пріемовъ достигаютъ цѣли; избѣгая одного затрудненія, педагоги впадали въ новое, еще большее, затрудненіе; такихъ примѣровъ можно бы насчитать очень много. Но мы ограничимся указаніемъ только на тѣ пріемы, которые вошли въ болѣе-общее употребленіе и продержались въ школьной практикѣ болѣе-продолжительное время.

Съ начала появленія у насъ на Руси письменности (тысяча лѣтъ тому назадъ) введена была славянская азбука, каждая буква которой, какъ извѣстно, представляетъ значеніе цѣлаго слова: **аз, буки, вѣди, глаголь, добро**, и т. д.; названія нѣкоторыхъ буквъ даже выражаютъ цѣлое предложеніе напр. **о, н, п**, онъ нашъ покой. Такія названія буквъ, кажущіяся для насъ въ настоящее время странными, придуманы были, конечно, съ прекрасною цѣлью — облегчать изученіе азбуки. Изобрѣтатели этого пріема понимали, что для учащихся гораздо легче затвердить звуки, выражающіе какое-либо представленіе, или болѣе или менѣе опредѣленное понятіе, чѣмъ звуки бе, ве, ге, неимѣющіе никакого смысла и, слѣдовательно, ничего неговорящіе воспріимчивому уму дитяти. Цѣль, повидимому, достигнута. Но когда пришлось взяться за склады, въ родѣ — ба, бе, би,... или бна, вна, то дѣло оказалось слишкомъ мудренымъ. Какимъ образомъ, напр., изъ буквъ буки и азъ могло выйти ба, или изъ буки, нашъ, азъ, — бна? Однако, цѣлые вѣка мучили дѣтей такимъ уродливымъ пріемомъ заучиванія, переходившимъ изъ рода въ родъ, по очень естественной привязанности къ старинѣ и по недѣятельности мысли. Когда же въ нашемъ обществѣ пробудилось стремленіе къ распространенію въ массахъ народа грамотности, то не могли не обратить вниманія прежде всего на улучшеніе способовъ обученія. И вотъ, у насъ стали появляться разные способы, болѣе сообразные съ раціональными требованіями педагогики. Въ настоящее время, развѣ въ какомъ-нибудь захолустьѣ, ничего невѣдающемъ о движеніи просвѣщенія, употребляется славянское названіе буквъ при обученіи грамотѣ, хотя, въ защиту этой азбуки, еще нѣсколько лѣтъ тому назадъ, высказывались нѣкоторые любители старины. Доводы ихъ высказывались съ большою настойчивостью; но при этомъ, они не объяснили одной, весьма мудреной, загадки, состоящей въ слѣдующемъ: если изученіе буквъ по порядку съ названіями бе, ве, ге... для дѣтей очень трудно и если названія азъ, буки, вѣди облегчаютъ этотъ трудъ, то зачѣмъ же непремѣнно усматривать такое облегченіе только въ этомъ пріемѣ, который, при всемъ своемъ преимуществѣ въ этомъ отношеніи, представляетъ однако огромнѣйшее затрудненіе въ складахъ и чтеніи по верхамъ? Да и зачѣмъ заучивать буквы непремѣнно въ алфавитномъ порядкѣ по какому бы ни было способу? Вѣдь, учатся же въ настоящее время грамотѣ милліоны дѣтей какъ заграницею, такъ и у насъ, по инымъ способамъ, относительное удобство которыхъ вполнѣ оправдалось опытомъ и цѣль достигается просто, легко и скоро, вовсе безъ зубренія буквъ и складовъ.

Чтобы избѣгнуть двухъ затрудненій, происходящихъ отъ заучиванія всѣхъ буквъ по порядку, и отъ несоотвѣтственнаго произношенія согласныхъ при сочетаніи съ гласными, т. е. произношенія **бе, ве, ге**, вмѣсто **бъ, въ, гъ**, и. т. д.,—мы знаемъ,—было придумано: къ заученнымъ гласнымъ прикладывать незнакомыя учащимся согласныя, не называя ихъ звука отдѣльно, а выговаривая вмѣстѣ съ гласною. Выдумка, повидимому, недурная. Но опытъ доказалъ, что обученіе по этому способу держится также на механическомъ заучиваніи, которое неизбѣжно и при буквосочетательномъ способѣ. И самыя подвижныя буквы тутъ оказываютъ малую помощь, потому-что хотя, по относительной величинѣ и осязательности формы ихъ, онѣ легче запечатлѣваются въ умѣ дитяти и дѣйствительно, привлекаютъ вниманіе учащихся, но за то весьма затрудняютъ усвоеніе звуковъ, составляющихъ всю суть въ обученіи чтенію. Что толку въ томъ, что учащіеся легко запомнятъ очертаніе буквенныхъ знаковъ, когда имъ вовсе незнакомы ихъ звуки! Заучить ихъ нелегко: дитя, прикладывая къ знакомымъ ему гласнымъ **а, е, и, і, о, у, ы, ѣ, э, ю, я** буквенный знакъ, незнакомый ему по произношенію, **б**, только чрезъ частое механическое чтеніе: **ба, бе, бі, бо, бу, бы, бѣ, бэ, бю, бя**, наконецъ, догадается, что этому знаку принадлежитъ звукъ бъ; та же работа предстоитъ съ каждою изъ всѣхъ согласныхъ, которыхъ насчитывается до 22. Сколько тутъ нужно терпѣнія, времени и односторонняго напряженія памяти для того только, чтобы добиться, наконецъ, усвоенія согласныхъ звуковъ! Мы даже сомнѣваемся, найдется-ли такой учитель, который, видя какъ дитя бьется безъ всякаго толку надъ сочетаніемъ буквенныхъ знаковъ съ таинственнымъ для него звукомъ, вытерпѣлъ бы и не подсказалъ, что напр. знакъ **в** произносится такъ-то. Но если предположить въ учителѣ такую необыкновенную сдержанность, что онъ вовсе не станетъ подсказывать учащемуся, то не будетъ-ли это пустая игра въ **новые методы**? Не лучше-ли будетъ учить по старому? Интересно знать, какъ изворачивается учитель, занимающiйся по руководству г. Главинскаго, если, по совѣту автора, онъ не станетъ произносить буквы **б отдѣльно отъ гласныхъ** ни по старинному **бе**, ни по новому **бъ**. Положимъ, поставивъ, по способу Главинскаго, на классной доскѣ три буквы О, Б, А, учитель начнетъ спрашивать: „какая первая буква? о. Какая послѣдняя буква? а. Между этими буквами находится третья буква, которую еще вы не знаете." Всѣ три буквы составляютъ слово **оба**. „Когда ученики, говоритъ г. Главинскiй на 6 стр. 1-го отдѣла своего сочиненiя, ясно будутъ произносить и обозначать это слово, учитель, закрывъ первую букву спрашиваетъ: что остается?—**ба**; закрывъ послѣднюю букву, что остается? **об**; а если закрыть или отнять крайнiя буквы, что останется? **б**,—буква которую, неправда-ли, трудно одну выговаривать; а если прибавимъ къ ней изъ выученныхъ буквъ—**а**, **о**, или **у**, то получимъ или **ба**, или **бо** или **бу**, смотря потому, какая за ней находится буква. Поняли?" Навѣрно не поняли, если только это такъ дѣлается на самомъ дѣлѣ. Когда ученики читали: **оба** или **ба**, **об**, то для нихъ буква **б** также легка, какъ и **а**, **о**, **у**. Зачѣмъ же учитель говоритъ, что ее трудно выговаривать? Должно быть онъ уже попробовалъ выговорить ее отдѣльно? Притомъ, если **б** дѣйствительно осталась безъ произношенiя отдѣльно, то не страннымъ-ли покажется для учащихся это таинственное скрывательство звука, который разъ произносится (съ гласными), а другой—остается безъ всякаго произношенiя (безъ гласныхъ). Вѣдь, дѣти любознательны: какъ же можно оставить ихъ въ такомъ недоумѣньи?

Но, какъ ни мало пользы оказалось въ силлабическомъ способѣ обученiя съ помощью подвижныхъ буквъ, какъ ни мало, поэтому, онъ вошелъ въ школьную практику, его основная мысль, имѣвшая цѣлью придать согласнымъ буквамъ, при ихъ сочетанiяхъ съ гласными, надлежащiй звукъ, нашла, наконецъ, свое оправданіе и настоящее раціональное примѣненіе въ томъ методѣ, извѣстномъ подъ именемъ **звуковаго**. Сущность этого метода состоитъ въ томъ пріемѣ, по которому согласныя буквы выговариваются безъ всякой примѣси звука гласныхъ, т. е. **бъ, въ, гъ.... къ, лъ....**, а не по обще принятому обычаю — **бе, ве, ге... ка, эль...**; при томъ, онѣ произносятся такъ нетолько **въ сочетаніяхъ съ гласными** (въ складахъ), подобно тому какъ при силлабическомъ способѣ, но и **при начальномъ изученіи ихъ каждой порознь**. Слѣдовательно, основаніемъ этому методу служитъ произношеніе того **чистаго звука**, каковъ высказъ и принадлежитъ гласной буквѣ; оттого онъ и названъ **звуковымъ**. Такимъ образомъ, практическое примѣненіе этого пріема можетъ имѣти мѣсто, какъ въ силлабическомъ, такъ и буквосочетательномъ способѣ. Около ста лѣтъ тому назадъ, когда этотъ пріемъ былъ впервые приложенъ къ дѣлу и когда потомъ, въ началѣ нынѣшняго столѣтія, получилъ большую извѣстность въ педагогическомъ мірѣ Германіи, онъ служилъ главнымъ основаніемъ обученія чтенію по прежнимъ способамъ, т. е. по силлабическому и отчасти буквосочетательному. Такое примѣненіе сказаннаго пріема было особенно тщательно разработано и распространено въ Германіи прославившимъ свое имя нѣмецкимъ педагогомъ Стефани; тогда, разумѣется, этотъ пріемъ получилъ значеніе особаго метода. Впослѣдствіи, какъ мы видѣли въ предыдущей главѣ, звуковой пріемъ перешелъ и къ намъ въ Россію, но уже съ другимъ примѣненіемъ, какого онъ не имѣлъ въ началѣ своего появленія въ школьной практикѣ, т. е. его стали примѣнять не къ синтетическому способу (силлабическому), а къ совершенно новому, аналитическому, способу. И въ этомъ-то послѣднемъ звуковой пріемъ сдѣлался необходимымъ условіемъ, такъ-что всѣ наши азбуки, въ основаніи которыхъ лежитъ анализъ, т. е. предварительное изученіе буквъ на разборѣ цѣлыхъ словъ, получили общее названіе азбукъ по звуковому способу. Посмотримъ теперь, что такое этотъ новый аналитическій способъ.

Въ концѣ первой четверти нынѣшняго столѣтія пріобрѣлъ громкую извѣстность французскій педагогъ Жакото, обративши на себя особенное вниманіе успѣшностью обученья по новому аналитическому способу. Сущность этого способа состоитъ въ томъ, что учитель, не предлагая напередъ дѣтямъ заучивать ни буквъ, ни складовъ, произноситъ громко цѣлыя предложенія, уже знакомыя дѣтямъ наизусть, напр. молитву: **Отче нашъ, Иже еси на небесѣхъ, да святится Имя Твое, да будетъ воля Твоя,** и т. д., съ тѣмъ, чтобы учащіеся вслушались хорошенько въ произносимые имъ въ этой молитвѣ звуки. Разбивая, затѣмъ, каждое слово на слоги, учитель постоянно обращается къ учащимся съ вопросами, чтобы заставить ихъ вслушаться и затвердить звуки, составляющіе слово. Такъ напр., онъ спрашиваетъ: изъ какихъ отдѣльныхъ звуковъ состоитъ слово: **небеси?** Изъ трехъ звуковъ: **не, бе, си.** Въ какихъ словахъ еще слышенъ звукъ **си?** Въ словѣ **еси.** Изъ какихъ звуковъ состоитъ слово **еси?** Изъ **е** и **си.** Гдѣ еще слышенъ звукъ **е?** Нѣтъ-ли его въ первомъ словѣ: **Отче?** Есть: **че.** Изъ сколькихъ звуковъ состоитъ **е?** Изъ одного. А **че**— изъ сколькихъ? Изъ двухъ: **чъ** и **е**, и т. д. Бесѣда продолжается до-тѣхъ-поръ пока учащіеся не дойдутъ до сознанія звуковъ **е, ч, и, с**, которые изображаются буквенными знаками, выставленными на классной доскѣ (подвижныя буквы). Продолжая такимъ же образомъ анализъ словъ и слоговъ учащіеся усваиваютъ всю азбуку. Слѣдовательно, мы видимъ, что обученіе по аналитическому пути начинаютъ съ цѣлыхъ словъ для того, чтобы учащіеся могли усвоить чистые звуки согласныхъ буквъ безъ всякой примѣси гласныхъ, т. е. тѣ именно звуки какія слышны въ сочетаніи въ словахъ (**бъ, въ, гъ**....), а не тѣ, какіе слышны при произношеніи отдѣльно каждой согласной: **бе, ве, ге**.... (*) Тутъ, естественно, являются вопросы: зачѣмъ эти бесѣды и зачѣмъ этотъ анализъ цѣ-

---

(*) См. „Русскій Педагогическій Вѣстникъ," № 5 за 1858 г. (Критическое обозрѣніе).

лыхъ словъ? Не лучше-ли прямо показать учащимся настоящіе звуки согласныхъ? бъ, въ, гъ.... и затѣмъ, прикладывать ихъ къ гласнымъ и составлять слоги и цѣлыя слова. Вѣдь, тогда учащіеся уже будутъ произносить склады правильно, т. е. они прочтутъ: бъ, а—ба; и ихъ не будетъ путать прежнее произношеніе бе, которое, вмѣстѣ съ а, напр. дастъ складъ беа, а не ба, какъ того требуетъ учитель и какъ это не выходитъ на дѣлѣ. Безспорно, что звуковой пріемъ можетъ быть съ пользою примѣненъ и, какъ это мы уже выше говорили, онъ дѣйствительно примѣнялся да и теперь примѣняется и къ синтетическимъ способамъ. Но бѣда тутъ въ томъ, что нетолько дѣтямъ, но и самому учителю трудно отдѣльно произносить согласныя безъ звука гласныхъ, т. е. бъ, въ, гъ.... Когда же онѣ произносятся въ соединеніи съ гласными, то чистый звукъ ихъ предварительно заучивается безъ произношенія отдѣльно и, такимъ образомъ, отчасти уменьшается сказанное затрудненіе; хотя, разумѣется, всетаки надо же произнести и гласную букву и отдѣльно, (иначе встрѣтилось бы то же затрудненіе, какое мы видѣли при обученіи по силлабическому способу вмѣстѣ съ подвижными буквами); но когда эта буква будетъ уже произнесена нѣсколько разъ вмѣстѣ съ гласными, ея отдѣльное произношеніе становится нѣсколько легче. Тѣ, которые, однако, не вѣрятъ въ возможность звукового произношенія согласныхъ и подсмѣиваются надъ ломаніемъ языка и напряженными движеніями губъ учителя, считая это безполезнымъ „буквоизверженіемъ." На сколько тутъ есть правды, лучше всего показываетъ опытъ. Дѣйствительно, недаго, мало способнаго, учителя звуковой пріемъ можетъ поставить въ затрудненіе и показать смѣшнымъ. Но зато, какъ положительно извѣстно, есть немало учителей, которые овладѣваютъ звуковымъ пріемомъ въ совершенствѣ и успѣшность ихъ обученія поразительна. Однако, какъ бы то ни было, изъ этого слѣдуетъ, что всякому учителю можно навязывать такой пріемъ, который, не смотря на все свое превосходство по внутреннимъ достоинствамъ, всетаки представляетъ нѣкоторыя, болѣе или менѣе чувствительныя, затрудненія съ внѣшней стороны выполненія. И потому-то нѣкоторые изъ нашихъ извѣстнѣйшихъ составителей азбукъ, предлагая новые способы обученія грамотѣ, не придерживаются звуковыхъ пріемовъ (Главинскій). Что касается, затѣмъ, вышеупомянутыхъ бесѣдъ и анализа цѣлыхъ словъ, то объ нихъ можно сказать то же, что и о звуковомъ произношеніи согласныхъ. Если учитель будетъ такой искусный педагогъ какъ Жакото, если онъ своими бесѣдами съумѣетъ привлечь вниманіе дѣтей и заставить ихъ принимать живое участіе въ анализѣ; словомъ, если классъ будетъ оживленъ, то безспорно дѣло пойдетъ хорошо. Но если въ анализѣ цѣлыхъ словъ учащіеся ничего не будутъ видѣть, кромѣ пустой болтовни, вовсе неразвивающей ихъ мыслительныхъ способностей и, въ сущности, ведущей только къ усвоенію буквъ: то, конечно, для такого учителя не остается сдѣлать ничего лучшаго, какъ взяться за синтетическіе способы съ звуковымъ пріемомъ для изученія буквъ и складовъ. Вообще говоря, аналитическій способъ можетъ быть хорошъ и въ рукахъ мало-способнаго учителя, но лишь тогда, когда учащіеся, или по своей предварительной подготовкѣ, или по своему возрасту, уже на столько развиты, что будутъ способны къ анализу, т. е. къ отыскиванію неизвѣстнаго звука (буквъ) посредствомъ сравненій такихъ же неизвѣстныхъ звуковъ (слоговъ); а такая работа едва-ли соотвѣтствуетъ силамъ дитяти, да и не удовлетворяетъ тѣмъ педагогическимъ началамъ, о которыхъ было говорено выше.

Аналитическаго способа съ звуковымъ пріемомъ изъ нашихъ составителей новѣйшихъ азбукъ придерживаются Студитскій и Золотовъ: (*) оба они начинаютъ обученіе чтенію съ цѣ-

---

(*) 1) *Азбука для крестьянскихъ дѣтей*. Ѳ. Студитскаго. Спб. 1867 г. 5 изд. 48 стр. (цѣна не обозначена въ азбукѣ; но изъ Каталога книгъ, одобренныхъ Комит. Грам. видно, что она стоитъ 10 коп).

2) *Русская азбука, съ наставленіемъ какъ должно учить*, Спб. 1867 г. 14-ое изд. ц. 5 коп.

3) *Какъ учить грамотѣ по азбукѣ для крестьянскихъ дѣтей или руководство къ обученію грамотѣ*, съ листомъ подвижныхъ буквъ, цифръ и знаковъ. Спб., 1864. изд. 2, ц. 15 коп.

лыхъ словъ; слова разбиваютъ на слоги, изъ складовъ выводятъ буквы, съ тою только разницею, что въ азбукѣ Студитскаго во-все уже нѣтъ совершенно излишнихъ складовъ, Золотовъ же по древнему обычаю, всетаки предлагаетъ склады, хотя въ бо-лѣе умѣренномъ количествѣ, чѣмъ это можно видѣть въ бу-кваряхъ стариннаго покроя. Студитскій и Золотовъ, однако уклонились отъ выше объясненнаго нами способа Жакото въ томъ, что въ ихъ азбукахъ анализъ начинается не съ предло-женій, а съ отдѣльныхъ словъ. Это, конечно, нѣсколько упро-щаетъ сложность аналитическаго способа.

Звуковые пріемы по синтетическому способу лучше все-го изложены въ азбукѣ Лермонтова и Ященка (*). Оба эти издателя съ самаго начала обученія предлагаютъ сперва по одной или по двѣ-три гласныхъ и согласныхъ буквъ и, выго-варивая тѣ и другія чистымъ звукомъ, составляютъ, затѣмъ, изъ нихъ цѣлыя слова; потомъ выученные слоги и слова по-вторяются въ легенькихъ фразахъ (предложеніяхъ). Такъ про-ходится вся азбука: начиная съ самаго легкаго и простаго, постепенно переходятъ къ болѣе сложному — буквы, слоги, слова и предложенія. Ничего не можетъ быть естественнѣе та-кого обученія: въ немъ мы видимъ удачное соединеніе двухъ противоположныхъ способовъ — синтетическо-силлабическаго съ звуко-аналитическимъ. Лермонтовъ и Ященко избѣгнули въ обученіи грамоты тѣхъ камней преткновенія, которые по-стоянно встрѣчались какъ при синтетическихъ, такъ и анали-тическихъ способахъ, съ звуковымъ и безъ звукового пріема. Конечно, обученіе по силлабическому способу съ звуковымъ пріемомъ представляетъ большія выгоды противъ старинныхъ способовъ; но если дѣтямъ приходится твердить разныя сочета-нія гласныхъ съ согласными, хотя бы и съ чистымъ звуковымъ произношеніемъ согласныхъ на складахъ, то это еще не совсѣмъ

(*) 1) *Русская азбука для народныхъ школъ и для домашняго обу-ченія*, Изд. Лермонтова и Ком. Изд. 4-ое Спб. 1864 ц. 5 к.

2) *Опытъ руководства для преподаванія грамоты по звуковому ме-тоду*. Составилъ Л. Ященко. Москва, 1862. ц. 8 к.

избавляетъ ихъ отъ скуки и механическаго напряженія памяти. Въ свою очередь анализъ звуковъ на цѣлыхъ предложеніяхъ или хотя бы на отдѣльныхъ словахъ — тоже дѣло не легкое и не можетъ особенно привлекать вниманіе дѣтей. По способу же Ященка и Лермонтова, учащіеся безъ особеннаго напряженія памяти скоро и очень просто достигаютъ цѣли: съ одной стороны, не толкуя по цѣлымъ часамъ о томъ, изъ какихъ звуковъ состоитъ такое-то слово, сразу знакомятся съ чистыми звуками гласной и согласной, а съ другой — не зубря долго ни отдѣльныхъ буквъ, ни складовъ, складываютъ цѣлое слово, — для чего достаточно заучить двѣ-три буквы. Когда слово прочитано и, притомъ, безъ всякаго продолжительнаго ученья, то это уже даетъ немало пищи для ума дитяти: оно понимаетъ что учитъ; а это его радуетъ и ободряетъ къ дальнѣйшему пріобрѣтенію. Немедленное чтеніе связныхъ мыслей, сряду послѣ изученія немногихъ словъ, также много поддерживаетъ любознательность дѣтей, развивая ихъ мышленіе и упражняя, притомъ, даръ слова.

Независимо отъ этихъ общихъ качествъ, равно присущихъ тому и другому изъ вышесказанныхъ изданій, въ руководствѣ Ященка обращаютъ на себя вниманіе еще особенныя достоинства частныхъ пріемовъ, которыхъ вовсе нѣтъ въ азбукѣ Лермонтова. Вотъ эти пріемы: 1) Для болѣе легкаго усвоенія чистаго звука и, вмѣстѣ съ тѣмъ, для привлеченія вниманія дѣтей, дѣйствуя на ихъ чувственныя воспріятія, Ященко совѣтуетъ звукъ согласныхъ буквъ уподоблять и сравнивать съ знакомыми учащимся звукоподобіями; такъ, напр., указать на сходство звуковъ с, х, ш, съ шипѣніемъ гуси или змѣи, съ хуханіемъ или дыханіемъ, съ шумомъ сухихъ листьевъ. 2) „При преподаваніи каждаго новаго звука — говоритъ, между прочимъ, Ященко: непремѣнно слѣдуетъ сейчасъ букву этого звука писать на доскѣ, такъ чтобы ученикъ могъ въ одно время учиться чтенію и письму — одно другому помогаетъ." При этомъ Ященко совѣтуетъ: „изображая новую букву (въ письмѣ на доскѣ), прискивать какую-нибудь вещь, которая походила бы на изображаемую букву; напр. о походитъ на кругъ, с—на половину круга" и т. д. Все это такіе пріемы, которые, своею **наглядностью и оживленностью**, вполнѣ соотвѣтствуютъ требованьямъ дѣтской природы; при помощи ихъ, учащіеся легко усваиваютъ буквы и ихъ сочетанія въ словахъ безъ всякаго механическаго напряженія памяти.

Итакъ, въ руководствѣ Яценко, между прочимъ, мы находимъ особый пріемъ, состоящій въ присоединеніи письма къ первымъ урокамъ обученія чтенію. Этотъ пріемъ у насъ впервые сталъ входить въ педагогическую практику, кажется, не раньше десяти лѣтъ тому назадъ; по-крайней-мѣрѣ мы не слыхали объ употребленіи его раньше изданія: „**Энциклопедія для первоначальнаго обученія дѣтей**, К. Н. Щигловскаго (*). Въ предисловіи 1-ой тетради, входящей въ составъ этой энциклопедіи, т. е. въ „**Азбукѣ или новомъ способѣ обученія дѣтей письму и чтенію вмѣстѣ.**" авторъ говоритъ слѣдующее: „Зная какъ легко затверживается фигура, которую мы сами обводимъ, и какъ хорошо былобы разомъ и учиться и читать и писать, я придумалъ писать карандашемъ буквы, чтобы учащійся потомъ обводилъ ихъ перомъ." Кромѣ Яценка и Щигловскаго, соединять письмо вмѣстѣ съ обученіемъ чтенію совѣтуетъ также Главинскій и Студитскій. И какъ у Щигловскаго, такъ и у прочихъ трехъ издателей, прописи прилагаются **отдѣльно** отъ печатной азбуки и письмо служитъ только или какъ **вспомагательное пособіе** для болѣе легкаго и сознательнаго усвоенія учащимися буквъ, или какъ средство разнообразить скучныя занятія первыми уроками чтенія. Между тѣмъ, письмо въ послѣднее время пріобрѣло гораздо болѣе важное значеніе въ педагогической практикѣ: нынче оно служитъ основаніемъ того метода, который выражаетъ собою, такъ сказать, послѣднее слово современной педагогики. Способъ этотъ извѣстенъ у нѣмцевъ подъ именемъ *Schreiblesemethod*, т. е. методъ **оновременнаго или сов**-

---

(*) Москва, 1859.

купнаго обученія письму-чтенію. По этому способу письмо считается не облегчительнымъ только **пособіемъ**, а **необходимымъ средствомъ** и **главнымъ основаніемъ** всего хода первоначальнаго обученія. Полное подробное объясненіе о настоящемъ **методическомъ** примѣненіи письма къ обученію чтенія на русскомъ языкѣ впервые появилось въ „**Руководствѣ для преподавателей грамотности**,“ составл. профессоромъ, Р. Орбинскимъ. (Одесса, 1861). Въ 1860 году вышелъ „**Букварь для соединеннаго обученія чтенію и письму**,“ составл. I. Паульсономъ. Вскорѣ, вслѣдъ затѣмъ, вышли еще два букваря, составленные по этому же способу: 1) „**Первоначальное обученіе письму и чтенію**“ (въ 1862 году), автора настоящей книги и 2) „**Родное Слово**,“ Ушинскаго, (въ 1864 году). (*)

XIV.
Обученіе по I. Паульсону и К. Ушинскому.

Изъ небольшаго числа извѣстныхъ у насъ педагоговъ I. Паульсонъ и К. Ушинскій болѣе всѣхъ содѣйствовали къ распространенію первоначальнаго ученья по тому способу, который, въ настоящее время, считается самымъ раціональнымъ. И Паульсонъ и Ушинскій хорошо знакомы съ школами западной Европы и съ лучшими нѣмецкими методами ученья грамотѣ. Поэтому-то они могли составить для русскихъ дѣтей такія книжки, которыя, по своимъ педагогическимъ достоинствамъ, превосходятъ всѣ буквари, нетолько старинные но и новѣйшіе. Можно не соглашаться съ нѣкоторыми ихъ пріемами, несовсѣмъ соотвѣтствующими смѣтливой натурѣ русскихъ дѣтей; но, говоря вообще, относительно, ихъ руко-

---

(*) Объ этихъ книжкахъ будемъ говорить особо, въ слѣдующихъ главахъ.

водства и учебники по первоначальному обученью нельзя не признать заслуживающими особеннаго предпочтенія предъ всѣми прочими подобнаго рода изданіями.

Издавъ въ 1860 году „**Букварь для соединеннаго обученья чтенію и письму,**" Паульсонъ сдѣлалъ починъ въ методическомъ изложеніи того способа обученья грамотѣ, съ которымъ русская публика вовсе не была еще знакома и который за границею давно уже считался самымъ лучшимъ. Но Паульсономъ не было напечатано никакого наставленія, какъ учить по этому букварю. Многіе учителя желали усвоить себѣ способъ обученья по букварю Паульсона, но не знали, какъ это сдѣлать. Только въ 1868 г., передѣлавъ и дополнивъ прежній букварь, и даже измѣнивъ его заглавіе, Паульсонъ издалъ книжку, въ которой обстоятельно излагаетъ весь ходъ элементарнаго обученья. (*)

„Первая учебная книжка" состоитъ изъ слѣдующихъ частей: 1) **рисунки**, изображающіе обыденные предметы, какъ-то: гребенку, ножъ, ложку, кружку, дугу, оси и т. п., а также слова **рукописнымъ шрифтомъ** (до 13 стр.) и печатью (до 15 стр.); 2) церковная печать (2 стр.); 3) **числа** (1 стр); 4) **статьи для чтенья** (128 стр.) и 5) **Молитвы и законоученіе**, съ объясненіемъ сокращеній церковной печати (10 стр.). Статьи для чтенія (числомъ до 127) состоятъ изъ маленькихъ разсказцевъ, мелкихъ стихотвореній, загадокъ, басень, сказокъ, пословицъ и поговорокъ. Всѣ эти статьи расположены по той педагогической системѣ, по которой учащеся занятія свои начинаютъ съ ближайшаго (легчайшаго) и переходятъ постепенно къ отдаленному (болѣе трудному); и по-

---

(*) Заглавія этихъ изданій слѣдующія: 1) *Первая учебная книжка*. (Классное пособіе при обученіи письму, чтенію и началамъ роднаго языка). Ц. 20 к. Спб. 1868 г. 2) *Способъ обученія грамотѣ по „Первой учебной книжкѣ.*" Спб. 1868 г. Ц. 25 к. Желающіе пріобрѣсти первую книжку партіями (не менѣе 25 экз.) могутъ обращаться къ автору, на Васильевскомъ островѣ, по Большому пр., д. № 44, и пользуются уступками отъ 4 до 25%, и, кромѣ того, получаютъ вторую книжку даромъ.

этому онѣ размѣщены по 4-мъ отдѣламъ въ слѣдующемъ порядкѣ: 1) **Между дѣтьми**, 2) **Между взрослыми**, 3) **Между животными** и 4) **Въ природѣ**.

Въ руководствѣ для преподавателей (состоящемъ изъ 81 стр.) г. Паульсонъ обстоятельно излагаетъ всѣ пріемы обученія по „Первой учебной книжкѣ." Руководство это состоитъ изъ слѣдующихъ частей: 1) **краткое историческое обозрѣніе** того **способа** извѣстныхъ нѣмецкихъ педагоговъ, **Фогеля** и **Бема**, по которому обученіе чтенію идетъ одновременно съ упражненіями въ разговорѣ, черченіи, письмѣ, счисленіи и пѣніи, и въ подражаніе которому составлена и книжка г. Паульсона, — причемъ подробно показаны преимущества этого способа предъ всѣми прочими; 2) **приготовительныя упражненія**; и 3) **обученіе грамотѣ**.

Приготовительныя упражненія состоятъ изъ 12 бесѣдъ, раздѣленныхъ на 32 урока. Эти упражненія, по объясненію г. Паульсона, имѣютъ цѣлью: 1) ввести вновь поступающихъ учениковъ постепенно въ школьную жизнь, т. е. пріучить ихъ къ извѣстному порядку, вниманію, и къ громкимъ, связнымъ отвѣтамъ; 2) ознакомить учителя съ индивидуальностью учениковъ и степенью ихъ развитія; 3) сообщить ученикамъ нѣкоторыя предварительныя свѣдѣнія, которыя, какъ показалъ опытъ, значительно облегчаютъ обученіе грамотѣ.

Чтобы показать, съ какой подробностью г. Паульсонъ объясняетъ весь ходъ обученія по его книжкѣ и чтобы, вмѣстѣ съ тѣмъ, познакомить читателя съ нѣкоторыми пріемами, у насъ почти неизвѣстными и очень употребительными у нѣмецкихъ педагоговъ, перепечатываемъ здѣсь 1-й урокъ изъ 1-й бесѣды.

„Разсадивъ учениковъ по мѣстамъ, меньшихъ ближе къ себѣ, учитель предлагаетъ имъ по очереди слѣдующіе вопросы: Какъ тебя зовутъ? (Ваня, Петя, Саша и т. д.). А какое имя дано тебѣ при крещеніи?—Сопоставленіе именъ **Ваня** и **Иванъ**, **Петя** и **Петръ** и т. д. и короткое объясненіе разницы ихъ.—Какъ зовутъ отца твоего?—Какъ же звать тебя по отцу?—А тебя какъ зовутъ по батюшкѣ?—Сопоставленіе словъ **отецъ, батюшка, тятенька, папенька**.

Въ селѣ, большею частію, придется ограничиться распросами объ имени и отчествѣ; городскихъ же дѣтей слѣдуетъ распрашивать и о фамиліи (прозваніи). Затѣмъ вызываніе учениковъ по отчеству или по фамиліи и рядъ новыхъ вопросовъ: Гдѣ вы теперь находитесь?—Что вы тутъ будете дѣлать?—Какъ называютъ того, кто учитъ дѣтей?—А какъ называютъ дѣтей, которые учатся?—Чему вы будете тутъ учиться? (Грамотѣ—читать, писать). На чомъ же вы будете писать?—Чѣмъ вы будете писать?—А у кого изъ васъ есть доска и грифель?—Осмотръ принесенныхъ учениками вещей: доски или тетради, грифеля или карандаша и перьевъ, линейки и т. д. Перечисленіе того, что каждый ученикъ долженъ имѣть всегда при себѣ; объясненіе, въ какомъ видѣ и гдѣ должно держать каждую вещь.—Теперь выньте доски, а остальныя вещи уберите.—Теперь возьмите грифель въ руку, мы будемъ сейчасъ рисовать.—Одинъ мальчикъ держитъ грифель не въ той рукѣ. Покажи мнѣ руку, въ которой ты держишь ложку, когда ѣшь.—А которой рукой ты крестишься?—Ну, въ той же самой рукѣ слѣдуетъ держать и грифель. Положите грифель на столъ.—Какъ называется рука, которою крестятся?—А какъ называется другая рука?—Подымите всѣ лѣвую руку.—Опустите ее.—Теперь подымите правую руку.—Опустите. Въ какой рукѣ держатъ обыкновенно ложку?—А въ какой рукѣ слѣдуетъ держать грифель?—Ну, теперь возьмите опять грифель въ руку и нарисуйте что-нибудь на доскѣ: кто что хочетъ и какъ сумѣетъ. Очень можетъ быть, что нѣкоторыя дѣти откажутся рисовать, отзываясь неумѣньемъ; но большинство тотчасъ же примется чертить что-нибудь. Учитель въ это время обходитъ учениковъ и смотритъ, кто что рисуетъ и какъ держитъ грифель,—ободряетъ застѣнчивыхъ и хвалитъ тѣхъ, которымъ удалось что-нибудь начертить.—Теперь уберите доски.—У, какой шумъ!—Выньте опять доски.—Теперь попробуйте какъ можно тише убрать доски.—Съ перваго же дня слѣдуетъ пріучать дѣтей къ тому, чтобы они какъ можно меньше нарушали тишину въ классѣ во время ученія; выниманіе и убираніе досокъ служитъ для этого отличнымъ упражненіемъ и доставляетъ дѣтямъ большое удовольствіе, особенно если оно совершается по командѣ и по счоту."

Другія бесѣды ведутся подобнымъ же образомъ, ознакомляя дѣтей съ названіями, напр. пальцевъ, частей руки, книгъ, классной доски, упражняя глазъ и руку въ черченіи линій, кружковъ и разныхъ предметовъ изъ обыденной жизни; при чемъ идетъ и счисленіе по способу нѣмецкаго педагога Грубе.

После таких предварительных бесѣдъ и упражненій, идетъ уже настоящее обученье грамотѣ, т. е. чтенію и письму. Это обученье начинается со слова **оси**. Изученію этого слова, вмѣстѣ съ бесѣдами и черченіемъ, посвящается четыре дня. По наставленію І. Паульсона, учитель приноситъ въ классъ модели телѣжныхъ осей и, побесѣдовавъ о телѣгахъ вообще и объ осяхъ въ особенности, съ объясненіемъ ихъ частей и принадлежностей (подушка, рога, плечи, шворень, чека, гайка) передаетъ дѣтямъ содержаніе одного изъ разсказовъ, помѣщенныхъ въ Первой учебной книжкѣ, а именно: „**Ѣздокъ и пѣшій**" и помощью вопросовъ доводитъ ихъ до связнаго пересказа. Затѣмъ, уже на второй день, укрѣпивъ модели на видномъ мѣстѣ, учитель рисуетъ на классной доскѣ оси.—Передать здѣсь въ извлеченіи весь ходъ этого занятія невозможно, потому-что всякая часть урока, какъ она ни кажется мелочною, имѣетъ свое педагогическое значеніе, и важность всякаго пріема опредѣляется только въ связи всего урока. И поэтому мы прописываемъ здѣсь безъ измѣненій изъ руководства г. Паульсона тѣ мѣста, въ которыхъ излагаются всѣ пріемы касательно изученія слова оси.

Рисованіе осей выполняется такъ: „Теперь попробуемъ нарисовать оси—сперва переднюю. Съ чего слѣдуетъ начать? (Съ подушки). Съ какой именно стороны? (Съ нижней). Какою чертою означимъ мы нижнюю сторону подушки? (Лежневою). Такъ. Теперь что слѣдуетъ нарисовать? (Верхнюю сторону). Такой же длины? (Нѣтъ, короче). Такъ ли я ее нарисовалъ? (Слишкомъ высоко). Ну, раздѣлимъ нижнюю черту на двѣ равныя части. Составляетъ-ли вышина подушки половину ея длины? (Нѣтъ, она ниже). Раздѣлимъ же длину на три равныя части. Равна ли такая часть вышинѣ? (Равна). Ну, на такомъ разстояніи и нарисуемъ верхнюю сторону. Такъ ли? (Нѣтъ, длинна: надо снять немного). Съ одной только стороны? (Нѣтъ, съ обѣихъ). Какими чертами означимъ мы плечи? (Выемками, дугами).—Такимъ образомъ учитель, подъ диктовку учениковъ, оканчиваетъ оба рисунка. Затѣмъ онъ подводитъ отдѣльныхъ учениковъ къ моделямъ и спрашиваетъ, которыя мѣста свѣтлѣе, которыя темнѣе, съ которой стороны свѣтъ, съ которой тѣнь, и означаетъ тѣнь на рисункѣ утолщеніемъ чертъ. Послѣ этого ученики изображаютъ то же самое на своей доскѣ, но безъ помощи линейки." По окончании этого занятія, начинается письмо слова оси. „Вотъ, вы и нарисовали оси. А прежде что вы рисовали? — Кто помнитъ, что онъ рисовалъ? — Значитъ, всякую вещь можно нарисовать. Но вещь можно нетолько нарисовать, ее можно и написать. Вотъ тутъ оси нарисованы, а теперь, смотрите, я напишу оси [пишетъ слово оси на классной доскѣ]. Какъ вы знаете, что тутъ нарисованы оси, такъ всякій, кто умѣетъ читать, знаетъ, что вотъ тутъ написано оси. — Что это такое [показываетъ на модели]? Настоящія оси? (Нѣтъ, игрушечныя). А гдѣ же настоящія? (У телѣги). Итакъ у телѣги настоящія оси; это — игрушечныя оси; а это [показываетъ на рисунокъ] какія оси? (Нарисованныя). А это? Это написанныя оси. — Что такое оси? (Часть телѣги). А телѣга что такое? (Вещь.) Ну и ось вещь. А эти нарисованныя оси тоже вещи? Нѣтъ, это рисунокъ. А это — слово. Повторите: это оси вещи, это рисунокъ осей, а это слово оси. Ну теперь попробуйте и вы написать слово оси на вашей доскѣ. Чтобы вамъ легче было, я еще разъ напишу его; смотрите всѣ, какъ я буду писать это слово. — Учитель стираетъ слово оси и пишетъ его еще разъ, — крупно, медленно, затѣмъ проводитъ еще разъ указкою по всѣмъ чертамъ слова и, вызывая учениковъ по очереди къ доскѣ, заставляетъ ихъ дѣлать то же самое (*). Наконецъ всѣ ученики вмѣстѣ, съ мѣстъ своихъ, еще разъ описываютъ очертаніе слова, водя грифелемъ по воздуху, и послѣ этого только пишутъ это слово на своей доскѣ. Такъ какъ буквы о, с, и, заключаютъ въ себѣ черты, по формѣ своей уже знакомыя дѣтямъ, то едва ли кто-нибудь изъ нихъ напишетъ слово оси такъ безобразно, что его нельзя прочесть; но у всѣхъ оно будетъ написано, болѣе или менѣе, криво. — Вы всѣ написали слово оси довольно хорошо, но криво; этому надо помочь. Что сдѣлалъ на доскѣ? (Двѣ лежневыя линіи). Одну подлѣ другой? (Нѣтъ, одну подъ другой). Если между этихъ двухъ линій вписать слово оси, то оно уже никакъ не можетъ выйти криво. Смотрите какъ я напишу. — Эти двѣ линіи, между которыми написано слово оси, называются строкою. Эта называется верхнею строчною линіею, а эта нижнею строчною линіею. А чтобы строки выходили всегда равныя и совершенно прямыя, ихъ чертятъ всегда при помощи линейки; поэтому говорятъ, что строки линуются. Ну, теперь наливуйте и вы на вашей доскѣ нѣсколько строкъ, и на первой изъ нихъ напишите слово оси."

(*) Впослѣдствіи можно ограничиться вызовомъ только одного или двухъ учениковъ.

Затѣмъ, учитель объясняетъ: какъ надо линовать на аспидныхъ доскахъ.

На третій день идетъ разложеніе слова оси на звуки и буквы. Теперь вы уже гораздо лучше написали слово оси. Но нѣкоторыя части этого слова написаны еще не совсѣмъ хорошо. И слово, какъ и всякая вещь, имѣетъ части. Слово можно написать, но можно его и просто назвать или сказать. Вотъ тутъ написано слово оси; а теперь я произнесу: оси, — это сказанное или устное слово, потому что мы говоримъ ртомъ или устами. — Какое тутъ слово на доскѣ? (Писанное). Да, писанное или письменное слово. А какое это слово, когда я скажу: оси? (Сказанное, устное). Письменное слово мы можемъ видѣть, а устное слово мы можемъ слышать. Повторите это. — Попробуемъ теперь отыскать части слова оси. Слушайте, о—[протяжно и съ разстановкой] си. Сколько тутъ частей? (Двѣ). Какая первая часть? (О). А вторая? (Си). Но вы знаете, что иногда часть вещи также имѣетъ еще части. Припомните ручную кисть. Она составляетъ часть чего? — А у ручной кисти какія есть части? (Пальцы). Ну, теперь нельзя ли и обѣ части слова оси раздѣлить на части. Первая часть этого слова о [тянетъ]. Сколько тутъ частей? (Одна). Теперь слушайте, вторая часть ссси — и; сколько тутъ частей? (Двѣ). Какая первая? (Ссс). Вторая? (И). Слѣдовательно, сколько частей въ словѣ оси? (Три). Назови первую, — вторую, — третью, — вторую, — первую. Такія части устнаго слова называются звуками, потому что онѣ звучатъ. Сколько звуковъ въ словѣ оси? Какой первый звукъ, — второй, — третій? — Ну, если въ устномъ словѣ оси три части, то столько же частей должно найтись и въ письменномъ словѣ. Отыщите эти части. — Если дѣти затруднятся, то учитель стираетъ волосныя черты, соединяющія о, с, и. — Части письменнаго слова называются буквами. Сколько буквъ въ словѣ оси? Покажи первую, — вторую, третью. — А сколько звуковъ въ словѣ оси? — Назови первый звукъ, — второй, — третій. Которая же буква должна означать звукъ о? — Авукъ ссс? — А звукъ и? — Какъ звучитъ первая буква, — вторая, — третья? — Первая буква звучитъ о и называется о; третья буква звучитъ и и называется также и; а вторая буква звучитъ ссс, а называется съ. — Какъ называется эта буква? А какой звукъ она означаетъ? — Теперь напишите букву о. Какой видъ она имѣетъ? (Видъ кружка). Совершенно круглаго. Нѣтъ, продолговатаго. Что вы уже рисовали такими кружками? (Яички, сливы, листья). Напишите же букву о. — Какой видъ имѣетъ буква с? (Видъ продолговатаго полукружка). Праваго или лѣваго? (Лѣваго). Что вы рисовали такими полукружками? (Полумѣсяцъ, серпъ, лукъ). Ну, теперь напишите букву с.—А теперь напишите букву и; только посмотрите хорошенько, какъ она пишется.—Теперь напишете опять все слово оси, т. е. всѣ три буквы вмѣстѣ, въ связи".

Наконецъ, на четвертый день, идетъ разложеніе буквъ на отдѣльныя черты и писаніе ихъ. Учитель пишетъ на классной доскѣ буквы с, о, и, и спрашиваетъ учениковъ о ихъ названіи. Очень можетъ быть, что нѣкоторые первую назовутъ о, а вторую с. Въ такомъ случаѣ учитель прибѣгаетъ къ слѣдующему пріему.—Нѣкоторые изъ васъ несовсѣмъ еще хорошо различаютъ эти буквы. Я сегодня первою буквою поставилъ с, а такой-то назвалъ ее о, потому что вчера на этомъ мѣстѣ стояла о.—Я теперь произнесу звукъ о; смотрите мнѣ на ротъ: о (протяжно). Какой видъ имѣетъ мой ротъ, когда я произношу о? (Круглый). Да, видъ кружка. Такой же видъ имѣетъ и вашъ ротъ, когда вы скажете о. Которою же изъ этихъ трехъ буквъ лучше всего означить о? (Тою, которая пишется кружкомъ). Ну теперь вы запомните, которая буква о.—А кто знаетъ, какъ шипитъ змѣя? (Ссс). А какъ звучитъ буква эсъ? (Ссс). Которая изъ этихъ буквъ имѣетъ видъ змѣйки?—Гдѣ головка,—гдѣ хвостъ?—Ну, вотъ эта буква, которая похожа на змѣйку, свернувшуюся въ полукружіе, и есть буква эс. Которая буква о,—с, и?—Изъ сколькихъ частей состоитъ буква и? (Изъ двухъ). Да, изъ двухъ частей, или чертъ. Что вы рисовали этою чертою? (Удочку). Смотрите, какъ пишется эта черта: сперва прямо внизъ, а внизу закругляется вправо; такія черты мы будемъ называть отогнутыми чертами. Изъ сколькихъ чертъ состоитъ буква и? (Изъ двухъ). Изъ какихъ? (Изъ двухъ отогнутыхъ). Напишите теперь отогнутую черту; немного поодаль другую,—третью.—Теперь напишите 10 отогнутыхъ чертъ сряду, но каждую отдѣльно. Подождите, я буду считать, а вы пишите всѣ вмѣстѣ, по счету—разъ, два, три, и т. д.—Теперь напишите 10 отогнутыхъ чертъ связно: разъ, два, и т. д.—Теперь напишите 10 отогнутыхъ чертъ, соединяя ихъ попарно: разъ, два; оставить грифель: разъ, два, и т. д.—Счетъ долженъ совершаться медленно и протяжно; дѣти могутъ считать сами, разумѣется, вслухъ.—Какая вышла буква? (И). Сколько разъ вы ее написали? (5 разъ).—Изъ сколькихъ чертъ состоитъ буква с? (Изъ одной). А это что? (Головка, точка). Такъ; но мы будемъ называть ее узелкомъ. Гдѣ еще бываютъ узелки? Изъ сколькихъ частей состоитъ буква с? (Изъ двухъ). А изъ сколькихъ чертъ?—Также изъ двухъ; вѣдь узелокъ тоже черта, хотя и маленькая и круглая. Изъ какихъ чертъ состоитъ буква с? (Изъ узелка и лѣваго полукружія).

Где узелокъ въ буквѣ с: въ началѣ или въ концѣ? (Въ началѣ). Поэтому лучше сказать такъ: буква с состоитъ изъ лѣваго полукружія съ начальнымъ узелкомъ. Повторите это всѣ вмѣстѣ.—Теперь напишите букву с; сперва сдѣлайте узелокъ—разъ; потомъ лѣвое полукружіе—два. Напишите с 4 раза сряду: разъ—два, разъ—два, и т. д. Изъ какихъ чертъ состоитъ буква о? (Изъ кружка и узелка). Гдѣ узелокъ: въ началѣ или въ концѣ? (Въ концѣ). Какъ же нужно сказать? (Буква о состоитъ изъ кружка съ окончательнымъ узелкомъ). Гдѣ начинается кружокъ въ буквѣ о? Куда ведется? (Вверхъ). Вправо, или влѣво? (Влѣво). Но я могу начать кружокъ и здѣсь и повести его вправо вверхъ; это будетъ правый кружокъ. Правымъ ли кружкомъ пишется буква о? (Нѣтъ, лѣвымъ). Ну, теперь скажи, изъ какихъ чертъ состоитъ буква о.—Теперь напишите букву о: лѣвый кружокъ—разъ, узелокъ—два. Напишите еще 5 разъ: разъ—два, разъ—два и т. д. Написали вы недурно, но слишкомъ отвѣсно. Посмотрите, какъ написаны буквы на классной доскѣ,—всѣ косо. Такъ всегда пишутъ, потому что ловчѣе, особенно при скоромъ письмѣ. Напишите теперь тѣ же буквы покосѣе: сперва и [2 раза], потомъ с [2 раза], потомъ о [2 раза].—Теперь напишите слово оси.—Всѣ вы написали буквы, какъ слѣдуетъ; но многіе изъ васъ не соединили ихъ. Посмотрите на классную доску: чѣмъ соединены буквы въ словѣ оси? Эти тонкія черты называются волосными чертами. Какъ вы думаете, почему?—Такъ чѣмъ соединяются буквы въ словѣ? Ну, теперь напишите слово оси еще разъ, соедините буквы этого слова, какъ слѣдуетъ, волосною чертою".

Послѣ такого изученія писать и читать слова оси, учитель, на томъ же четвертомъ урокѣ, предлагаетъ учащимся— открыть ихъ книжку на той страницѣ, гдѣ нарисованы оси; указываетъ на это слово, изображенное печатными буквами и объясняетъ, въ чемъ состоитъ разница между печатью и рукописью. Причемъ, г. Паульсонъ считаетъ нужнымъ употребить подвижныя буквы (*). Берутся изъ ящика съ подвижными буквами о, с, и, и сравниваются съ рукописными, чтобы

(*) Для составленія подвижныхъ буквъ г. Паульсономъ изданы: „Листы буквъ большаго размѣра со всѣми употребительными знаками препинанія" Цѣна за пять листовъ, составляющихъ экземпляръ, 30 к. Наклеить на папку и разрѣзать эти листы по отдѣльнымъ буквамъ предоставляется самому учителю. Для болѣе удобнаго употребленія этихъ буквъ, г. Паульсонъ совѣтуетъ учителю— обзавестись въ классѣ доскою съ планками, на которыхъ бы можно было ставить сказанныя буквы.

выяснить хорошо разницу между тѣми и другими. Въ заключеніе, изъ подвижныхъ буквъ составляется изученное уже слово (т. е. оси), съ повтореніемъ тѣхъ же пріемовъ, какіе употреблялись при чтеніи того же слова по рукописи.

Подобнымъ же образомъ идетъ и дальнѣйшее обученье черченію, письму и чтенію другихъ словъ, помѣщенныхъ въ Первой учебной книжкѣ.

Обратимся теперь къ „**Родному Слову**" К. Ушинскаго (*). Обученье по Родному Слову, назначаемому для дѣтей отъ 7 до 9 лѣтняго возраста, распредѣляется на два курса, или года. Курсъ 1-го года состоитъ изъ азбуки и первой послѣ азбуки книжки для чтенія. Азбуку составляютъ литографированные образцы для черченія и письма (16 стр.) Здѣсь такъ же, какъ и въ книжкѣ Паульсона, изображены предметы изъ обыденной жизни для упражненія глаза и руки учащихся и предлагаются слова рукописью для совмѣстнаго обученья письму-чтенію; затѣмъ уже идетъ печать отдѣльно отъ рукописи,—что составляетъ отличіе отъ азбуки г. Паульсона. Первая послѣ азбуки книжка (стр. 107) состоитъ изъ мелкихъ статеекъ, (числомъ до 40) вполнѣ доступныхъ пониманію 7-9-ми-лѣтнихъ дѣтей и расположенныхъ по извѣстной уже намъ педагогической системѣ. Весьма удачно подобраны и размѣщены пословицы, поговорки, прибаутки, загадки, имѣющія цѣлью, между прочимъ, ознакомить учащихся съ народною рѣчью.—Во второй послѣ азбуки книгѣ помѣщено до 200 слишкомъ статей (165 стр.) Статьи эти представляютъ болѣе серьозное содержаніе, чѣмъ въ первой книжкѣ и постепенно усложняются въ объемѣ; такъ, на стр. 20 находимъ разсказъ, объясняющій довольно обстоятельно: „**Какъ руба-**

(*) Первое изданіе „Роднаго Слова" вышло въ 1864 г., въ Спб., и затѣмъ каждый годъ печатается новымъ изданіемъ и продается во всѣхъ извѣстныхъ книжныхъ магазинахъ. Родное Слово состоитъ изъ трехъ книжекъ,—двѣ книжки для учащихся (цѣна каждой 35. к.) и одна—для учащихъ (ц. 40 к). Выписывающіе заразъ не менѣе 25 экз. книжекъ для учащихся получаютъ безплатно одинъ экземпляръ книжки для учителей.

шка въ полѣ выросла;" а на стр. 49—сказку: „**Сивка-бурка**," состоящую изъ пяти страницъ. Впрочемъ, при размѣщеніи статей имѣлось въ виду нестолько ихъ объемъ и относительная серьозность, сколько вышесказанная педагогическая система. По этой системѣ, вся книга раздѣлена на три отдѣла: 1) **Вокругъ да около**, 2) **Времена года**, т. е. зима, весна, лѣто и осень), и 3) **Образцы упражненій**. Въ 1-ый отдѣлъ входятъ статьи, содержаніе которыхъ имѣетъ предметомъ окружающую учащихся среду, а именно: 1) **Въ школѣ и дома**, 2) **Комнатныя животныя**, 3) **Конюшня, скотный дворъ и птичникъ**, 4) **Огородъ и садъ**, и 5) **на улицѣ и на дворѣ**. Статьи какъ перваго, такъ и втораго отдѣла преимущественно заимствованы изъ народной литературы (сказки, преданья, пословицы, пѣсни, басни и стихотворенія Некрасова, Жадовской, Никитина, Пушкина, Крылова и пр.); кромѣ того, есть статьи, передѣланныя съ нѣмецкаго, статьи поучительнаго содержанія, письма (изъ дѣтскихъ воспоминаній), дѣтскіе разсказцы. Вообще, книга отличается богатствомъ и разнообразіемъ содержанія и необыкновенною занимательностью; въ особенности, хороши сказки, по большей части сокращенныя и передѣланныя сообразно педагогическимъ цѣлямъ; нѣкоторыя изъ нихъ придуманы самимъ г. Ушинскимъ по образцу народныхъ и, съ изданіемъ Роднаго Слова, впервые появились въ печати. Для наглядности обученія вообще и для разсказовъ изъ Священной Исторіи въ особенности, обѣ книги Роднаго Слова украшены множествомъ, хорошо выполненныхъ, картинокъ.

Кромѣ изчисленныхъ нами статей для чтенія, въ обѣихъ книгахъ Роднаго Слова помѣщены особыя упражненія, имѣющія цѣлью: 1) пріучить дѣтей къ внимательности, къ правильному произношенію словъ и къ правильному письму; и 2) развить въ учащихся способность соображенія и практически подготовить (во 2-ой книгѣ) къ обученію грамматикѣ. Въ 1-ой книгѣ Роднаго Слова сказанныя упражненія состоятъ въ слѣдующемъ: 1) предлагаются **названія предметовъ по** родамъ и видамъ, напр. названія учебныхъ предметовъ (перо, линейка, книга, и т. п.), или названія игрушекъ (мячикъ, кукла, кегли и т. п.). Учащіеся перечисляютъ сами всѣ извѣстные имъ предметы, составляющіе одинъ видъ, напр. игрушки; пріискиваютъ сами названія предметовъ, составляющихъ другой видъ, напр. учебныя вещи; затѣмъ, читаютъ въ книгѣ названія обоихъ видовъ, напечатанныхъ въ-перемежку, напр., кукла, перо, карандашъ, мячикъ, чернильница и т. п., съ тѣмъ, чтобы при каждомъ словѣ ученикъ сказалъ: что это такое—учебная-ли вещь, или игрушка? Такъ, напр., кукла—игрушка, перо—учебная вещь и т. п. 2) Предлагаются **неоконченныя фразы** (предложенія), напр. январь—зимній мѣсяцъ, а май?... Ученикъ самъ долженъ отвѣтить, что май—весенній мѣсяцъ и т. п. Такія бесѣды, безъ сомнѣнія, должны заставить учащихся быть внимательными и соображать о томъ, какъ надо отвѣтитъ на заданный вопросъ.—Во 2-ой книгѣ Роднаго Слова предлагаются слѣдующіе образцы упражненій: 1) Поговорки и пословицы, напр. „мыло сѣро и моетъ бѣло,“ или „денежки круглы—день и ночь катятся,“ съ тѣмъ, чтобы учащіеся **опредѣлили различныя качества и свойства** предметовъ, напр. цвѣтъ, форму, тяжесть, плотность и т. п., по вопросамъ. Такъ, напр., спрашивается: что бываетъ бѣлаго цвѣта? чернаго? зеленаго? и т. п.; или: какого цвѣта бываетъ шерсть у лошадей? волосы у людей? или что бываетъ жидко? густо? ломко? тяжело? легко? кисло? сладко? и т. п.; или линейка пряма; а серпъ? воскъ мягокъ, а желѣзо? и т. д.; или: какова морковь по формѣ? по цвѣту? по вкусу? каковъ мѣдный пятакъ по формѣ? по цвѣту? по плотности? по тяжести? и т. п. 2) Приводятся фразы, съ тѣмъ, чтобы учащіеся **опредѣлили противоположныя качества**, напр. Ваня прилеженъ, а Митя лѣнивъ; Лиза послушна, а Соня? (ученикъ долженъ отвѣтить: непослушна) и т. п. 3) **Замѣняется одно выраженіе другимъ**, напр. гнѣздо птицы, или птичье гнѣздо; лапа медвѣдя, или?... (медвѣжья лапа) и т. п. 4) **Предлагаются вопросы** о томъ, кто дѣлаетъ, изъ чего дѣлается, какъ дѣлаютъ, напр. домъ, столъ; къ чему служатъ столъ, домъ? и т. п. 5) Приводятся поговорки и разныя фразы, съ тѣмъ, чтобы учащіеся **опредѣлили: а) дѣйствія по временамъ**, что дѣлается напр. утромъ? (солнце восходитъ), что дѣлается вечеромъ? (солнце заходитъ) и т. п. Что дѣлаютъ напр. крестьяне лѣтомъ? что дѣлали весною? что будутъ дѣлать осенью? и т. п. б) **дѣйствія по лицамъ**, напр. дѣвочка бѣгаетъ по полю, рветъ цвѣты и ловитъ бабочекъ,—я бѣгаю по полю.... ученикъ доканчиваетъ: я рву цвѣты и ловлю бабочекъ и т. п. 5) **Къ даннымъ подлежащимъ пріискиваются сказуемыя или, на оборотъ, къ сказуемому пріискиваются подлежащія, дополненія** и т. п.; такъ, напр., берется слово „пахалъ" и спрашивается: кто пахалъ? (крестьянинъ); что пахалъ? (поле), чѣмъ пахалъ поле? (сохою) и т. п. Есть еще и другія подобныя **грамматическія упражненія** въ Родномъ Словѣ; мы указали только на болѣе существенныя.

Въ книгѣ для учащихъ г. Ушинскій предлагаетъ совѣты родителямъ и наставникамъ касательно первоначальнаго обученья вообще и обученья родному языку въ особенности, а именно: 1) *О времени начала ученья,* 2) *О предметахъ первоначальнаго обученья,* 3) *Объ организаціи первоначальнаго обученья* (т. е. о распредѣленіи времени занятій, объ ихъ продолжительности и о распредѣленіи занятій между нѣсколькими или многими учащимися, сообразно ихъ возрасту, познаніямъ и развитію), 4) *О классной дисциплинѣ* (т. е. о поддержаніи въ классѣ порядка, тишины, внимательности со стороны учащихся), 5) *О первыхъ урокахъ въ школѣ;* 6) *О значеніи отечественнаго языка въ первоначальномъ обученьи,* 7) *О нагладномъ обученьи,* 8) *О первоначальномъ обученьи грамотѣ вообще,* 9) *Объ элементарномъ письмѣ,* 10) *О звуковыхъ упражненіяхъ, приготовляющихъ къ чтенію,* 11) *О совмѣстномъ изученіи письма и чтенія,* 12) *О классныхъ разсказахъ вообще и библейскихъ въ особенности,* 13) *О первоначальномъ обученіи счету* и 14) *О первоначальномъ рисованіи.*

Изъ этого перечня видно, что г. Ушинскій не ограничивается простымъ наставленіемъ, какъ обучать дѣтей грамотѣ, т. е. чтенію и письму, по его книжкамъ: онъ болѣе или менѣе обстоятельно объясняетъ тѣ педагогическіе начала, которыя мы изложили въ X главѣ нашей книги и которыя служатъ основаніемъ для раціональнаго элементарнаго обученья. Такъ, г. Ушинскій съ полною ясностью убѣждаетъ, что настоящее систематическое обученье дѣтей не должно, безъ ущерба ихъ здоровью, начинаться раньше того времени, когда они, по своему физическому и духовному развитію, будутъ вполнѣ способны къ этому обученію; что слишкомъ позднее обученье тоже вредно, хотя не въ такой степени, какъ слишкомъ раннее, и что самою лучшею порою для начала обученья, въ большей части случаевъ, можно считать 7-8-ми-лѣтній возрастъ. Такъ, опираясь на знакомствѣ дѣтской природы, г. Ушинскій убѣдительно доказываетъ, что обученье вовсе не слѣдуетъ начинать съ азбуки; что нужно исподволь пріучать дѣтей къ сосредоточенному, серіозному труду и что первоначальныя занятія ихъ должны состоять не изъ одного, а изъ нѣсколькихъ предметовъ, постоянно смѣняющихъ другъ друга (разнообразіе и оживленность). Къ числу этихъ предметовъ относятся: наглядное обученье, письмо, рисованіе, дѣтскія работы, чтеніе, счетъ, библейскіе разсказы, пѣніе и гимнастика.

Обученье грамотѣ по Родному Слову, въ сущности, сходно съ обученьемъ по книжкѣ г. Паульсона, хотя г. Ушинскій преимущественно подражаетъ извѣстному швейцарскому педагогу **Шеру**. Какъ у Паульсона, такъ и Ушинскаго, обученье начинается съ бесѣдъ и рисованія обыденныхъ предметовъ и затѣмъ, послѣ такихъ предварительныхъ упражненій идетъ чтеніе совокупно съ письмомъ; причемъ, кромѣ общепринятыхъ звуковыхъ пріемовъ, употребляемыхъ лишь при началѣ обученья чтенію,—предлагаются еще особыя **звуковыя упражненія, приготовляющія къ чтенію** и идущія одновременно съ предварительными упражненіями въ письмѣ. Г. Паульсонъ объ этихъ упражненіяхъ вовсе не упоминаетъ.

г. Ушинскiй приписываетъ имъ особенное педагогическое значенiе, считая ихъ прекраснымъ средствомъ къ „упражненiю вниманiя цѣлаго класса" и къ оживленiю ученья.

Вотъ въ чемъ состоятъ эти упражненiя по наставленiю г. Ушинскаго.

„Оставляя учениковъ на скамьяхъ, учитель говоритъ: замѣтьте теперь, дѣти, какой звукъ я скажу — и произноситъ громко и протяжно звукъ а. Ваня! скажи тоже. Митя и т. д. Учитель требуетъ, чтобы ученики произносили звукъ громко, отчетливо, не переходя ни въ о ни въ е. Учитель. Теперь я произнесу другой звукъ — о. Повтори его ты, ты и т. д. Вотъ мы знаемъ теперь два звука: а и о. Сколько звуковъ мы знаемъ, Вася? Какой первый? какой второй? Скажите сначала первый, потомъ — второй, сначала — второй а потомъ — первый. Говорите черезъ человѣка: одинъ — а, а слѣдующiй — о! Третiй опять: о! и т. д. Первая скамейка — второй звукъ? третья скамейка — первый звукъ? и т. д. За первыми двумя звуками, учитель знакомитъ тѣмъ же способомъ съ третьимъ звукомъ — и. Когда дѣти отвѣчаютъ вѣрно, быстро, отчетливо; тогда учитель переходитъ къ новымъ упражненiямъ. Учитель. Какiе вы знаете звуки? Первый? второй? третiй? А вотъ я вамъ скажу цѣлое слово — волъ? Какой здѣсь звукъ: в, или о, или и? Воо-о-лъ. Такимъ-же точно образомъ разбираются звуки и въ другихъ подобныхъ односложныхъ словахъ, какъ напр. котъ, конь, шагъ, макъ, ершъ, чижъ и т. п. Въ томъ же порядкѣ идетъ ознакомленiе дѣтей съ остальными гласными; причемъ, слова берутся только съ одною незнакомою буквою, сначала односложныя, а потомъ — съ постепеннымъ усложненiемъ. Для этихъ упражненiй, кромѣ показанныхъ прiемовъ, предлагается еще другой, а именно: учитель задаетъ учащимся — самимъ придумывать такiя слова, гдѣ былъ бы звукъ о или звукъ а и т. д. — Когда, такимъ образомъ, учащiеся познакомятся со всѣми гласными звуками, изъ нихъ составляются слоги: аа, ея, ыя и т. д. (т. е. пишутъ и читаютъ); — затѣмъ, идутъ подобныя же упражненiя съ цѣлью ознакомленiя учащихся съ согласными звуками. Г. Ушинскiй совѣтуетъ здѣсь употребить слѣдующiе прiемы. „Знаете-ли вы, что такое ужъ? (Змѣя ползаетъ, у змѣи нѣтъ ногъ; ужъ — змѣя неядовитая, у него есть жало; онъ вылѣзаетъ грѣться на солнышкѣ и т. д.). А знаете ли вы, что такое усъ? (У кого есть усы? и т. д.). Какой слышите вы знакомый вамъ звукъ въ словѣ ужъ? А въ словѣ усъ? Странно: въ одномъ словѣ у и въ другомъ словѣ у, а одно выходитъ ужъ, а другое — усъ. На что оканчивается слово у-ж-жъ? А на что оканчивается слово у-с-съ? Вотъ мы знаемъ теперь съ вами два новые звука: жж и съ. Какъ первый? какой второй? Какой первый звукъ въ словѣ усъ? Как второй? А въ словѣ ужъ какой первый? Какой второй? А въ сл вѣ ежъ? А въ словѣ осъ? (Если дѣти не знаютъ, что такое осъ, слѣдуетъ объяснить). Вотъ вы знаете теперь два новые звук одинъ жж, а другой — ссъ. Какой изъ этихъ звуковъ въ сло ножъ? А въ словѣ носъ? А въ словѣ лужа? А въ словѣ ко А въ словѣ жаба? и т. д. Не подберете ли вы сами какого-ниб слова, гдѣ былъ бы звукъ жж? А звукъ ссъ?"—Послѣ так упражненій, наконецъ, начинается обученье чтенію и письму. Т г. Ушинскій предлагаетъ слѣдующій пріемъ. „Вотъ теперь я в скажу слово: у-с-ы. Какой здѣсь звукъ первый: ы или у? у-с-Хорошо! а послѣдній у-с-ы? А посерединѣ что? у-с-ы? Скол здѣсь звуковъ? Какой первый? Какой второй? Какой тре А въ словѣ: у-ж-и? а въ словѣ: е-ж-и? А въ словѣ: о-с-и? А словѣ: о-с-ы? Какіе изъ этихъ звуковъ вы умѣете писать? По Ваня, къ доскѣ и напиши. Ну, вотъ тутъ есть первый звукъ и т тій; а второго то и нѣтъ. Какой второй? Гдѣ онъ долженъ стоя Умѣете-ли вы его написать? Нѣтъ? Хорошо же, я васъ вы сссъ — очень нетрудная буква. Вотъ какъ она пишется. Когда ти пріучатся писать букву с, тогда учитель продолжаетъ: Ка первая буква въ словѣ осы? Напиши и ее, Ваня, на доскѣ. Ка вторая? Напиши и ее рядышкомъ, съ правой стороны. Какая т тья? Напиши и ее. Читай теперь букву за буквою. Хорошо: в теперь ты написалъ и прочелъ цѣлое слово. Напиши теперь Митя, теперь ты, Анюта, и т. д. Когда весь классъ порядочно шетъ слово осы, тогда уже учитель, безъ большаго труда, тѣмъ порядкомъ, научитъ дѣтей писать два другія слова: усы и осъ, тогда, какъ бы въ награду за успѣхъ, раздаетъ имъ азбуки, гдѣ д найдутъ уже много знакомаго и могутъ уже прочесть три слова.

Мы показали, какъ ведется первоначальное обученье обще и обученье чтенію-письму въ особенности по учебника І. Паульсона и К. Ушинскаго. Не смотря на близкое сх ство методовъ обученья того и другаго, между ними усматр вается, однако, одно рѣзкое различіе. Кромѣ вышеизло ныхъ звуковыхъ упражненій, несоставляющихъ, впрочемъ, с щественныхъ отличій метода, способъ г. Ушинскаго, главны образомъ, разнится отъ способа г. Паульсона въ томъ, первые уроки обученья чтенію по Родному Слову идетъ пр мущественно синтетическимъ путемъ, а по Первой Учебной Книжкѣ наоборотъ, аналитическимъ. По Ушинскому, учащіеся приступаютъ къ чтенію и письму слова **осы**, познакомившись уже предварительно со всѣми тремя звуками въ отдѣльности; они уже раньше писали всѣ гласныя буквы; теперь имъ остается научиться писать одну букву (**с**) и, затѣмъ, всѣ буквы, какъ звуки (по произношенію) и какъ знаки (по очертанію, письму), имъ знакомы; изъ этихъ трехъ элементовъ (частей) составляется цѣлое слово (осы). Но Паульсону же, пишется и читается цѣлое слово заразъ (слово **оси**), затѣмъ, оно анализируется: разбивается на части, т. е. звуки и знаки; знаки же (письменныя буквы) въ свою очередь разбираются по своимъ составнымъ частямъ. Такой пріемъ можно бы считать несовсѣмъ соотвѣтствующимъ вышеизъясненнымъ нами педагогическимъ началамъ. Но дѣло тутъ въ томъ, что учащіеся приступаютъ къ анализу слова оси послѣ достаточной подготовки: они предварительно упражнялись въ письмѣ элементовъ, составляющихъ слово оси, и анализировали предметъ имъ вполнѣ знакомый и доступный чувственному воспріятію (бесѣды и рисовка осей); теперь они знакомятся съ неизвѣстнымъ (съ словомъ оси) помощью сравненія съ извѣстнымъ (съ рисункомъ оси). Слѣдовательно, это такой пріемъ, который, въ сущности, не противорѣчитъ природѣ дѣтей, хотя, съ другой стороны, онъ можетъ показаться неестественнымъ, слишкомъ искусственнымъ, если учитель не съумѣетъ съ нимъ совладать; тогда, разумѣется, весьма серіозное дѣло можетъ превратиться въ весьма смѣшное,—какъ объ этомъ, нѣсколько лѣтъ тому, уже замѣтили нѣкоторые наши педагоги, лично наблюдавшіе обученье у нѣмцевъ по способу Фогеля-Бёме. Но зато въ руководствѣ г. Паульсона такъ обстоятельно (гораздо подробнѣе, чѣмъ у г. Ушинскаго) изложенъ весь ходъ обученья грамотѣ, что всякій учитель вполнѣ можетъ усвоить сказанный способъ, если только онъ захочетъ потрудиться надъ основательнымъ его изученіемъ.

XV.
Обученье чтенію по книжкѣ автора.

Познакомивъ читателя съ методами І. Паульсона и Ушинскаго, признавая ихъ учебники самыми лучшими изъ всѣхъ вышедшихъ до сихъ поръ въ этомъ родѣ книгъ, и отъ души желая распространенія этихъ способовъ по всѣмъ концамъ Россіи, я долженъ теперь приступить къ изложенію своихъ собственныхъ взглядовъ и пріемовъ, которыхъ я держался при составленію своей книжки „**Первоначальное обученье письму и чтенію.**"

Издавъ впервые въ 1862 г., въ Петербургѣ, эту книжку я тогда же напечаталъ, подъ тѣмъ же заглавіемъ, и коротенькое руководство, считая необходимымъ познакомить учителей съ тѣмъ способомъ обученья, который въ то время былъ у насъ еще **новъ**, т. е. почти совсѣмъ неизвѣстенъ. При этомъ я высказалъ свой взглядъ на нѣкоторыя, болѣе извѣстныя у насъ азбуки, и кое-какіе совѣты по первоначальному обученью вообще. Это былъ первый и—въ сравненіи съ тѣмъ, что нынче сдѣлано гг. Паульсономъ и Ушинскимъ—ничтожный литературный опытъ, удостоившійся тогда одобренія лишь по совершенной скудости хорошихъ руководствъ для первоначальнаго обученья. Поводомъ къ составленію сказанныхъ книжекъ послужило слѣдующее обстоятельство. Въ 1861 году я случайно былъ вынужденъ заняться обученьемъ грамотѣ дѣвочекъ-сиротъ въ одномъ изъ вновь открывшихся провинціальныхъ пріютовъ. Такъ-какъ этотъ пріютъ не обладалъ достаточными средствами и, на первыхъ порахъ, въ немъ не было даже самыхъ необходимыхъ учебныхъ пособій, то я сталъ придумывать такой способъ обученья, помощью котораго можно бы было обойтись даже безъ азбукъ и прописей. Дѣло было довольно затруднительное, такъ-какъ способъ обучать чтенію посредствомъ письма мнѣ былъ извѣстенъ лишь теоретически (изъ книгъ); но никогда ни самъ я не пробовалъ этого способа и не видѣлъ, какъ другіе опытные преподователи выполняютъ его на практикѣ. Я принялся за обученье слѣдующимъ образомъ.

Распорядившись, чтобы въ классѣ была обыкновенная черная доска, а у ученицъ — аспидныя досчечки съ грифелями, я началъ свое преподованіе съ письма буквы **о** на сказанной доскѣ, объясняя, что эта буква выговаривается такъ-то и что писать ее легко, потому-что она изображаетъ кружокъ, предметъ имъ очень хорошо извѣстный. Дѣвочки смотрѣли и, подражая мнѣ, писали то же на своихъ досчечкахъ. Когда онѣ, послѣ повторенія нѣсколько разъ, написали довольно порядочно букву **о**, я продолжалъ: если къ этой буквѣ, съ правой стороны, прибавимъ палочку съ крючкомъ внизу, (L), то выйдетъ другая буква, которая называется **а**. По изученіи этой буквы, мы писали букву **м**, точно такимъ же образомъ, какъ и первыя двѣ буквы; замѣчу, что букву **м** я произносилъ, не придерживаясь звуковыхъ пріемовъ. Затѣмъ, мы сряду приступили къ чтенію по слѣдующему пріему. Вы уже знаете, говорилъ я, обращаясь къ ученицамъ, три буквы; изъ нихъ мы можемъ составить цѣлое слово; намъ довольно на первый разъ даже двухъ буквъ: напишемъ еще разъ букву **м** и прибавимъ къ ней букву **а**, что выйдетъ, если читать обѣ буквы вмѣстѣ. Дѣвочки, разумѣется, отвѣчали: **м** (эмъ) **а** — **эма**, вмѣсто **ма**. Все шло хорошо; теперь же, когда дошло дѣло до сочетанія согласныхъ съ гласными, я былъ поставленъ въ немалое затрудненіе, — какъ тутъ извернуться? Хотя мнѣ и извѣстно было теоретически обученье по звуковому способу; но я затруднялся самъ выговорить букву **м** чистымъ звукомъ, т. е. безъ примѣси звука гласной э. Я сталъ пробовать и — ничего не выходило, только разсмѣшилъ ученицъ. И, поэтому, я продолжалъ свое дѣло такъ, какъ началъ: я произносилъ **м** (эмъ) **а** — **ма** и ученицы повторяли за мною. Мы повторили другой разъ слогъ **ма** и вышло **мама**. Я выбралъ на первый разъ это слово именно потому, что, изучивъ всего двѣ буквы только, ученицы сейчасъ писали и читали безъ малѣйшаго затрудненія цѣлое слово и сряду могли видѣть на дѣлѣ пользу обученья. Такъ кончился первый урокъ, и первый опытъ обученья по новому способу. Я могъ успокоить себя, по-крайней-мѣрѣ, тѣмъ, что часъ ученья не прошелъ даромъ: постоянно занятыя попеременно то письмомъ, то произношеніемъ буквъ, слоговъ и цѣлаго слова, дѣвочки не скучали; онѣ могли нетолько прочитать, но и написать цѣлое слово и были вполнѣ довольны. Слѣдующіе уроки продолжались такимъ же порядкомъ, какъ и первый. На каждомъ урокѣ повторялось уже заученное, вновь заучивались двѣ-три буквы, какъ гласныя, такъ и согласныя, и составлялись изъ нихъ слова, какъ-то: у-хо, у-ха, э-хо, му-ха, са-ма, са-ло, су-хо, се-ло и т. п. Такимъ образомъ, постоянно прибавляя къ заученнымъ уже буквамъ все новыя и новыя и упражняясь одновременно въ произношеніи и письмѣ буквъ, слоговъ и въ чтеніи все болѣе и болѣе трудныхъ словъ, мы прошли почти всю азбуку, исключая только тѣ буквы, которыя составляютъ особенности языка, а именно: і, й, ѣ, ѳ, ъ, ь. Причемъ, я избѣгалъ такихъ словъ, для правильнаго произношенія которыхъ требуются нѣкоторыя грамматическія объясненія, какъ напр. такихъ, гдѣ о безъ ударенія читается за а, ё — за іо, или такихъ, гдѣ слоги аго, его читаются за ова, ево и т. д. При такой разборчивости въ прінсканіи словъ устранились тѣ затрудненія, какія неизбѣжно и понапрасну влекли бы за собою толкованія, напр. о томъ, что такое слогъ, удареніе и т. п. Съ другой стороны, это-то упрощеніе давало возможность требовать отъ ученицъ, чтобы онѣ съ самаго начала пріучались — каждую отдѣльную букву и каждый слогъ произносить совершенно правильно, — чего нельзя бы было достигнуть, если бы напр. пришлось читать слова: вода, лёнъ, моего и т. п. Кромѣ этихъ упрощеній, я старался постоянно поддерживать вниманіе и самодѣятельность ученицъ, разнообразя и облегчая первые уроки чтенія посредствомъ слѣдующихъ пріемовъ: 1) Предлагалось ученицамъ — самимъ прочесть новое для нихъ слово, составленное изъ знакомыхъ имъ буквъ. Такъ, когда онѣ уже писали и читаи слова **ухо** и **эхо**, написавъ на доскѣ слово **ухо**, я говорилъ ученицамъ: этого слова вы еще не читали; но всѣ буквы, въ которыхъ оно состоитъ, вамъ уже извѣстны: попробуйте же сами прочесть. Ученицы не могли прочесть, и потому я продолжалъ: припомните, въ какомъ словѣ вы писали и читали букву **у**? (Въ словѣ **уха**). А въ какомъ словѣ вы произносили звукъ **хо**? (Въ словѣ **эхо**). Вотъ видите, въ этомъ словѣ (т. е въ словѣ **ухо**) тѣ же звуки: **у** и **хо**; что же выйдетъ, если ихъ прочесть вмѣстѣ? (Ухо). А что такое ухо? У кого есть ухо или уши? 2) Отъ изученнаго слова, напр. **дочка**, мы производили рядъ новыхъ словъ, замѣняя въ этомъ словѣ одну букву на другія. Такъ, букву **д** мы замѣняли буквами **б, к, н, п** и получали слова бочка, кочка, ночка, почка, или въ словѣ **почка** букву **о** замѣняли буквами **а, е**, и получали слова пачка, печка и т. п. Тутъ, разумѣется, я предлагалъ слѣдующіе вопросы: что выйдетъ, если въ словѣ дочка, вмѣсто буквы **д**, поставимъ букву **б**? А если, вмѣсто **б**, поставимъ **к**? и т. д. И 3) такимъ же образомъ, отъ двухъ изученныхъ словъ, напр. **сама** и **село**, мы брали слоги **са** и **ло** и составляли новое слово сало, и т. п.

Черезъ два мѣсяца обученія мои ученицы умѣли писать почти всѣ строчныя буквы и изъ различныхъ сочетаній гласныхъ съ согласными составлять удобопонятныя и легкія слова. Во все это время, намъ приходилось бороться съ тѣми затрудненіями, какія всегда встрѣчаются при обученіи безъ звуковыхъ пріемовъ. Затрудненія эти вскорѣ устранились, когда можно уже было приступить къ объясненію разницы между гласными и согласными. Тогда ученицы поняли, отчего, напр., б, а составляютъ слогъ **ба**, а не **бея** и т. п. Изученіе чтенія шло все легче и легче. Тутъ было указано и на знаки ъ и ь и объяснено ихъ значеніе помощью сравненій такихъ напр. словъ: жесть и жесть, данъ и дань, далъ и даль, пылъ и пыль, шестъ и шесть и т. п. Помощью подобныхъ же сравненій объяснялась разница въ произношеніи полугласной **й** и гласной **и**, напр., въ словахъ **слой** и **слои**, **рой** и **рои** и т. п. Причемъ, исподволь предлагались и другія слова, представляющія особенности языка, какъ напр., гора, вода, лёнъ мытьё, желѣзо, бѣлье, гнѣзда, сѣдла, и т. п. Для большей занимательности и, вмѣстѣ съ тѣмъ, для удобства объясненій этихъ особенностей, я составлялъ для письма и чтенія фразы, выбирая для этого слова частью уже заученныя, частью новыя, въ родѣ такихъ напримѣръ: „Холодная вода здоровое питьё;" — „На небѣ тучи" или „Бѣльё моется въ рѣкѣ;" (вода, питьё, небо, тучи, бѣльё, рѣка — все это были знакомыя слова). Рядомъ съ этимъ начиналось письмо и прописныхъ буквъ; причемъ, нетрудно уже было указать и на ихъ отличіе отъ строчныхъ какъ по очертанію (письму), такъ и по значенію (употребленію).

Прошли еще два мѣсяца на такихъ занятіяхъ и мы приступили къ чтенію печати. Этотъ переходъ, разумѣется, не представлялъ ничего новаго, такъ-какъ, исключая только двѣ-три буквы, а именно: г, д, т, — остальныя печатныя буквы или совсѣмъ схожи, или мало отличаются отъ рукописныхъ. Посредствомъ сравненія тѣхъ и другихъ буквъ эти отличія сейчасъ же были замѣчены ученицами и легко ими усвоены. Тутъ нетолько не встрѣтилось, но и не могло встрѣтиться никакихъ затрудненій. Трудности, все еще представлявшіяся на этой степени обученья, происходили вовсе не отъ перемѣны шрифта, а отъ того, что дѣвочки еще не успѣли вполнѣ овладѣть механизмомъ различныхъ сочетаній гласныхъ съ согласными: тѣ изъ нихъ, которыя были постарше, напр. 9—11 лѣтъ, читали, хотя и медленно, но ровно и почти безъ остановокъ; младшія же, т. е. 6—8 лѣтъ, разбирали слова, останавливаясь на многихъ, болѣе трудныхъ, складахъ. Болѣе успѣшному обученью много мѣшало то обстоятельство, что у моихъ ученицъ все еще не было такихъ книжекъ, которыя сколько-нибудь удовлетворяли бы педагогическимъ требованіямъ при первоначальномъ чтеніи: такъ, у одной дѣвочки былъ Псалтырь, у другой — какой-то старинный букварь, у третьей — „Сельскія Бесѣды для народнаго чтенія" (изд. 1843 г.) и т. п. При такихъ условіяхъ, разумѣется, нельзя быдо соблюсти никакой постепенности при переходѣ отъ простаго къ болѣе сложному какъ по отношенію къ отдѣльнымъ словамъ, такъ и по отношенію къ цѣлымъ предложеніямъ, которыя приходилось читать дѣвочкамъ и въ расположеніи которыхъ не могло быть никакой системы, имѣющей въ виду степень развитія и знанія учащихся. И самое чтеніе было, по большей части, **механическое**, т. е. безъ надлежащихъ объясненій и разбора словъ и мыслей (предложеній). Такое занятіе, имѣвшее главною цѣлью—одно внѣшнее усвоеніе механизма всевозможныхъ сочетаній гласныхъ съ согласными, не могло быть продолжительно: ученицы скоро начали бы тяготиться этою скучною работою, если бы она не оживлялась письмомъ, которое шло въ перемежку съ чтеніемъ. Для письма я отчасти выбиралъ болѣе легкія выраженія изъ читаемыхъ книжекъ, отчасти самъ придумывалъ фразы, имѣя въ виду нетолько упражненіе глаза и руки, но и ознакомленіе ученицъ съ правописаніемъ. И, поэтому, я обращалъ особенное вниманіе ученицъ на такія напр. слова: **всё, всѣ, ея, её, цѣпъ, цѣпь, его, своего, сѣлъ, съѣлъ, ѣхать, съѣхать, ледъ, льетъ, родъ, ротъ** и т. п. Эти и тому подобныя слова я диктовалъ почаще, при каждомъ удобномъ случаѣ. Письмо подъ диктовку фразъ, въ родѣ слѣдующей: „Ѳедя взлѣзъ на ель и сайку съѣлъ,“ очень занимало ученицъ. Эти занятія по временамъ разнообразились еще другими занятіями, а именно: 1) ученицы списывали подъ диктовку легкія стихотворенія и, послѣ разбора и объясненія моего какъ отдѣльныхъ словъ такъ и цѣлыхъ предложеній, заучивали наизусть; и 2) онѣ составляли коротенькія письма по ихъ собственному выбору содержанія и по моему указанію, въ чемъ оно можетъ заключаться въ подобнаго рода сочиненіяхъ.

Вотъ весь ходъ обученья, продолжавшагося, по изложенному способу, около восьми мѣсяцевъ. По произведенному къ этому времени испытанію, оказались слѣдующіе результаты: 1) Старшія дѣвочки читали плавно и свободно, съ наблюденіемъ знаковъ препинанія, и писали подъ диктовку почти безъ ошибокъ; 2) младшія же читали, хотя и несовсѣмъ свободно, но довольно плавно и, что главное, читали ровно, безъ запинокъ, и могли писать цѣлыя фразы безъ грубыхъ ошибокъ, такъ, напр., онѣ написали: „Сегодня мы ѣздили въ поле и тамъ нашли много цвѣтовъ" совершенно правильно; онѣ не соединили даже предлога въ съ словомъ поле,—что постоянно случается съ обучавшимися чтенію безъ посредства письма. Попечительница заведенія была въ восторгѣ и никакъ не хотѣла вѣрить, что дѣвочки прочли и написали незаученныя изусть страницы. Я это предвидѣлъ и, кстати, запасся книгами, которыхъ мои ученицы даже и не видѣли никогда. Онѣ читали и по этимъ книгамъ точно такъ же, какъ и по книжкамъ, бывшимъ у нихъ на рукахъ.

Итакъ, успѣхи моихъ ученицъ были значительны. Но этимъ онѣ были обязаны не мнѣ, а своему собственному усердію, да усердію начальницы заведенія, трудившейся гораздо больше, чѣмъ я. Моя же заслуга была незначительна, если не ничтожна, и состояла лишь въ томъ, что я полюбопытствовалъ прочесть нѣсколько книгъ и статей по первоначальному обученію и свои скудныя знанія приложилъ къ дѣлу, удѣляя на преподаваніе въ пріютѣ всего три часа въ недѣлю, и столько же времени—на приискиваніе словъ и фразъ и списываніе ихъ на особые листки, которые служили для дѣвочекъ образцами, въ видѣ такъ-называемыхъ прописей. Эти листки, черновыя которыхъ сохранились у меня на рукахъ, подали мнѣ первую мысль—составить изъ нихъ книжку для первоначальнаго обученья по вышеизложенному мною способу. По тщательномъ разсмотрѣніи этихъ листковъ, и по обсужденіи всего хода моего преподаванія, я пришелъ къ тому убѣжденію, что, хотя нѣкоторые мои пріемы были далеко не педагогичны, но успѣхи дѣвочекъ превзошли мои ожиданія главнымъ образомъ отъ того, что обученье чтенію шло совкупно съ письмомъ, или, вѣрнѣе, письмо служило средствомъ къ изученію чтенія. Я видѣлъ на дѣлѣ, какъ письмо привлекало вниманіе моихъ ученицъ, какъ оно сглаживало и, такъ сказать, поглощало въ себя тѣ несообразности и трудности, какія встрѣчаются, на первыхъ порахъ, при сочетаніи гласныхъ съ согласными безъ звуковыхъ пріемовъ. Я видѣлъ, что этотъ способъ, по своей простотѣ и незатѣйливости, весьма удобенъ и легокъ для выполненія всякимъ, даже мало способнымъ, учителемъ. Я видѣлъ, наконецъ, что обученье чтенію посредствомъ письма, при всѣхъ недостаткахъ моего преподаванія, представляло слѣдующія, значительныя, выгоды:

1) Одновременное упражненіе глаза, руки и памяти приводитъ въ полную дѣятельность всѣ способности дитяти: при письмѣ напряженіе органа зрѣнія усиливается и впечатлѣнія, образы воспринимаются дитятею свободнѣе и отчетливѣе. Отчего-то звуки, которые дитя само изобразило въ письмѣ, легче имъ усваиваются и удерживаются въ памяти, чѣмъ звуки, запечатлѣвшіеся лишь при помощи органа слуха. По закону ассоціаціи идей, тутъ одинъ образъ вызываетъ другой и дѣятельность духовныхъ способностей приходитъ въ большее напряженіе. Такъ, если звуковой образъ, напр. буквы а, изгладился изъ головы дитяти, но въ то же время этотъ звукъ оно умѣетъ изобразить въ письмѣ, то образъ, воспринятый зрѣніемъ, легко можетъ возобновить образъ звука, воспринятый слухомъ: итакъ, письмо буквъ помогаетъ запомнить ихъ звуки.

2) Соединеніе физическаго труда съ умственнымъ, т. е. къ напряженію памяти присоединеніе механизма письма, значительно разнообразитъ и оживляетъ первые уроки чтенія, обыкновенно скучные, и въ особенности тогда, когда учитель, по неспособности или незнанію, одновременно съ обученьемъ чтенію не ведетъ никакихъ бесѣдъ съ учащимися.

3) Письмо нетолько представляетъ широкій просторъ для разнообразія пріемовъ съ цѣлью — облегчить изученіе чтенія, но и даетъ, вмѣстѣ-съ-тѣмъ, богатый матеріалъ какъ для упражненія мыслительныхъ способностей учащихся, такъ и для легчайшаго усвоенія ими ореографической правильности языка.

4) При обученіи чтенію посредствомъ письма, учащіеся

вырабатываютъ хорошіе навыки: они привыкаютъ къ сосредоточенности и къ отчетливому произношенію словъ и трудныхъ выраженій; читаютъ неторопливо, внимательно и ровно.

5) О другихъ выгодахъ, соединенныхъ съ обученьемъ по этому способу, какъ-то: о поддержаніи любознательности и пріохоченіи дѣтей къ ученью, я уже имѣлъ случай говорить раньше; и здѣсь я упоминаю объ этомъ только для соображеній читателя, при полной оцѣнкѣ преимуществъ сказаннаго способа предъ другими.

6) При такихъ педагогическихъ условіяхъ, болѣе всего содѣйствующихъ къ возбужденію въ учащихся самодѣятельности и постоянно поддерживающихъ ихъ любознательность, обученье чтенію посредствомъ письма не можетъ не представлять большихъ выгодъ и относительно сокращенія времени, какое требуется обыкновенно для пріобрѣтенія грамотности. Относительная успѣшность въ изученіи чтенія, какъ само собою разумѣется, зависитъ отъ разныхъ причинъ, какъ-то: отъ возраста и способностей дѣтей, отъ опытности и старательности учителя, отъ численности учащихся и, **болѣе всего — отъ выбора метода, а менѣе всего — отъ времени посвящаемаго каждодневно на обученье.** Такъ, при раціональномъ методѣ, въ одинъ часъ занятій дѣти больше успѣютъ, чѣмъ въ два-три часа при безтолковомъ обученьи. Положимъ, что извѣстное число дѣтей обучалось чтенію безъ посредства письма, хоть бы и по новѣйшему способу, т. е. по такъ называемому звуковому, и положимъ, что эти дѣти черезъ пол-года научились порядочно читать, но не умѣютъ еще писать. Можно навѣрно сказать, что тѣ же дѣти впродолженіе того же времени научатся нетолько читать лучше, но еще и писать, если обученье начнется съ письма и, затѣмъ, чтеніе пойдетъ совокупно съ письмомъ. Наблюденія и опытъ положительно удостовѣряютъ, что успѣхи въ изученіи чтенія нетолько не замедляются, но еще ускоряются письмомъ: ибо если послѣднее, повидимому, и мѣшаетъ безостановочному чтенію, отнимая извѣстную долю времени, то, вмѣстѣ-съ-тѣмъ, и помогаетъ

...льнѣе дѣйствуя на впечатлительность учащихся по выше-объясненнымъ причинамъ и, главнымъ образомъ, по тому, что такое разнообразіе въ занятіяхъ дѣлаетъ трудъ болѣе занимательнымъ и менѣе утомительнымъ.

Эти убѣжденія возбудили во мнѣ желаніе — содѣйствовать, по возможности, распространенію испытаннаго мною на дѣлѣ способа обученья грамотѣ. Принявшись за составленіе книжки для учащихся и руководства для учителей, я счелъ необходимымъ познакомиться со всѣмъ тѣмъ, что у насъ было сдѣлано еще до меня по части обученья по выше-изложенному способу. Оказалось, что у насъ не было ни одной азбуки, составленной по этому способу, кромѣ „**Букваря для соединнаго обученія чтенію и письму**" I. Паульсона. Но, какъ я уже выше сказалъ, г. Паульсонъ не напечаталъ никакого наставленія, какъ обучать по его букварю. И, поэтому, при составленіи книжекъ, мнѣ пришлось руководствоваться лишь собственными наблюденіями и опытомъ. По разсмотрѣніи букваря г. Паульсона, я замѣтилъ въ немъ большое сходство съ составлявшеюся мною книжкою; даже въ подборѣ словъ для первыхъ уроковъ чтенья не видно было принаровленія къ звуковымъ пріемамъ, хотя, вѣроятно, г. Паульсонъ считалъ ихъ вовсе не лишними. Существенное же различіе между книжками его и моею составляло то, что первые уроки обученья чтенью я предлагалъ въ одномъ рукописномъ текстѣ, который, вмѣстѣ-съ-тѣмъ, долженъ служить и образцомъ для письма; у г. Паульсона же, рядомъ съ рукописью, или тѣ же слова и фразы печатнымъ шрифтомъ. Это я счелъ и нынче считаю за недостатокъ: потому-что не вижу никакой надобности усложнять первые уроки обученья чтенію, которое и безъ того всегда представляетъ для маленькихъ дѣтей немало труда, дѣлающагося посильнымъ лишь при всевозможныхъ упрощеніяхъ. Это убѣжденіе получило еще бо́льшую силу съ появленіемъ „Роднаго Слова" г. Ушинскаго, въ которомъ тоже, какъ и въ моей книжкѣ, предлагается только одинъ рукописный шрифтъ.

Въ концѣ того же 1862 г., когда я издавалъ „Первоначальное обученье письму и чтенію," я занялся разсмотрѣн[іемъ] всѣхъ букварей и, вообще, всѣхъ книгъ, касающихся первоначальнаго обученья, вышедшихъ до этого времени, и напечата[лъ] нѣсколько статей по этому предмету въ Журн. Мин. Нар. Пр[о]свѣщенія. При такомъ ближайшемъ теоретическомъ изуч[еніи] дѣла, мнѣ не трудно было замѣтить тѣ недостатки, котор[ыхъ] я не съумѣлъ избѣгнуть въ своемъ преподаваніи въ при[...]. Преподаваніе мое, въ-особенности, страдало отсутствіемъ [на]глядности и предварительныхъ упражненій, подготовляющи[хъ] глазъ и руку учащихся къ письму. На первомъ урокѣ я п[ро]бовалъ-было чертить кружки и линіи; но замѣтилъ, что [...] ученицы неохотно занимаются этимъ дѣломъ. По соверш[ен]ной неподготовленности, я счелъ себя неспособнымъ къ [это]му занятію; почему, я сейчасъ же его оставилъ и прин[ялся] прямо за письмо буквъ. Чтобы это занятіе не было скуч[нымъ] для дѣтей, требуется со стороны преподавателя извѣстный [на]выкъ и умѣнье; причемъ, необходимо вести и оживленн[ыя бе]сѣды. На это-то я и обратилъ вниманіе въ своей книжкѣ [для] учителей и привелъ въ ней даже нѣкоторые образцы нагля[д]наго обученья. Что же касается звуковыхъ пріемовъ, то [въ] то время я считалъ ихъ неудобоисполнимыми; и хотя вовсе [не] отрицалъ ихъ пользы, но оставался при томъ убѣжденіи, [что] не всякій учитель способенъ выполнить какъ слѣдуетъ [эти] пріемы; дурное же выполненіе ихъ—можетъ служить лиш[ь] потѣху дѣтямъ. И, поэтому, относительно усвоенія учащим[ися] сочетаній гласныхъ съ согласными, въ своей книжкѣ я [не из]мѣнилъ взглядовъ и изложилъ въ ней тѣ же пріемы, какихъ [я] придерживался на практикѣ.

Въ-послѣдствіи мнѣ пришлось поближе познакоми[ться] съ нѣмецкими методами и увидѣть практическое выпол[не]ніе звуковыхъ пріемовъ хорошими преподавателями: тогд[а я] самъ дѣлалъ вновь кое-какіе опыты и убѣдился, что это д[ѣло] далеко не такъ трудно, какъ оно мнѣ показалось съ перв[аго] разу. Мой первый опытъ былъ неуспѣшенъ, главнымъ об[разомъ] томъ, потому, что я выбралъ для самаго начала весьма неудачное слово, **мама**, въ которомъ согласную губную букву **м**, дѣйствительно, трудно выговорить чистымъ звукомъ. Если же для первыхъ опытовъ, всегда представляющихъ болѣе трудностей чѣмъ послѣдующіе, вмѣсто губныхъ буквъ, взять шипящія **ж, ч, ш, щ**, или гортанныя **г, к, х**, или, еще лучше, язычныя **с и ц**, то звуковое ихъ произношеніе довольно легко, въ особенности при томъ пріемѣ, какой я объяснилъ выше, говоря о руководствахъ гг. Ященка, Паульсона и Ушинскаго, т. е. при сравненіи буквенныхъ звуковъ съ какими-либо другими, уже знакомыми для дѣтей изъ жизни, звуками, какъ напр. звукъ буквы ч—ччч..... съ чиликаньемъ птенцовъ. И, поэтому, руководствуясь такимъ убѣжденіемъ, провѣреннымъ на опытѣ, въ новыхъ изданіяхъ „Первоначальнаго обученья письму-чтенію" (2-ое изд. въ 1864 г.), я сдѣлалъ значительныя измѣненія, и преимущественно, въ текстѣ первыхъ уроковъ, для которыхъ нужно было подобрать слова, удовлетворяющія заразъ нѣсколькимъ требованіямъ, трудно совмѣстимымъ вмѣстѣ. Требованія эти заключаются въ томъ, чтобы первые уроки были составлены изъ такихъ удобопонятныхъ по своему значенію словъ, которыя нетолько не представляютъ никакихъ грамматическихъ особенностей, но въ то же время состоятъ изъ буквъ легкихъ, по своему очертанію, для письма и нетрудныхъ, по своему звуку, для чистаго звуковаго произношенія. Мнѣ удалось вполнѣ удовлетворить всѣмъ этимъ условіямъ въ подобранныхъ мною словахъ: **очи, оси, уши, учи**, съ которыхъ и начинается обученіе; слѣдующія, затѣмъ, слова, какъ-то: **папа, пиши, лучи, лапа, пила, шило** и т. д. не совсѣмъ удобны, такъ-какъ входящія въ составъ ихъ согласныя **п** и **л** довольно трудны для звуковаго произношенія. Но эти слова предлагаются уже на второмъ или третьемъ урокѣ; притомъ, мнѣ никакъ неудалось присрать другихъ словъ, болѣе удобныхъ для этой цѣли и, вмѣстѣ-съ-тѣмъ, удовлетворяющихъ другимъ вышеобъясненнымъ требованіямъ. И, поэтому, текстъ первыхъ уроковъ я оставилъ безъ измѣненія и въ послѣднемъ изданіи „Первоначальнаго обученья." У гг. Ушинскаго и Паульсона для первыхъ уроковъ предлагаются слѣдующія слова: у Ушинскаго—**оси, усы, осы, ели, ива, уши, лей, шея** и т. д.; у г. Паульсона—**оси, сани, дуга, рама, чаша, пиши, чини, дичь** и т. д. Здѣсь тоже встрѣчаются буквы, трудныя для звуковаго произношенія, какъ напр. **л** (въ словѣ **ели**) или **н** (въ словѣ **сани**). Впрочемъ, это не представляетъ особенной важности неудобство, такъ-какъ, раньше или позже, всетаки необходимо познакомить учащихся со всѣми согласными буквами; притомъ, нельзя требовать того, что почти невыполнимо; устраненіе одного неудобства влечетъ за собою другое; такъ, напр. замѣна буквы, трудной для звуковаго произношенія, на болѣе легкую, положимъ **н**—на **ж**, представитъ своего рода трудности для письма.

Показавъ сходство текста, предлагаемаго мною для первыхъ уроковъ обученья письму-чтенью, съ такимъ-же текстомъ, предлагаемымъ въ Родномъ Словѣ и въ Первой учебной книжкѣ, затѣмъ, я считаю излишнимъ здѣсь излагать еще пріемы обученья собственно письму-чтенью по моей книжкѣ. Весь ходъ этого обученья, кромѣ звуковыхъ пріемовъ, остается такимъ же, какого я придерживался въ своемъ преподаваніи въ пріютѣ. О предварительныхъ же упражненіяхъ и объ обученьи письму, а равно о бесѣдахъ съ учащимися и о наглядномъ обученьи, я буду говорить дальше въ особыхъ главахъ. Что же касается звуковыхъ пріемовъ, то я долженъ сказать, что не могу ничего предложить лучше того, что предлагаютъ гг. Ященко, Ушинскій и Паульсонъ и съ чѣмъ я уже достаточно ознакомилъ читателя. Впрочемъ, хотя къ „Первоначальному обученью письму-чтенію" легко могутъ быть примѣнены всѣ тѣ пріемы, которые предлагаются гг. Ушинскимъ и Паульсономъ,—тому, кто пожелаетъ заняться обученіемъ по моей книжкѣ, я бы не совѣтовалъ вполнѣ придерживаться этихъ пріемовъ по слѣдующимъ причинамъ. Звуковыя упражненія г. Ушинскаго скоро могутъ надоѣсть учащимся, не смотря на увѣренія г. Ушинскаго, что они очень занимаютъ дѣтей. Можетъ быть, это и вѣрно, но вѣрно только въ такомъ случаѣ, когда такими упражненіями будутъ заниматься такіе же даровитые учителя, какъ Шерръ. Но, во всякомъ случаѣ, даже и при блестящемъ выполненіи этихъ пріемовъ, они сдѣлаются скучными и безполезными, если ими будутъ заниматься дольше двухъ-трехъ дней, потому-что эти упражненія—не даютъ никакой пищи дѣтской любознательности; усвоеніе же дѣтьми буквенныхъ звуковъ достигается исподволь при изученіи чтенія, что гораздо проще и естественнѣе. Не желалъ бы я также, что бы дѣти прежде читали все слово, напр. оси, а потомъ изучали буквы, составляющіе это слово,—какъ это предлагается г. Паульсономъ. Можетъ быть, и тотъ и другой пріемъ въ рукахъ остроумнаго учителя вполнѣ удовлетворитъ требованіямъ дѣтской природы; но—главное дѣло тутъ—хорошее выполненіе. И, поэтому, я никому ни совѣтую и ни отсовѣтываю **безусловно**—держаться или не держаться этихъ пріемовъ, предоставляя выборъ самому учителю, смотря по его индивидуальнымъ способностямъ и средствамъ, какими онъ можетъ обладать при обученьи. Я хлопочу только о томъ, чтобы тотъ способъ, который считается самымъ раціональнымъ, былъ въ то же время и самымъ удобнымъ для выполненія возможно большимъ числомъ учащихъ. И, поэтому, уклонясь нѣсколько отъ способовъ гг. Ушинскаго и Паульсона, я бы совѣтовалъ, при обученьи чтенію по моей книжкѣ, къ первымъ урокамъ чтенія приступить прямо послѣ предварительныхъ упражненій въ письмѣ, не заставляя дѣтей заучивать никакихъ буквъ, ни гласныхъ ни согласныхъ, какъ это предлагаетъ г. Ушинскій. Когда дѣти послѣ сказанныхъ упражненій могутъ написать двѣ буквы: **о** и **и**, учитель пишетъ эти буквы на классной доскѣ, одну подлѣ другой, и выговариваетъ ихъ протяжно и громко, такъ, чтобы учащіеся могли усвоить хорошо эти звуки; учащіеся тоже пишутъ на аспидныхъ доскахъ и произносятъ буквы **о** и **и**. Затѣмъ, учитель продолжаетъ: если между этими буквами вставимъ букву **ч**.... **ччч**...., то все это вмѣстѣ составитъ слово **очи**.... У кого есть очи, или глаза? Гдѣ, въ какой части тѣла они находятся? Много-ли у васъ очей или глазъ? Гдѣ правый глазъ, гдѣ лѣвый? Теперь возьмите книжки; покажите, гдѣ вы видите нарисованныя очи. А гдѣ написано слово очи? Прочтите. Произнесите каждую букву отдѣльно: первая какъ произносится? вторая, третья? Прочтите двѣ первыя буквы (**оч**), двѣ вторыя (**чи**); вмѣстѣ всѣ три. Напишите это слово на своихъ доскахъ. Этимъ можно и закончить первый урокъ. На слѣдующемъ урокѣ учащіеся повторяютъ (т. е. пишутъ и читаютъ) слово очи. Затѣмъ, учитель говоритъ: теперь разсмотрите, что изображаетъ второй рисунокъ съ лѣвой стороны книжки. (**Оси**). Подъ этимъ рисункомъ написано слово оси. Не можете-ли вы сами прочитать это слово. Первая и третья буквы вамъ знакомы, вы писали ихъ..... въ какомъ словѣ? (Въ словѣ очи). Вторая же буква выговаривается: с....ссс—Повторите. Прочтите все слово. Произнесите еще разъ вторую букву, и т. д. Повторяются тѣ-же пріемы, что и на первомъ урокѣ. Точно такимъ же образомъ изучаются и другія слова въ томъ же порядкѣ, какъ изложена выше моя практика въ преподаваніи. Въ „Первоначальномъ обученьи письму-чтенію" подобраны наготово слова и фразы, составляющія весь ходъ этого преподованія; 24 рукописныя страницы представляютъ матеріалъ для первыхъ уроковъ чтенія и, вмѣстѣ-съ-тѣмъ, служатъ образцами для письма; для бо́льшаго удобства при переходѣ отъ чтенія рукописи къ чтенію печати, на 22 стр. помѣщены поговорки, изображенныя тѣмъ и другимъ шрифтомъ. О чтеніи второй части книжки, состоящей изъ печатныхъ статей, пословицъ, прибаутокъ, скороговорокъ, загадокъ, басень, маленькихъ разсказцевъ, стихотвореній и молитвъ, объясняется въ концѣ настоящей книги.

XVI.
Предварительныя упражненія и обученье письму.

Прослѣдивъ разные способы обученія грамотѣ въ той исторической послѣдовательности, какъ они выработались изъ вѣковыхъ опытовъ, мы остановились, наконецъ, на томъ способѣ, который сталъ вводиться у насъ въ школьную практику лишь въ послѣднее, недавнее, время. Держась такой системы съ цѣлью ознакомленія, во всей полнотѣ, съ различными пріемами обученья чтенію, намъ не было возможности изложить сказанный способъ въ томъ послѣдовательномъ порядкѣ, въ какомъ онъ долженъ выполняться на практикѣ. Способъ этотъ, какъ мы видѣли, рѣзко отличается отъ всѣхъ другихъ, преимущественно, тѣмъ, что обученье грамотѣ начинается не съ чтенія, а съ упражненія глаза и руки посредствомъ черченія, рисовки обыденныхъ предметовъ и письма сначала частей буквъ, а потомъ цѣлыхъ буквъ; рядомъ съ этими упражненіями идутъ бесѣды съ учащимися. Теперь мы можемъ поближе познакомиться съ этими занятіями.

По „Родному Слову" сказанныя упражненія выполняются слѣдующимъ образомъ. Учитель собираетъ дѣтей въ кружокъ у классной доски и начинаетъ такъ: „Посмотрите, дѣти, что у меня въ рукѣ? Въ какой рукѣ у меня мѣлъ? Глядите, какъ я держу его. Алеша, возми мѣлъ такъ же, какъ я. Теперь ты, Вася и т. д. Замѣчайте, что я сдѣлаю мѣломъ на доскѣ. Это—**точка, точка**. Что это такое, Ваня? **Ваня.** Точка. **Учитель.** Что это такое, классъ? **Весь классъ.** Точка. **Учитель.** А ну, Сережа, возьми мѣлъ и поставь такую же точку на доскѣ. Теперь ты, Анюта и т. д. Вотъ сколько вы наставили точекъ; однако я всѣ сотру. Смотрите теперь: сколько я поставилъ точекъ, Вася? **Вася.** Двѣ точки. **Учитель.** Хорошо (обращаясь ко всѣмъ): классъ, сколько точекъ? (*) **Всѣ ученики.** Двѣ точки. **Учитель.** Вѣрно! и одна точка стоитъ **вверху**, а другая—**внизу**. Покажи, Ваня, которая вверху и которая внизу?

(*) Это общій пріемъ первоначальнаго обученья: удачный отвѣтъ одного ученика долженъ быть повторенъ цѣлымъ классомъ.

А ты, а ты... Теперь я ставлю еще точку: сколько точекъ? **Одинъ изъ учениковъ.** Три точки. **Учитель.** Классъ, сколько точекъ? **Классъ.** Три точки. **Учитель.** Вѣрно: одна, двѣ, три. Одна стоитъ вверху, другая — внизу, а третья — гдѣ? **Одинъ изъ учениковъ.** По серединѣ. **Учитель.** Хорошо! Подойди, Анюта, покажи палочкой точку, вверху, внизу и посрединѣ. Митя... и т. д. Вотъ я сотру три точки: поставь теперь ты, Ваня, двѣ точки. Недурно, только вотъ нижнюю точку надо поставить какъ разъ подъ верхнею. (Учитель пріучаетъ дѣтей ставить три точки, одна подъ другою на прямой линіи и въ одинаковомъ разстояніи. Потомъ тоже дѣлаютъ ученики на своихъ грифельныхъ доскахъ и хорошо, если ставятъ по командѣ учителя: разъ, два, три!) Когда дѣти сносно ставятъ три точки на своихъ доскахъ по командѣ учителя и безъ команды, тогда учитель идетъ съ классомъ далѣе. **Учитель.** Поднимите правую руку. Хорошо! Гдѣ правая рука, тамъ и правая сторона. Вотъ я ставлю точку на правой сторонѣ доски; отъ нея на лѣво ставлю другую точку, а посрединѣ — третью. (Учитель ставитъ три точки въ горизонтальномъ направленіи). Ваня, укажи точку на право, точку на лѣво и т. д. Слѣдуютъ опять упражненія учениковъ сперва на классной, а потомъ на грифельныхъ доскахъ. **Учитель.** Вотъ теперь я поставлю всѣ точки, какія мы научились ставить: одну — вверху, другую — внизу, третью — посрединѣ, четвертую — на право, пятую — на лѣво. Покажи, Митя, точку на право, по серединѣ и т. д.; сосчитай, сколько поставлено точекъ (*). За упражненіями на классной доскѣ слѣдуютъ упражненія на грифельной. Упражненія на грифельной доскѣ дѣлаются всѣмъ классомъ разомъ, по отчетливой командѣ учителя: точку вверху! точку внизу! и т. д.

При этомъ, г. Ушинскій поясняетъ, что „при этомъ первомъ упражненіи наставникъ достигаетъ различныхъ цѣлей: 1) Пріучаетъ дѣтей правильно сидѣть при письмѣ, не прижиматься грудью къ скамьѣ, — что очень вредно для развивающейся дѣтской груди, — не наклоняться слишкомъ близко къ доскѣ, — отъ чего очень часто развивается у дѣтей близорукость, — класть правильно передъ собою доску, держать, какъ слѣдуетъ, руки и грифель. Всѣ эти привычки очень важны для здоровья ребенка и для хода самого ученья. Онѣ гораздо легче усвояются дѣтьми теперь, при первыхъ, легчайшихъ, упражненіяхъ, чѣмъ впослѣдствіи, когда эти упражненія уже

(*) Предполагается, что дѣти уже умѣютъ считать до десяти; если же нѣтъ, то это исправляется тѣмъ, что ученье счету идетъ одновременно съ элементарнымъ письмомъ.

сами по себѣ станутъ довольно трудными и займутъ все вниманіе ребенка. Кромѣ того, впослѣдствіи, когда ребенокъ начнетъ уже писать,—отрывать его отъ дѣла безпрестанными поправками: сядь прямѣе, не такъ держишь грифель и т. п., сильно мѣшаетъ ученью и замедляетъ его ходъ. Выучивъ, напр., ребенка держаться прямо, мы сохранимъ очень много времени впослѣдствіи, избавившись отъ необходимости безпрестанныхъ замѣчаній. 2) На этихъ легчайшихъ упражненіяхъ дѣти пріучаются писать въ тактъ, по командѣ,—что необходимо для письма по американской методѣ, признанной вездѣ за лучшую. 3) Пріучаясь ставить точки въ различныхъ направленіяхъ, дѣти пріобрѣтаютъ первый навыкъ въ письмѣ, который помогаетъ имъ потомъ проводить линіи по этимъ направленіямъ."

„За упражненіями въ поставкѣ точекъ слѣдуютъ подобныя же упражненія въ проведеніи линій по этимъ точкамъ и, слѣдовательно, во всѣхъ направленіяхъ. Линіи должно проводить съ одного почерка и такъ, чтобы онѣ повозможности пересѣкались въ одной точкѣ. Это упражняетъ и руку и глазъ ученика. Пріемы тѣ же, какъ и прежде. Когда дѣти выучатся сносно проводить линіи, хорошо сидятъ, хорошо держатъ доску и грифель, слушаютъ команду учителя, тогда можно уже приступить къ письму, но еще не самихъ буквъ, а только элементовъ нашей азбуки. Всѣ эти упражненія— прямая черточка, черточка съ крючкомъ внизу, черточка съ двумя крючками и ноликъ, пишутся съ одного почерка, не отрывая руки отъ доски. Послѣ письма ноликовъ, связанныхъ одинъ съ другимъ, можно приступить къ письму гласныхъ буквъ, звуки которыхъ уже будутъ знакомы дѣтямъ изъ втораго (звуковаго) упражненія, которое должно идти одновременно съ приготовительными упражненіями въ письмѣ. При письмѣ буквъ, слѣдуетъ помогать дѣтямъ—усвоять начертаніе буквъ, давая каждой буквѣ особое названіе: такъ, буква и—будетъ двѣ палочки съ двумя крючками внизъ; о—будетъ ноликъ, или кружочекъ; а—ноликъ съ палочкою, е—полуноликъ и т. д. Пріучивъ писать восемь гласныхъ, и конечно, послѣ ихъ звуковаго изученія, слѣдуетъ упражнять дѣтей въ письмѣ слоговъ изъ гласныхъ: ая, ея, и т. д., съ которыми они уже познакомились по звуку. При этомъ слѣдуетъ писать всякій слогъ съ одного почерка, если возможно, и притомъ, также въ тактъ. Когда въ изученіи звуковъ дѣти перейдутъ къ первой согласной с, тогда слѣдуетъ приступить къ письму цѣлыхъ словъ."

Говоря о письменныхъ упражненіяхъ, г. Ушинскій замѣчаетъ, „что всякое новое упражненіе учитель долженъ начинать самъ съ учениками на классной доскѣ, потомъ упражнять ихъ въ тактъ на грифельныхъ доскахъ и, наконецъ, когда дѣти пріобрѣтутъ навыкъ, оставлять ихъ самихъ упражняться."

Теперь обратимся къ книжкѣ г. Паульсона. Г. Паульсонъ первыя упражненія въ письмѣ тоже начинаетъ съ точки слѣдующимъ образомъ.

Послѣ бесѣды о классной доскѣ — о ея сторонахъ, углахъ и т. п. — учитель, обращаясь къ учащимся, говоритъ: „Посмотрите, что я сдѣлаю на классной доскѣ. [Дѣлаетъ мѣломъ точку по самой серединѣ доски]. Что я сдѣлалъ? (Пятнышко, крапинку). Да, крапинку, но мы будемъ называть ее **точкою**. Чѣмъ я сдѣлалъ точку — Гдѣ я сдѣлалъ точку? Кто изъ васъ можетъ сдѣлать такую же точку? Вызывая учениковъ по очереди къ доскѣ и заставляя ихъ сдѣлать точку, учитель въ то же время пріучаетъ ихъ въ порядкѣ и какъ можно тише выходить изъ скамьи и также тихо опять возвращаться на мѣсто. Затѣмъ, стеревъ все съ доски, учитель ставитъ на доскѣ точку близь верхняго лѣваго угла, а подъ нимъ другую. Что я сдѣлалъ? — Сколько точекъ я сдѣлалъ? — Гдѣ я поставилъ первую точку? — А вторую? (Подъ первой). Соединяетъ обѣ точки чертою. Теперь что я сдѣлалъ? — А теперь? (Другую черточку). Гдѣ я сдѣлалъ вторую черточку? (Подлѣ первой). Теперь я сдѣлаю еще нѣсколько черточекъ. Сколько черточекъ я поставилъ въ одинъ рядъ? (Пять). А теперь что я сдѣлалъ? (Кружечки). Сколько кружечковъ? — А теперь что я сдѣлалъ? (Крестики). Сколько? — Теперь возьмите грифель и напишите каждый на своей доскѣ: сперва 5 черточекъ, потомъ 5 кружечковъ и затѣмъ еще 5 крестиковъ. Ну, теперь довольно заниматься. Замѣтьте свои мѣста, чтобы завтра, когда вы опять придете въ школу, каждый сѣлъ на то же мѣсто. Ты на какой скамьѣ сидишь? — Который ты на этой скамьѣ? — Кто подлѣ тебя сидитъ: съ правой стороны, съ лѣвой"? Этимъ кончается урокъ; на слѣдующемъ урокѣ учитель продолжаетъ: „Что я сдѣлалъ на классной доскѣ? (Точку). — Гдѣ я сдѣлалъ точку? (Близъ верхняго лѣваго угла). А теперь гдѣ я сдѣлалъ точку? Подъ первою точкой). Теперь что я сдѣлалъ? (Соединили точку). Что вышло? (Черта). Что я сдѣлалъ теперь? (Также черту). Такую же, какъ и первую? (Нѣтъ, первая стоитъ, а вторая лежитъ). Да; первая стоитъ или виситъ: ее называютъ **отвѣсною**; а вторая лежитъ ее называютъ **лежневою**. Показать отвѣсъ (т. е. нитку съ гирькою) и свойство его направляться всегда книзу, какъ бы его ни раскачивали, — затѣмъ приложить его къ начерченной отвѣсной линіи — для повѣрки. Для усвоенія термина лежневая напомнить дѣтямъ о лежвихъ — подъ бочкой, подъ строющейся избой и т. п. Выраженія же перпендикулярная и горизонтальная, какъ совершенно непонятныя и неудобообъяснимыя, лучше не употреблять вовсе. Сколько сторонъ у доски? — Которыя стороны у нея отвѣсныя? Которыя лежневыя? — [Чертитъ горизонтальную линію во всю доску]. Что я сдѣлалъ? (Черту, — линейку). Длинную черту или линейку; но, чтобы не смѣшивать эту линейку съ деревянной, мы будемъ называть каждую длинную черту линіей. Какая это линія? (Лежневая). Затѣмъ, начертивъ подъ первою линіею еще нѣсколько такихъ линій, учитель велитъ ученикамъ начертить на своей доскѣ такія же линіи, ведя ихъ слѣва вправо. Передъ тѣмъ, однако, онъ показываетъ, какъ должно держать грифель, не вдаваясь, впрочемъ, въ подробное объясненіе; на первый разъ достаточно сказать, что „грифель держится двумя пальцами; большимъ съ одной стороны и среднимъ съ другой; указательный же налегаетъ сверху только слегка; кончикъ грифеля не долженъ слишкомъ высовываться." Самое черченіе совершается по счету. Приложите грифель кончикомъ къ доскѣ близъ лѣваго верхняго угла, — чертите — разъ [счетъ этотъ дѣлается протяжно]. Поднять руку, — приложить къ лѣвой сторонѣ, немного ниже первой линіи, — чертить вторую линію — разъ, и т. д. Учитель чертитъ на большой доскѣ отвѣсныя линіи, сверху внизъ, перечеркивая горизонтальныя; затѣмъ ученики дѣлаютъ то же самое на своихъ доскахъ, также по счету. — Само собою разумѣется, что имъ не удастся начертить прямыя линіи; но не въ этомъ дѣло: упражненіе это важно для развитія руки въ графическомъ отношеніи, и потому должно чаще повторяться."

Рядомъ съ этими упражненіями идутъ бесѣды и счетъ; для счета служатъ начерченныя точки, кружки и т. п. Тутъ учитель предлагаетъ такіе, напр., вопросы: „Что я сдѣлалъ? (Черточку). Полный отвѣтъ! — Сколько черточекъ я сдѣлалъ? Теперь сколько? (Двѣ). Сколько я прибавилъ? Одна черточка и еще одна черточка — сколько? Двѣ черточки и одна черточка? Три и одна? Четыре и одна и т. д. Сколько тутъ черточекъ? (6). Сколько я стеръ? Сколько осталось? 6 безъ одного сколько? 5 безъ 1? 4 безъ 1. Затѣмъ прибавленіе и отыманіе по двѣ черточки, по два кружка, по два крестика и т. д. Счетъ черезъ одно число — впередъ и назадъ: 1, 3, 5, 7, 9; 10, 8, 6, 4, 2".

Далѣе, повторивъ черченіе отвѣсныхъ и лежневыхъ черточекъ, учитель знакомитъ учащихся съ косыми линіями; причемъ, онъ поясняетъ: „Когда нужно проводить черты неслишкомъ косыя и потолще, то ихъ проводятъ сверху внизъ; а когда нужно провести черты тонкія и покосѣе, то ихъ удобнѣе вести снизу вверхъ." „Затѣмъ, учитель проводитъ нѣсколько дугъ, извилистыхъ и ломанныхъ линій и даетъ ученикамъ понятіе о **прямыхъ** и **кривыхъ линіяхъ**."

Послѣ того, учитель предлагаетъ учащимся—открыть ихъ книжки и разсмотрѣть помѣщенные на верху первой страницы рисунки—**домъ, будку, перо, гребенку** и **щетку**, обращаясь къ ученикамъ съ такими вопросами: „Есть ли тутъ кривыя черты? (Нѣтъ, всѣ черты прямыя). Какія же тутъ прямыя черты? Основаніе (низъ) дома означено какою чертою? (Лежневою). А стѣны? и т. д. Теперь я нарисую домъ на большой доскѣ; только вы мнѣ говорите, какъ проводить черты. Что сперва нужно нарисовать? (Основаніе). Какою чертою? (Длинною, лежневою) и т. д. Начертивши домъ подъ диктовку учениковъ, учитель велитъ имъ скопировать этотъ чертежъ." Точно такимъ же образомъ списываются и слѣдующіе 4 рисунка; причемъ, по обыкновенію, идетъ и бесѣда объ этихъ же предметахъ. Впрочемъ, г. Паульсонъ предувѣдомляетъ, что эти бесѣды—цѣль второстепенная; главная же цѣль всѣхъ рисунковъ, помѣщенныхъ на первой страницѣ, состоитъ въ томъ, „чтобы при черченіи дѣтьми знакомыхъ имъ предметовъ освоить ихъ съ тѣми чертами, которыя они потомъ встрѣтятъ въ рукописныхъ буквахъ." Поэтому, преимущественное вниманіе обращается на такіе предметы, для изображенія которыхъ требуются черты, составляющія элементы буквъ, т. е. ?, ?, ?, —, какъ-то: багоръ, **труба, удочка, крюкъ, лебедь** и т. п. Одновременно съ этими упражненіями, въ-перемежку, идетъ обученье счету и ведутся бесѣды о разныхъ предметахъ, съ цѣлью разсмотрѣнія или ихъ частей, или качествъ, или дѣйствій. Тутъ такіе, напримѣръ, предлагаются вопросы: 1) Что это такое? (Книга). Это что на книгѣ? (Переплетъ). Это? (Листы). Это? (Корешокъ). Изъ какихъ частей состоитъ книга?—Это что такое? (Доска). Изъ какихъ частей состоитъ доска? и т. п. 2) Какой вкусъ имѣетъ сахаръ,—перецъ,—лимонъ? Что еще кисло,—сладко,—горько,—солоно? Какъ пахнетъ роза,—селедка? и т. п. 3) Что могутъ дѣлать дѣти въ классѣ? Что могутъ дѣлать дѣти дома? Какіе звуки производитъ собака? Какое животное кваваетъ,—мычитъ и т. п. Что цвѣтетъ,—течетъ,—горитъ,—блеститъ? и т. п. Что дѣлаетъ дровосѣкъ,—точильщикъ,—охотникъ? и т. п. Преимущественное же вниманіе обращается на классную комнату и находящіеся въ ней предметы; такъ, напр., разсматривается печь и описывается: какой ея видъ, цвѣтъ, величина, части, вещество, изъ котораго сдѣланы отдѣльныя части; къ чему служитъ печка, какъ она топится и т. п. Описанія разныхъ предметовъ по временамъ дѣлается въ видѣ загадокъ; напр. „Узнайте, какую я задумалъ вещь: она находится здѣсь въ классѣ, видомъ четыреугольная, цвѣтомъ черная; иногда на ней бываютъ разныя бѣлыя пятна, и тогда вы всѣ на нее смотрите.—А теперь отгадайте, что я задумалъ: бѣлая, деревянная, распахивается, и всѣ мы за нее хватаемся, когда входимъ или выходимъ.—Ну, теперь задумайте (загадайте) сами что-нибудь, а я постараюсь разгадать. Кто загадалъ?"

Наконецъ, послѣ всѣхъ этихъ, столь разнообразныхъ, бесѣдъ и предварительныхъ упражненій въ письмѣ, наступаетъ очередь разсмотрѣнію и описанію телѣги, отъ которой весьма естественъ переходъ къ **осямъ**. Оси же и есть то слово, съ котораго начинается настоящее обученіе грамотѣ, т. е. письму и чтенію,—о чемъ мы уже говорили въ XIV главѣ.

Вотъ въ чемъ состоятъ первые уроки ученья по „**Родному Слову**" и по „**Первой учебной книжкѣ.**" Сколько времени нужно заниматься этими предварительными упражненіями, не опредѣляютъ положительнымъ образомъ ни Ушинскій, ни Паульсонъ; да этого и нельзя сдѣлать, такъ-какъ относительная продолжительность ихъ зависитъ отъ разныхъ обстоятельствъ, которыхъ составителю книги нельзя предвидѣть, какъ напр. возрастъ, способности и численность учащихся. Впрочемъ, г. Паульсонъ сказанныя упражненія распредѣляетъ на 32 урока,—что надо признать слишкомъ достаточнымъ. Г. Ушинскій говоритъ вообще, вовсе не распредѣляя занятій по урокамъ и не изъясняя съ достаточною обстоятельностью всего хода преподованія въ послѣдовательномъ его порядкѣ. Въ чемъ должны состоять тѣ бесѣды, которыя такъ подробно излагаетъ г. Паульсонъ, и какъ ихъ вести, г. Ушинскій не объясняетъ, предоставляя самому учителю—„создать себѣ планъ бесѣды по (выбраннымъ имъ) картинкамъ и вести эти бесѣды, не торопясь, но и не надоѣдая излишними подробностями." Касательно же предварительныхъ упражненій въ письмѣ г. Ушинскій даетъ слѣдующій совѣтъ. „При этихъ упражненіяхъ не нужно слишкомъ спѣшить: чѣмъ основательнѣе пройдете вы ихъ, тѣмъ вѣрнѣе и быстрѣе пойдете потом. Основательное, ничемъ не пренебрегающее первоначальное обученье постепенно ускоряетъ свой ходъ; ученье, много пропускающее въ началѣ, теряетъ гораздо больше времени потомъ на пополненіе этихъ пропусковъ." Это совершенно справедливо. **Все, что ни дѣлаютъ учащіеся,—чертятъ ли, пишутъ ли—все они должны выполнять неторопливо и съ величайшею точностью.** Это—весьма важное педагогическое правило, и важное нетолько относительно изученія письма, но и въ воспитательномъ отношеніи вообще; потому-что, только придерживаясь строго этого правила, можно пріучить дѣтей къ акуратности, порядочности и терпѣливости;—а это-то и составляетъ основаніе нравственности въ ея практическомъ примѣненіи въ жизни. Но, чтобы занятія черченіемъ и письмомъ достигали сказанной цѣли, надо прежде всего держаться такъ называемой въ педагогикѣ **генетической** методы, т. е. начинать съ самаго простаго (легкаго) и постепенно переходить къ болѣе трудному (сложному). Далѣе, эти занятія должно вести **осмысленно, т. е. такъ, чтобы при письмѣ и черченіи глазъ и рука учащихся дѣйствовали небезсознательно, механически, но съ полнымъ пониманіемъ дѣла**; чтобы глазъ не скользилъ по поверхности доски или бумаги, а пристально разсматривалъ каждую частичку чертежа или буквы и замѣчалъ хорошо размѣръ частей и ихъ соотношенія въ цѣломъ; и чтобы рука строго повиновалась въ выполненіи всѣхъ замѣченныхъ мельчайшихъ подробностей. Тѣ бесѣды, которыя мы выше изложили и которыя ведутся, по Паульсону, одновременно съ предварительными упражненіями въ письмѣ, (рисовка подъ диктовку учениковъ) могутъ служить прекраснымъ средствомъ для сообщенія этимъ занятіямъ возможно большей осмысленности. (*)

(*) Бесѣды же другаго рода, т. е. тѣ, которыя ведутся отдѣльно отъ письма и чтенія и главная цѣль которыхъ—упражнять даръ слова и соображеніе учащихся, можно считать излишними: потому-что онѣ черезъ-чуръ искусственны и вовсе не вытекаютъ изъ естественной потребности дѣтей. Дѣти не

Для достиженія вышесказанной цѣли и, вмѣстѣ-съ-тѣмъ, для усвоенія учащимися быстроты, твердости, ровности и четкости въ почеркѣ, при обученіи письму обращается вниманіе:

1) на составныя части буквъ (элементы) и переходъ отъ буквъ простыхъ къ буквамъ сложнымъ;

2) на опредѣленіе отношеній частей буквъ и буквъ между собою;

3) на наклонъ и размѣръ буквъ;

4) на тактъ, и

любятъ повторять много разъ то, что уже одинъ разъ ими усвоено хорошо; они не любятъ толковать о томъ, что имъ очень хорошо извѣстно и не представляетъ никакихъ новыхъ сторонъ, ими еще незамѣченныхъ. Чему они научатся напр. изъ такихъ вопросовъ: „Какъ называется та пора, въ которую люди спятъ? (Ночь.) А когда люди не спятъ? (Днемъ.)." Или: „Что дѣлаютъ птицы? (Летаютъ, поютъ, кладутъ яйца)." *Во-первыхъ*, тутъ нѣтъ правды. Многіе люди, въ особенности занятые умственнымъ трудомъ, и ночью не спятъ;—а на вопросъ: *когда люди не спятъ?* нельзя дать никакого отвѣта со смысломъ,— потому что никакъ нельзя опредѣлить когда именно вообще всѣ люди не спятъ. *Во-вторыхъ*, къ чему подобная бесѣда? Чтобы придать ей какое-либо педагогическое значеніе и чтобы не превратить дѣтей въ какихъ-то безсловесныхъ и безсмысленныхъ куколъ, надо предполагать въ учителѣ особенное умѣнье, навыкъ и, вообще, необыкновенный педагогическій тактъ. Иначе подобныя бесѣды могутъ только пріучить дѣтей къ верхоглядству и скорѣе разслабить, чѣмъ развить умственныя способности. Мы уже знаемъ, какъ развиваются умственныя способности. Только то, что можетъ удовлетворять любознательности дѣтей,—что поражаетъ ихъ вниманіе, что дѣйствуетъ сильно на внѣшнія чувства,—только *новыя представленія* и вырабатываемыя изъ нихъ *новыя понятія*—дѣйствительно могутъ внести что-нибудь *новое въ мозговой дѣятельности*, а слѣдовательно и *двинуть впередъ развитіе умственныхъ способностей*. Для упражненія же дара слова и развитія умственныхъ способностей дѣтей, очень и очень достаточно вести наглядныя бесѣды рядомъ съ предварительными упражненіями въ письмѣ и съ чтеніемъ, пользуясь всякимъ удобнымъ случаемъ для привлеченія вниманія дѣтей на такія стороны предмета, которыя дѣтямъ мало извѣстны и изученіе которыхъ и любопытно и полезно. Такъ, напр. при рисовкѣ, а равно и при чтеніи слова *дерево* можно и должно разъяснить дѣтямъ, что такое *дерево* и, посредствомъ цѣлаго ряда бесѣдъ, довести ихъ до яснаго понятія прежде о деревѣ только, а впослѣдствіи и до яснаго понятія о растеніи вообще. (Объ этомъ подробно говорится въ слѣдующей главѣ).

Вотъ почему авторъ не совѣтовалъ бы придерживаться тѣхъ бесѣдъ, какія излагаются въ книжкѣ подъ заглавіемъ: „*Начальное обученіе отечественному языку по наглядной методѣ*," составленной по руководству Вурста. (Москва, 1863), п. 25. По-крайней-мѣрѣ, строго придерживаться подобныхъ бесѣдъ нельзя; объ этомъ предостерегаетъ и г. Паульсонъ, хотя, впрочемъ, указываетъ на эту книжку, какъ на обильный матеріалъ для бесѣдъ.

11*

5) на положеніе груди, рукъ и другихъ частей тѣла учащагося.

Всѣ буквы состоятъ изъ слѣдующихъ основныхъ знаковъ:

прямая черта: ///...;

черта закругленная сверху, снизу и съ обѣихъ сторонъ: *, *, *; (изъ нихъ составляются буквы **п, и, г**,—это самыя легкія буквы для письма);

овалъ съ нажимомъ съ лѣвой стороны: *O*;

овалъ съ нажимомъ съ правой стороны: *O*;

волнистыя линіи — плоскія и глубокія: ~~~;

пламевидныя линіи: ( );

завитки съ точками на концѣ (или вверху или внизу буквы): * * * *;

петли: * *;

волосныя черты: / .

По изученіи этихъ элементовъ начинается письмо буквъ сначала строчныхъ, какъ болѣе легкихъ, и затѣмъ — прописныхъ, какъ болѣе трудныхъ; причемъ, учащіеся обращаютъ вниманіе, изъ какихъ именно частей состоитъ буква.

Писаніе одной буквы повторяется нѣсколько разъ; буквы соединяются между собою тонкими черточками и пишутся, по возможности, не отнимая пера до окончанія строки. Соблюденіе этого правила способствуетъ къ пріобрѣтенію учащимися ровности и плавности почерка. (Образцы такихъ предварительныхъ упражненій помѣщены на 4-ой стр. „Первоначальнаго обученья письму-чтенію").

Для пріученія руки къ соблюденію правильности, ровности въ наклонѣ буквъ, аспидныя доски или бумага разлинѣвваются нетолько горизонтальными линіями, но и косыми. Г. Паульсонъ совѣтуетъ: чтобы не тратить много времени на линованіе (хотя, впрочемъ, и въ линовкѣ надо упряжнять дѣтей) и чтобы удобнѣе можно было эту работу выполнить по командѣ — разстояніе между линіями отмѣтить на рамкѣ аспидной доски, врѣзавъ на рамкѣ черточки гвоздемъ. Для удобства въ линеваніи какъ грифелемъ на аспидныхъ досчечкахъ, такъ и карандашемъ на бумагѣ, недавно у насъ стали заводить металлическіе транспаранты, т. е. двѣ досчечки, величиною съ четвертку обыкновенной писчей бумаги, съ сдѣланными на нихъ прорѣзцами, по коимъ можетъ пройти конецъ карандаша или грифеля и по коимъ, слѣдовательно, можно проводить линіи на подложенной, подъ транспарантъ аспидной досчечкѣ или бумагѣ. Одна изъ сказанныхъ досчечекъ служитъ для проведенія горизонтальныхъ, а другая — косыхъ линій. Употребленіе же обыкновеннаго бумажнаго транспаранта весьма неудобно, потому-что такой транспарантъ не просвѣчиваетъ хорошо сквозь ту бумагу, какую употребляютъ обыкновенно учащіеся; да и при тонкой и бѣлой бумагѣ нелегко замѣчать черты сказаннаго транспаранта дѣтямъ, у коихъ зрѣніе еще недостаточно развито: опытъ показалъ, что дѣти, употребляющія такой транспарантъ, пишутъ неровно и, вообще, плохо.

И г. Ушинскій и г. Паульсонъ признаютъ необходимымъ условіемъ раціональнаго обученья письму — соблюденіе при немъ **такта**. Г. Ушинскій замѣчаетъ, что „тактъ для пишущей руки значитъ то же самое, что и для танцующей ноги. Строгій размѣръ въ движеніи — вотъ вся тайна красиваго и быстраго письма." Но ни г. Ушинскій, ни г. Паульсонъ не объясняютъ, какимъ образомъ вести обученье письму по такту. Впрочемъ, г. Паульсонъ дѣлаетъ кое-какія поясненія по этому предмету, хотя и не излагаетъ всего хода обученья; притомъ, онъ указываетъ на статью: „**Обученіе письму**", которая помѣщена въ журналѣ „**Учитель**" за 1861 г. и которая можетъ служить пособіемъ для неопытнаго преподавателя. Но мы здѣсь воспользуемся тѣми указаніями, какія находимъ въ статьѣ, напечатанной въ іюньской книжкѣ за 1868 г. Журн. Мин. Нар. Просвѣщ., статьѣ, которая, своею основательностью и полнотою изложенія по этому предмету, заслуживаетъ особеннаго предпочтенія предъ всѣми другими подобнаго рода статьями, хотя она и написана собственно для преподавателей гимназій (*).

Тактъ при обученьи письму представляетъ важное значеніе нетолько потому, что много способствуетъ къ пріобрѣтенію скораго и хорошаго почерка, но и потому еще, что занятію письмомъ придаетъ осмысленность, постоянно поддерживая вниманіе учащихся и оживляя весь классъ; кромѣ того, тактъ содѣйствуетъ къ поддержанію правильности и порядка во всемъ ходѣ обученья.

Основаніемъ для такта служитъ всякое замедленіе въ движеніи руки при письмѣ какого бы то ни было знака—цифры или буквы, все равно; а такъ-какъ такое замедленіе сопровождается при нажиманіи пера, когда проводится утолщенная черта или дѣлается точка на концѣ завитки, то **всякій нажимъ считается за одинъ тактъ**; сколько дѣлается нажимовъ при письмѣ какой бы то ни было буквы, столько же считается и тактовъ при письмѣ этой буквы. Тонкія же (волосныя) черточки не считаются за тактъ. Такимъ образомъ, строчныя буквы пишутся:

і с ɩ —   въ 1 тактъ (разъ) (**).

(*) Изъ „*Курса скорописи*" Викт. Половцева (Спб. 1865 г.), немного можно извлечь пользы—все въ немъ отрывочно, неясно; впрочемъ, невысокая цѣна этой книжки (10 к.) можетъ примирить покупателя, если онъ не будетъ удовлетворенъ пріобрѣтеніемъ этой книжки.

(**) Точка надъ буквою і десятиричною и знакъ краткости надъ буквою й, а равно и знаки препинанія не считаются за тактъ и пишутся по окончаніи слова или строки. Не считаются также за тактъ волосныя черточки, соединяющія одну букву съ другой, или одно слово съ другимъ словомъ.

а б в д з и л н —
о п р с у х ч ѳ — } въ 2 такта (разъ, два),

з к м т ф ц ш ы ъ э я ѣ — въ три такта (разъ, два, три),

щ ю — въ 4 такта (разъ, два, три, четыре),

ж — въ 5 тактовъ (разъ, два, три, четыре, пять).

Прописныя буквы пишутся:

Л О С Ч — въ два такта,

А М Я Ѳ — въ три такта,

Г Д Е З Н Р У Ц Ш Э — въ 4 такта,

Б В Й П Х Щ Ѣ Ф — въ 5 такт.,

Ж К Т Ы — въ 6 тактовъ,

Ю — въ 7 тактовъ.

Итакъ, тактъ въ письмѣ есть не что иное, какъ извѣстная продолжительность времени, требующагося для написанія извѣстной буквы. Такъ, напр., если для написанія буквы i, е, г, требуется столько же времени, сколько на произнесеніе протяжно слова **разъ**, то для написанія буквы **а, б, в**, и т. д. нужно дважды столько времени и потому пока ученики напишутъ эти буквы нужно произнести два слова: **разъ, два**, и т. д. Скорость такта, т. е. произнесенья: разъ,—разъ, два,—разъ, два, три! и т. д. опредѣляется преподавателемъ, смотря по успѣхамъ въ письмѣ учащихся: чѣмъ медленнѣе пишутъ учащіеся, тѣмъ протяжнѣе тактъ и, наоборотъ, чѣмъ свободнѣе пишутъ, тѣмъ скорѣе произносится тактъ. Тонъ такту задаетъ учитель; сначала считаетъ одинъ изъ лучшихъ учениковъ, затѣмъ считаетъ нѣсколько учениковъ и, наконецъ, черезъ нѣкоторое время, считаетъ весь классъ, по командѣ учителя.

Хотя правила о томъ, какъ держать руку, грудь и пр. при письмѣ общеизвѣстны; но мы, пользуясь вышепомянутой статьей Жур. М. Н. Просвѣщ., прописываемъ изъ ней, для несвѣдущихъ учителей, эти правила. Вотъ они:

„1) Положеніе туловища и всѣхъ частей тѣла пишущаго должно быть при писаніи совершенно свободное и правильное.

2) Перо придерживается тремя первыми пальцами правой руки, изъ коихъ указательный палецъ кладется на оное, способствуя болѣе нажиманію, чѣмъ держанію пера. Ладонь должна быть обращена къ тетради и не видна пишущему сверху; 4-й и 5-й пальцы слегка пригибаются къ ладони, и ногти ихъ, касаясь бумаги, служатъ опорою рукѣ. Положеніе и направленіе пера, усвоенное при означенномъ расположеніи пальцевъ, никогда не должно измѣняться.

3) Кисть правой руки держится параллельно къ тетради, то есть, такимъ образомъ, чтобы пишущій не видѣлъ ладони, и никогда не должна лежать на мизинцѣ.

4) Лѣвая рука держится какъ можно далѣе отъ туловища и почти до локтя лежитъ на столѣ, придерживая пальцами бумагу.

5) Положеніе туловища прямое, съ нѣсколько подавшимся впередъ лѣвымъ плечомъ, (т. е. съ легкимъ поворотомъ на-право).

6) Грудь пишущаго никакъ не должна касаться края стола.

7) Голова незначительно наклоняется и, при правильномъ положеніи туловища, не должна находиться надъ бумагою.

8) Обѣ ноги стоятъ на полу. Ихъ не слѣдуетъ класть одну на другую."

XVII.

Нагляднoе обученіe.

Мы уже объяснили, какъ дѣти сами собою пріобрѣтаютъ познанія о предметахъ внѣшняго міра посредствомъ чувственныхъ воспріятій. Все, чему они ни научились до поступленія въ школу, усвоено ими не иначе, какъ посредствомъ **наглядности**. Каждое понятіе, которое они успѣли пріобрѣсти о видѣнныхъ ими предметахъ до обученія грамотѣ, пріобрѣтено не иначе, какъ посредствомъ разсматриванья, сравненія и отвлеченія ихъ существенныхъ признаковъ. Школѣ не остается ничего лучшаго сдѣлать, какъ примѣнить къ своей практикѣ этотъ естественный путь усвоенія дѣтьми знаній. Такъ-какъ дѣти, по малой жизненной опытности, обыкновенно поступаютъ въ школу съ весьма скуднымъ запасомъ ясныхъ понятій даже о самыхъ простыхъ вещахъ, то элементарное обученіе прежде всего должно позаботиться о расширеніи у нихъ круга тѣхъ знаній, которыя пріобрѣтаются ими посредствомъ личныхъ наблюденій и опыта. Положимъ, они видѣли много предметовъ, но эти предметы разсматривались ими преимущественно съ одной внѣшней стороны; болѣе существенные же ихъ признаки остались или вовсе незамѣченными или замѣченными только отчасти. На нихъ-то и надо указывать учащимся, но указывать такъ, чтобы они видѣли **собственными глазами** и, посредствомъ чувственныхъ воспріятій, сами, собственною умственною самодѣятельностью, вырабатывали о предметѣ болѣе ясныя и опредѣленныя понятія. Тутъ, какъ само собою разумѣется, соблюдается строгая постепенность: прежде разсматриваются предметы самые простые и знакомые учащимся, а потомъ—болѣе сложные и незнакомые. Такъ, напр., нельзя сразу объяснить дѣтямъ, что такое **растеніе**. Чтобы они могли выработать это отвлеченное понятіе, необходимо побесѣдовать съ ними о тѣхъ простыхъ представленіяхъ и чувственныхъ понятіяхъ, которыя имъ знакомы уже изъ жизненнаго опыта. Вспомнимъ, что мы говорили объ отвлеченныхъ понятіяхъ; вспомнимъ, какимъ путемъ вырабатываются въ нашемъ умѣ подобныя понятія. Такого, а не инаго, пути должна держаться и школа; иначе, всякія сухія, научныя объясненія ни къ чему не поведутъ, потому-что пока въ головѣ дѣтей нѣтъ достаточнаго запаса ясныхъ представленій и пока умъ ихъ не пріученъ упражненіемъ къ выработкѣ простыхъ чувственныхъ понятій, они не способны къ усвоенію болѣе сложныхъ (отвлеченныхъ) понятій. Дѣти, конечно, не разъ видѣли много растеній—деревья, кустарники, цвѣты, травы и злаки. Но спросите ихъ хоть о томъ, что такое дерево? Они не отвѣтятъ, или отвѣтятъ не такъ, какъ слѣдуетъ, потому-что у нихъ нѣтъ еще опредѣленныхъ понятій о подобныхъ предметахъ. Слѣдовательно, если въ головѣ учащихся нѣтъ еще довольно ясныхъ видовыхъ понятій (дерево, кустарникъ, злакъ и т. д.), то уже никакъ нельзя имъ усвоить, сколько нибудь сознательно, высшее родовое понятіе (растеніе). (*)

(*) Высшее понятіе, въ составъ котораго всегда входятъ низшія понятія, образуетъ извѣстный классъ или разрядъ сходныхъ предметовъ, или такъ до него можно довести учащихся не иначе, какъ посредствомъ предварительнаго усвоенiя ими понятiй **видовыхъ**. Усвоить же эти понятiя дѣти могутъ только посредствомъ разсматриванiя и сравненiя признаковъ, составляющихъ существенныя отличiя предметовъ.

Мы сказали, что учащiеся не въ состоянiи отвѣтить правильно на вопросъ: что такое дерево?—потому что у нихъ нѣтъ еще опредѣленнаго понятiя объ этомъ предметѣ. Но тутъ есть еще другая причина, мѣшающая имъ дать удовлетворительный отвѣтъ, и именно—**неумѣнье выражаться точно и опредѣленно**. Иной мальчикъ очень хорошо понимаетъ, что такое дерево: онъ знаетъ, что береза, ель, ольха, сосна, верба—все это деревья, слѣдовательно, у него есть отвлеченныя понятiя объ этихъ предметахъ. Съ него было бы достаточно, если бы онъ далъ опредѣленiе дереву хоть такъ, какъ понимаетъ; но онъ молчитъ, потому что не умѣетъ связать въ одно цѣлое (предложенiе) тѣ отрывочныя представленiя, какiя у него есть въ головѣ. Такимъ-образомъ, молчанiе ученика не всегда служитъ достаточнымъ доказательствомъ, что онъ ровно ничего не понимаетъ. Чтобы узнать положительно, что онъ знаетъ и чего не знаетъ, необходимо порасспросить его подробно, начавъ бесѣду съ того, что уже, безъ всякаго сомнѣнiя, ему должно быть извѣстно изъ самого жизненнаго опыта. Это одна изъ причинъ, почему въ элементарномъ обученiи съ перваго знакомства съ учащимися необходимо начать дѣло неиначе, какъ бесѣдами, или, вѣрнѣе, вопросами, съ которыми учитель постоянно обращается къ учащимся,—что называется **катихизацiею**. Не зная напередъ ни о степени умственнаго развитiя учащихся, ни объ ихъ позна-

называемый *родъ*; оттого оно и получитъ названiе *родоваго понятiя*. Низшiя же понятiя, входящiя въ составъ или объемъ высшаго, называется *видами*, или *видовыми понятiями*. Такимъ образомъ, *растенiе* есть *родовое* понятiе, а *дерево, кустарникъ, цвѣтъ, травы, злакъ*—*видовое*. *Животное*—*родъ*, а *лошадь, собака, птица, рыбы, змѣя*—*виды* класса животныхъ. Подраздѣленiе предметовъ на классы или роды и виды называется *классификацiею*.

ніяхъ, нельзя начать и обученія. Слѣдовательно, первое дѣло въ элементарномъ обученіи состоитъ въ томъ, что учитель знакомится съ учащимися посредствомъ приличныхъ вопросовъ. Затѣмъ, прежде чѣмъ онъ сообщитъ имъ, посредствомъ обученія, какія-либо знанія нужно пріучить ихъ — выражаться ясно, опредѣленно и точно; — это необходимо въ жизни для всякаго человѣка, и это составляетъ первое и важнѣйшее условіе успѣшности обученія. Дѣти должны прежде всего пріобрѣсти **навыкъ свободно и правильно выражаться** посредствомъ упражненій въ изустной рѣчи, при помощи бесѣдъ съ учителемъ. Съ этою цѣлью, нѣкоторые учители элементарной школы толкуютъ съ учащимися по цѣлымъ часамъ о предметахъ имъ совершенно знакомыхъ; такъ напр. они ведутъ подобнаго рода бесѣду: Что вы видите здѣсь въ этой комнатѣ? — Печку, столъ, скамьи. — Еще что? — Доску, мѣлъ, чернила, бумагу, книги. — Еще что? — Стѣну, окна, полъ, потолокъ и т. д. Зачѣмъ здѣсь въ **классѣ стоитъ** доска? Къ чему тряпка (или губка)? и т. д. Что-бы пріучить къ точности выраженія учитель требуетъ, притомъ, отъ учащихся, чтобы они отвѣчали цѣлыми предложеніями, т. е. чтобъ въ отвѣтахъ повторялся вопросъ. Такъ, напр., на вопросъ: для чего служитъ мѣлъ? отвѣтъ долженъ состоять изъ слѣдующихъ словъ: **мѣлъ служитъ** для письма, а не просто изъ тѣхъ только словъ, которыя необходимы въ отвѣтѣ, т. е. „для письма.“ Но этого правила строго держаться не слѣдуетъ, да и не возможно, когда идетъ въ классѣ оживленная бесѣда. Когда задаваемые учителемъ вопросы привлекаютъ вниманіе дѣтей, когда предметъ бесѣды ихъ живо интересуетъ, то и надо поддерживать ихъ любознательность и соревнованіе. Дѣти обыкновенно въ перерывъ стараются отвѣчать кратко, т. е. безъ повторенія тѣхъ словъ, изъ которыхъ составляется вопросъ. Если постоянно требовать отъ нихъ полныхъ отвѣтовъ, то рѣчь будетъ замедляться постоянно повторяющимися словами и поправками со стороны учителя — и бесѣда потеряетъ свою оживленность.

Не возможно съ полною точностію опредѣлить, какіе именно вопросы учитель долженъ задавать учащимся, такъ какъ это зависитъ отъ степени познаній дѣтей и отъ индивидуальныхъ способностей самого преподавателя. Но мы показали самую суть нагляднаго обученія, которое не мыслимо какъ безъ катихизаціи, такъ и безъ непосредственнаго наблюденія со стороны учащихся. Одни изъ педагоговъ на наглядное обученіе смотрятъ какъ на особый предметъ, преподаваніе котораго въ элементарной школѣ идетъ отдѣльно отъ преподаванія общепринятыхъ предметовъ элементарнаго обученія, т. е. отъ чтенія, письма, ариѳметики и Закона Божія; другіе же, довольствуясь тѣмъ, что всякое раціональное обученіе какому бы то ни было элементарному предмету, должно быть само по себѣ **наглядно**, особые, отдѣльные уроки для нагляднаго обученія считаютъ излишними. Но какъ бы ни смотрѣть на наглядное обученіе—какъ на особый предметъ преподаванія, или только какъ на необходимое условіе всякаго вообще преподаванія,—во всякомъ случаѣ оно имѣетъ цѣлью: 1) сблизить школу съ жизнію, т. е. переходъ отъ свободнаго естественнаго развитія дѣтей къ школьному обученію сдѣлать для нихъ менѣе рѣзкимъ и не такъ замѣтнымъ, какъ это бывало при старой методѣ—засаживанья дѣтей за книжку тотчасъ по вступленіи въ школу; 2) посредствомъ катихизаціи развить въ учащихся даръ слова; 3) посредствомъ новыхъ чувственныхъ воспріятій и наблюденій пріучить дѣтей замѣчать и такія стороны предметовъ, которыя ускользали отъ ихъ вниманія, и, такимъ образомъ, 4) обогатить умъ учащихся новымъ запасомъ представленій и понятій и подготовить ихъ къ основательному усвоенію отвлеченныхъ (научныхъ) знаній. Катихизація упражняетъ изустную рѣчь и развиваетъ даръ слова дѣтей; личныя наблюденія (разсматриваніе), сравненія (соображенія) и классификація предметовъ вырабатываютъ новыя понятія; изъ этихъ послѣднихъ составляются знанія. Но если, ради развитія въ учащихся дара слова и соображеній, мы начнемъ по цѣлымъ часамъ бесѣдовать съ ними о такихъ вещахъ, которыя давнымъ давно имъ извѣстны, не давая никакихъ новыхъ понятій, то такая катихизація превратится въ пустую безполезную болтовню и скоро наведетъ на дѣтей скуку. Вотъ почему были бы безполезны тѣ отдѣльные уроки нагляднаго обученія, на которыхъ толкуютъ по цѣлымъ часамъ о томъ, напр., для чего служитъ грифель, мѣлъ, классная доска, или о томъ, какая разница между столомъ и стуломъ и т. п. Подобная катихизація можетъ быть умѣстна только при первомъ знакомствѣ съ учащимися, если только она продолжается не больше 10—15 минутъ, и будетъ служить подготовленіемъ къ болѣе серіознымъ бесѣдамъ, на которыхъ и можно развивать въ дѣтяхъ какъ даръ слова, такъ и соображеніе. Еще менѣе полезно то наглядное обученіе, которое извѣстно подъ именемъ **предметныхъ уроковъ**, и посредствомъ котораго хотятъ сообщить 7—10 лѣтнимъ дѣтямъ всевозможныя знанія изъ разныхъ наукъ и фабричныхъ производствъ, точно головы малютокъ — кладовая, въ которую можно заразъ свалить всѣ свѣдѣнія, какія пріобрѣтаются только взрослыми послѣ многихъ наблюденій и продолжительнаго чтенія (*). Какъ обыкновенно случается, когда мы сразу хотимъ достигнуть слишкомъ многаго, то теряемъ и малое, — такъ и подобное обученіе, обѣщающее золотыя горы, даетъ весьма скудные результаты. Итакъ наглядное обученіе какъ отдѣльный предметъ преподаванія, ведетъ, да и не можетъ не вести къ чему либо другому, какъ только къ такимъ бесѣдамъ, которыя будутъ или ниже уровня умственнаго развитія дѣтей, или же будутъ превышать ихъ силы и, поэтому, скорѣе разслабятъ, притупятъ, чѣмъ укрѣпятъ и разовьютъ ихъ умственныя способности.

По нашему крайнему убѣжденію, для достиженія выше-объясненныхъ цѣлей достаточно катихизаціи по временамъ

(*) См. *Предметные уроки по мысли Песталоцци, руководство для занятій въ школѣ и дома съ дѣтьми отъ 7 до 10 лѣтъ. Курсъ приготовительный къ изученію естественныхъ наукъ и роднаго языка*. П. Перевлѣсскаго. Изд. 2-е Спб. 1867 г. Ц 1 р.

вперемежку съ занятіями письмомъ, чтеніемъ и счисленіемъ, когда представится къ тому необходимость при объясненіяхъ какого-либо слова или при сообщеніи такихъ знаній, усвоеніе которыхъ вполнѣ возможно и необходимо на степени элементарнаго обученія. Если, притомъ, вспомнимъ, что и весь ходъ начальнаго обученія долженъ быть не иной, какъ **катихическій** (т. е. состоящій изъ вопросовъ, бесѣдъ), и что всѣ объясненія должны сопровождаться **наглядностью**,—то легко убѣдиться въ томъ, что нѣтъ никакой надобности посвящать еще особые уроки отдѣльно на наглядное обученіе. Наглядность вездѣ необходима, чему бы ни учили въ элементарной школѣ; она нелишня даже при изученіи буквъ; какъ ни просто, кажется, усвоить нѣсколько письменныхъ знаковъ и нераздѣльныхъ звуковъ, однако для мало развитыхъ дѣтей, непривыкшихъ къ напряженію памяти, эта работа представляетъ большія трудности, и тутъ наглядность приноситъ большое облегченіе. Сравнивая незнакомый знакъ, напр. у, съ предметомъ хорошо извѣстнымъ и напечатлѣвшимъ уже въ умѣ дѣтей образъ (представленіе), напр. съ вилами, учащіеся легко запоминаютъ эту букву по закону ассоціаціи идей, т. е. когда дѣти представляютъ въ своемъ умѣ образъ вилъ, то въ то же время легко вызывается и сходное съ нимъ представленіе (образъ буквы у). Такимъ образомъ, наглядное обученіе, собственно говоря, есть не что иное, какъ обученіе всякому элементарному предмету вообще, начиная съ азбуки и оканчивая тѣми знаніями, которыя необходимы для всякаго человѣка и усвоеніе которыхъ возможно только при умѣньи сравнивать, классифицировать и вырабатывать, затѣмъ, изъ низшихъ высшія (отвлеченныя) понятія. Мы уже видѣли, какъ просто и удобопонятно объясняются, посредствомъ наглядности, такія явленія, какъ напр. дождь, иней и которыя, не смотря на всю очевидность ихъ происхожденія, для многихъ людей, ничему неучившихся, остаются на всю жизнь неразгаданною тайной. Такъ-какъ наши объясненія предназначены для людей взрослыхъ, болѣе или менѣе развитыхъ, то, для краткости, мы ихъ изложили въ описательной формѣ, которая, какъ само собою разумѣется, не годится для учащихся въ элементарной школѣ (для нихъ нужна катихизація). Чтобы дѣти вполнѣ поняли какъ образуется дождь, недостаточно разсказать имъ такъ, какъ мы разсказали объ испареніи воды отъ жара; нужно принести въ классъ кипятокъ, чтобы они сами собственными глазами видѣли, какъ изъ паровъ образуются капли; если же этого сдѣлать нельзя (хотя сдѣлать нетрудно), то, во всякомъ случаѣ, необходимо повести бесѣду такимъ образомъ, чтобы представленія дѣтей о кипяткѣ и капляхъ воды, образовавшихся изъ паровъ, живо возобновились въ ихъ головѣ, точно они находятся подъ дѣйствіемъ чувственныхъ воспріятій.

Когда, послѣ объясненія простыхъ предметовъ, придется бесѣдовать съ учащимися о болѣе сложныхъ и отвлеченныхъ понятіяхъ, то катихизація раздѣляется на нѣсколько уроковъ. Сначала разбираются тѣ простыя, чувственныя представленія и понятія, которыя входятъ въ составъ высшаго, отвлеченнаго понятія, а потомъ, послѣ этихъ подготовительныхъ бесѣдъ, можно приступить къ изъясненію этого высшаго понятія. Такъ, если учитель желаетъ объяснить, что такое дождь, то бесѣду онъ долженъ начать не прямо съ паровъ, а съ понятій о свойствѣ тѣлъ, зависящихъ отъ теплоты. Вотъ какіе вопросы, примѣрно, можно бы предложить учащимся для подобной катихизаціи.

Видѣли-ли вы какъ куютъ желѣзо въ кузницахъ? Зачѣмъ его раскаливаютъ? Отчего не куютъ прямо холодное желѣзо? Отчего разгоряченное желѣзо дѣлается мягче, не такъ плотно? Если возьмемъ кусокъ твердаго воску и разогрѣемъ его на огнѣ—что съ нимъ сдѣлается? А кусокъ сала? Если согрѣемъ кусокъ льду, что будетъ, во что онъ обратится? (Въ воду). Значитъ, теплота или жаръ растягиваетъ предметы, дѣлаетъ ихъ жиже? Вотъ мы разжидили ледъ, а можно-ли разжидить еще воду? (Отвѣтомъ будетъ навѣрно: нѣтъ, нельзя. Дѣти ужъ заинтересовались бесѣдою, надо поддерживать ихъ вниманіе задавая по временамъ и такіе вопросы, которые могли бы поразить своею неожиданностію, чтобы такимъ образомъ, подстрекнуть ихъ любознательность). Всякому изъ васъ часто случается видѣть, какъ идетъ паръ изъ самовара или горшка кипящаго: откуда берется этотъ паръ? Отчего сначала мы его ясно замѣчаемъ, а потомъ онъ становится невидимымъ? Что сдѣлается съ водою, если мы станемъ ее долго кипятить? Куда она ушла? Нельзя-ли ее возвратить назадъ въ горшокъ? Что вы замѣчаете на днѣ тарелки, если мы ею прикроемъ паръ? Откуда взялись капли воды на совершенно сухой тарелкѣ? Если вода стоитъ въ холодномъ мѣстѣ, будетъ-ли она испаряться? (Нѣтъ). Почему нѣтъ? А если вода стоитъ въ тепломъ, но не жаркомъ, мѣстѣ, испаряется-ли она? Поставьте тарелку съ водою въ теплую печку—что сдѣлается съ водою? Высохнетъ-ли она? Куда же дѣлась она? Отчего же не видно паровъ? и т. д. Что вы замѣчаете зимою на стеклахъ, когда они замерзнутъ, когда на нихъ есть изморозь? Откуда взялись иней и снѣжинки на окнѣ? и т. п.

Такимъ же образомъ можно повести бесѣду и о другихъ предметахъ, напримѣръ, что такое растеніе? Вопросы могутъ быть, примѣрно, слѣдующіе: Какія вы знаете деревья? Еще какія? Ты (такой-то) скажи, не знаешь-ли еще какого дерева? Какъ выростаетъ яблонь въ саду? Что дѣлается съ сѣмечкомъ, которое бросаютъ въ землю? Если земля засохнетъ, такъ-что не будетъ въ ней никакой влаги, что сдѣлается тогда съ сѣмечкомъ? А если земля замерзнетъ—что тогда съ нимъ сдѣлается? Значитъ, сѣмечко гибнетъ, когда нѣтъ воды и теплоты? Если возьмемъ орѣхъ и бросимъ въ песокъ—выростетъ ли орѣшникъ? Почему нѣтъ? А если возьмемъ травку или цвѣтокъ—будутъ ли они рости, когда холодно и земля сухая? Нѣтъ. Значитъ, дерево или трава не могутъ рости безъ воды и тепла? Зачѣмъ имъ нужна вода? Какъ, или посредствомъ чего, оно вбираетъ въ себя влагу? Значитъ, корни для дерева—то же, что ротъ для животныхъ? Животное ѣстъ, принимаетъ пищу ртомъ, а дерево—принимаетъ ли то же пищу? Откуда принимаетъ? Итакъ, дерево питается. Что же дѣлается съ сѣмечкомъ, когда его пригрѣетъ солнышко и когда оно разбухнетъ отъ влаги? Вдругъ-ли выростаетъ деревцо, или потихоньку? Что развертывается сначала изъ сѣмечка? Что оно пускаетъ изъ себя? Пускаетъ корни и листики, стволъ. А потомъ? Увеличивается-ли оно? Когда крошечное деревцо превратилось въ большое дерево, то что говорятъ о такомъ деревѣ? Говорятъ ли, что оно **увеличилось**, или иначе говорятъ? Какъ же говорятъ? **Выросло.** Значитъ, дерево **ростетъ.** Могло-ли бы оно рости, если бы оно не получало пищи изъ земли? Итакъ, дерево **питается** и **ростетъ.** А трава? А гвоздика? А фіялка? А камень—питается-ли тоже? А ростетъ-ли? Камень не питается и не ростетъ, слѣдовательно, камень не похожъ на дерево и траву? А трава похожа-ли на дерево? Въ чемъ же схожи дерево и трава? А цвѣтокъ тоже сходенъ съ деревомъ. Какъ же называютъ все то, что ростетъ? Слѣдовательно, дерево — растеніе? А крапива? А ландышъ? А фіялка? А камень—растеніе-ли? (Нѣтъ). А желѣзо? и т. п.

Представленные здѣсь образцы нагляднoй бесѣды съ учащимися въ элементарной школѣ, предлагаются не для **буквальнаго** выполненія, а для примѣра, для того, чтобы полнѣе разъяснить сущность катихизаціи. Такъ-какъ отвѣты учащихся могутъ быть совсѣмъ не тѣ, какіе здѣсь предполагаются, то, разумѣется, и предлагаемые вопросы будутъ измѣняться, сообразно сущности разбираемаго предмета и сообразно познаніямъ дѣтей. Во всякомъ случаѣ, должно принять въ руководство слѣдующія правила:

1) Предметъ, о которомъ ведется бесѣда, долженъ быть предъ глазами учащихся. Если нельзя имѣть въ классѣ, напр., деревья, животныя, то учитель возобновляетъ въ памяти учащихся видѣнное ими внѣ класса; для возобновленія представленій съ возможно большею живостью и полнотою прекраснымъ средствомъ служатъ картинки. Цвѣты, травы, злаки и т. п. самъ учитель можетъ приносить въ классъ. Въ хорошо устроенной школѣ есть нетолько картины, изобра-

жающія деревья, цвѣты, птицъ, рыбъ, звѣрей и т. п., но и разныя **коллекціи** (собранія) какъ по естествознанію, такъ и по нѣкоторымъ, болѣе извѣстнымъ, фабричнымъ и ремесленнымъ производствамъ, напр., коллекціи засушенныхъ травъ и цвѣтовъ (**гербаріи**), коллекціи животныхъ (**чучелы**), коллекціи **моделей** (т. е. изображеній разныхъ искусственныхъ предметовъ въ уменьшенномъ видѣ, какъ-то: сохи, паровоза, домика и т. п.).

2) При разсматриваніи предметовъ обращать вниманіе учащихся, въ особенности, на тѣ стороны, которыя менѣе всего дѣйствуютъ на ихъ чувственныя воспріятія и которыя, тѣмъ не менѣе, представляютъ существенные, отличительные признаки всего вида или рода, какъ, напр., корни у дерева. Когда будутъ найдены эти признаки и когда, такимъ образомъ, выработаются у учащихся высшія понятія, т. е. когда они дойдутъ до яснаго сознанія, напр., о томъ, что всякое живое существо, у котораго есть корни и стволъ (или стебли) и которое растетъ, называется **растеніемъ**,—тогда можно приступить къ классификаціи однородныхъ предметовъ. Тутъ могутъ быть предлагаемы такіе, напр., вопросы: Какая разница между кустарникомъ и деревомъ, между злакомъ и травою? Какое сходство между этими предметами? Что вы замѣчаете общаго у березы, ольхи, вербы? (листья, стволъ, кора). У всѣхъ-ли деревьевъ есть листья, кора, стволъ? У всѣхъ. А у смородины—есть ли листья, кора, **стволъ**? Есть. Значитъ, она тоже дерево? Нѣтъ. Почему же? Потому-что у ней не одинъ большой стволъ, а нѣсколько маленькихъ. Береза относится къ классу деревъ, а смородина—къ какому классу? Какіе вы еще знаете кустарники? Калина. Еще? Крыжовникъ. Еще?—Какіе вамъ извѣстны цвѣты? Роза, гвоздика, левкой. Еще? Можно-ли ихъ причислить къ классу кустарниковъ? Нѣтъ. Почему? А къ классу деревъ можно причислить? Нѣтъ. Почему? Къ какому же классу можно причислить розу, гвоздику, резеду? Къ классу цвѣтовъ. А къ классу растеній тоже можно? Можно. Что мы еще причисляли къ

классу растеній? Деревья, кустарники, злаки, травы.—Такими бесѣдами ученики доводятся до сознанія видовыхъ и родовыхъ отличій (понятій). Растеніе—**высшее** понятіе (родъ). Дерево, кустарникъ, злакъ, трава, цвѣтокъ — **среднее** понятіе: каждое изъ этихъ пяти понятій считается видомъ по отношенію къ высшему понятію (растеніе) и можетъ быть въ то же время родомъ по отношенію къ **низшимъ** понятіямъ: береза, ольха, ель..... (деревья), калина, крыжовникъ, смородина..... (кустарники), рожь, овесъ, метлица.... (злаки), подбѣлъ, подорожникъ, тысячелистникъ..... (травы), гвоздика, шапочки, анютины глазки,..... (цвѣты). Подобными бесѣдами можно довести учащихся и до сознанія видовыхъ и родовыхъ отличій животныхъ; напр., животное—высшее понятіе; птица, рыба—среднее понятіе; чижъ, голубь, воробей..... или: окунь, щука, карась.....—низшія понятія. Само собою разумѣется, что ученикамъ элементарной школы нельзя толковать о томъ, что такое представленіе или понятіе и т. п. Но отъ нихъ можно и даже должно требовать, чтобы они знали видовыя и родовыя отличія какъ растеній, такъ и животныхъ: ибо эти знанія вполнѣ доступны пониманію дѣтей и въ то же время крайне необходимы въ общежитіи.

3) Бесѣды вести **концентрически**, т. е. начиная съ маленькаго круга низшихъ понятій, постепенно расширять этотъ кругъ, переходя все къ болѣе сложнымъ предметамъ (высшимъ понятіямъ). Такъ, напр., для усвоенія родовыхъ и видовыхъ отличій **растенія** начинать бесѣду съ разсматриванья **особи**, т. е. отдѣльнаго цвѣтка, злака, травки, кустарника, дерева, затѣмъ, сравнивать два вида, составляющіе одинъ родъ, останавливая вниманіе учащихся на сходствѣ и разницѣ, напр., между березою и ольхою, или между гвоздикою и левкоемъ; послѣ того, отыскиваются сходства и различія между видами, относящимися къ двумъ и нѣсколькимъ родамъ, какъ напр. между цвѣткомъ и травою или между кустарникомъ и деревомъ; наконецъ, послѣ изученія видовыхъ отличій, можно перейти къ уясненію родовыхъ отличій. Вотъ для наглядно-

сти таблица, изображающая, какимъ образомъ изъ одного (низшаго) понятія развивается другое (высшее) понятіе:

тысячелистникъ, подбѣлъ..... (низшее видовое понятіе)

травы (низшее родовое понятіе)

гвоздика, анютины глазки..... (низшее видовое понятіе)

цвѣты (низшее родовое понятіе)

рожь, ячмень, метлица..... (низшее видовое понятіе)

злаки (низшее родовое понятіе)

калина, смородина....... (низшее видовое понятіе)

кустарники (низшее родовое понятіе)

ель, сосна, ольха, береза..... (низшее видовое понятіе)

деревья (низшее родовое понятіе)

травы, цвѣты, злаки, кустарники, деревья (высшія видовыя понятія)

РАСТЕНІЕ (высшее родовое понятіе).

4) Всякая бесѣда начинается неиначе, какъ съ предметовъ или уже знакомыхъ учащимся или съ такихъ, которые могутъ быть показаны въ классѣ для ихъ личныхъ наблюденій. Когда будутъ разсмотрѣны отличительныя признаки этихъ предметовъ, можно перейти уже къ изученію незнакомыхъ однородныхъ предметовъ посредствомъ сравненій. Такъ, напр., если при чтеніи, или по какому-либо другому случаю, рѣчь коснется льва, то нельзя прямо объяснять, что левъ такой-то и такой звѣрь: нужно побесѣдовать сначала, напр., о кошкѣ, какъ о предметѣ знакомомъ и относящемся къ тому же роду, что и левъ. Сравнивая на картинкѣ оба эти вида и указывая на сходные и отличительные признаки того и другаго, можно уже сдѣлать заключеніе о томъ, что за звѣрь левъ.

5) Съ вопросами учитель обращается не къ одному ученику, а ко всему классу, чтобы всѣ принимали участіе въ бесѣдѣ и были готовы отвѣчать по указанію учителя. Когда во-

прось достаточно обдуманъ учащимися и они приготовили отвѣтъ, учитель обращается за отвѣтомъ или къ одному ученику, или ко всей скамьѣ, поперемѣнно: отвѣчай, первая скамья, вторая,—тамъ послѣдняя, и т. д. Для соревнованія и доставленья удовольствія учащимся, можно позволить отвѣчать и всему классу, и это не будетъ безпорядокъ. Безпорядокъ будетъ тогда, когда учащіеся зубрятъ, работаютъ языкомъ, а не головою; когда они отъ скуки (вслѣдствіе ли бездѣлья или вслѣдствіе утомительнаго неподвижнаго сидѣнья, все равно) начинаютъ, во время урока, шалить изподтишка, дѣлать разныя проказы и обращаться къ учителю съ жалобами или пустыми, неумѣстными вопросами.

6) Когда большинство учащихся не въ состояніи отвѣтить на предложенный учителемъ вопросъ, то это значитъ, что вопросъ или неясно выраженъ, или превышаетъ понятія дѣтей. Въ томъ и другомъ случаѣ учителю не слѣдуетъ отвѣчать самому за учениковъ, а нужно задавать новые вопросы, попроще, т. е. болѣе ясные и болѣе соотвѣтствующіе силамъ дѣтей. Такъ, напр., если учащіеся не могутъ отвѣтить на вопросъ: какая разница между кустарникомъ и деревомъ?—надо предложить сряду другіе вопросы въ родѣ слѣдующихъ: Что вы замѣчали въ березѣ? Листья, вѣтви, кору..... А стволъ есть у березы? Есть. У вербы есть? У сосны, ели, дуба.... есть? Значитъ, у всякаго дерева есть стволъ? Сколько стволовъ у дерева? Одинъ. А у калины, смородины, сирени, шиповника—есть стволъ? Есть. Одинъ, или нѣсколько? и т. д. Такими и тому подобными вопросами учащіеся сами собою, собственною своею умственною самодѣятельностію, будутъ доведены до сознанія, что у дерева одинъ стволъ, а у кустарника нѣсколько тонкихъ стволовъ, въ видѣ отдѣльныхъ деревецъ.

7) Всякая бесѣда должна представлять нѣчто цѣлое, округленное и всегда имѣть въ виду усвоеніе учащимися одного, а не нѣсколькихъ понятій заразъ. Поэтому, вопросы должны быть напередъ хорошо обдуманы учителемъ, чтобы не раскидываться ими широко и не произвесть въ головахъ уча-

щихся путаницы. Пусть они на одномъ урокѣ усвоятъ одно низшее видовое понятіе, на другомъ—другое такое же понятіе, но пусть усвоятъ съ полною ясностію и отчетливостію; только послѣ нѣсколькихъ приготовительныхъ бесѣдъ, можно перейти къ родовому понятію. Пусть дѣти узнаютъ **не много, но основательно**. Пусть они, прежде всего, пріучатся, посредствомъ личныхъ наблюденій, замѣчать въ предметахъ существенные ихъ признаки, пусть они по больше разсматриваютъ, сравниваютъ и отвлекаютъ. Пріобрѣтеніемъ положительныхъ знаній, со всею научною классификаціею, нѣчего торопиться: когда умъ дѣтей привыкнетъ къ дѣятельности, и когда у нихъ будутъ, хотя немногія, но ясныя понятія о вещахъ, тогда они сами дополнятъ недостающія свѣдѣнія, впослѣдствіи, выйдя изъ школы, посредствомъ ли личнаго наблюденія, бесѣдъ съ болѣе знающими людьми, посредствомъ чтенія ли и размышленія.

XVIII.
Обученіе счисленію (ариѳметика).

Рядомъ съ обученіемъ письму и чтенію обыкновенно идетъ и обученіе счисленію (счету). Во многихъ школахъ еще и въ настоящее время счисленію обучаютъ по старинному способу, т. е., какъ разъ наперекоръ тѣмъ основнымъ педагогическимъ началамъ, которыя мы объяснили въ предыдущихъ главахъ. По этому способу обученіе начинается съ самаго труднаго и именно: съ **нумераціи** и опредѣленія отвлеченныхъ ариѳметическихъ понятій, какъ напр., что такое **единица**, что такое **число**? Тутъ уже нѣтъ рѣшительно никакой наглядности, постепенности и оживленности: дѣти томятся и скучаютъ, долбя наизусть то, чего вовсе не понимаютъ. Тутъ мы видимъ то же насилованіе дѣтской природы, о которомъ мы говорили, когда рѣчь шла объ обученіи чтенію. Спрашивается: зачѣмъ же дѣти должны зубрить сказанныя отвлеченныя правила? Затѣмъ, чтобы изучить **науку** ариѳметику, какъ она излагается въ книгѣ, руководствѣ. Но къ чему это? Вѣдь, дѣтей нужно познакомить только съ счисленіемъ, а не съ наукой; неграмотные люди научаются счету безъ всякихъ наукъ; многіе изъ нихъ умѣютъ считать лучше, чѣмъ учившіеся ариѳметикѣ. Значитъ, плохая помощь эта ариѳметика, изложенная по-ученому. И, дѣйствительно, обученіе ариѳметикѣ, какъ наукѣ, излагаемой въ систематическомъ порядкѣ по аналитическому способу, разслабляетъ у дѣтей умственныя способности, вмѣсто того, чтобы ихъ развивать, укрѣплять: оттого-то они, набивъ голову разными мудрыми опредѣленіями, не смекаютъ такихъ простыхъ вещей, которыя сами собою ясны человѣку съ непритупленнымъ мышленіемъ.

Нынче уже всѣми педагогами признано за непреложное правило, что: въ элементарномъ обученіи нѣтъ никакихъ **наукъ**, а есть **учебные предметы**. Всякое **систематическое** или **научное** изложеніе предполагаетъ въ читателѣ извѣстныя, болѣе или менѣе опредѣленныя, понятія и предварительныя свѣдѣнія, на основаніи которыхъ и строится зданіе науки. Въ учащихся же въ элементарной школѣ нѣтъ еще никакихъ ясныхъ понятій, ни положительныхъ знаній, составляющихъ элементы науки. Объ усвоеніи ихъ дѣтьми и надо прежде всего позаботиться школѣ. Когда у ребенка нѣтъ еще никакого понятія о первыхъ десяти ариѳметическихъ знакахъ, то опредѣленіе „что такое ариѳметика„ или „что такое число" и т. п. можетъ быть ими только зазубрено безсознательно, а не усвоено съ пониманіемъ. Покажите прежде на дѣлѣ, что такое ариѳметика; пройдите прежде ариѳметику на дѣлѣ въ задачахъ, какъ слѣдуетъ: и тогда учащемуся само собою будетъ ясно, что такое ваша ариѳметика; и заучиванье наизусть какихъ бы то ни было правилъ понадобится ему развѣ только для того, чтобы пріучить его къ правильному выраженію усвоенныхъ уже имъ понятій.

Итакъ, при обученіи счисленію необходимо слѣдовать тому естественному пути, какимъ усваиваютъ дѣти сами собою всякія понятія и знанія въ то время, когда они ничему еще не **обучаются** ни въ школѣ, ни дома. Преподаваніе по этому пути, при соблюденіи **постепенности** въ переходѣ отъ легчайшаго къ труднѣйшему, ведется **наглядно и оживленно**, и вотъ какимъ образомъ:

Если учащіеся не умѣютъ еще пересчитать до десяти, какъ это постоянно случается въ элементарныхъ школахъ, то обученіе и начинается съ этого счета, но такъ, чтобы дѣти на самомъ дѣлѣ **считали**, какъ это дѣлается въ дѣйствительной жизни, а не зубрили только безсознательно: одинъ, два, три, четыре.... Дабы пріучить ихъ считать, имъ надо дать какіе-нибудь предметы, напр., орѣхи, камешки, желуди и т. п. Лучше всего будетъ, если учитель заготовитъ для обученія счету деревянныя палочки, которыя можно разломать, чтобы объяснить наглядно учащимся, что такое половина, треть, четверть, двѣ четверти. Дроби, конечно, будутъ проходиться особо, послѣ изученія всѣхъ ариѳметическихъ дѣйствій надъ цѣлыми числами. Но и на первыхъ урокахъ можно дать общее понятіе о половинѣ, трети, четверти: это нетолько нетруднѣе, но гораздо легче, чѣмъ нумерація, состоящая изъ тысячъ и мильоновъ. Съ нумераціею не зачѣмъ торопиться: пусть прежде всего учащіеся усвоятъ основательно понятіе о тѣхъ простыхъ величинахъ, которыя постоянно встрѣчаются въ жизни на каждомъ шагу; пусть они нетолько складываютъ, но и вычитаютъ, множатъ, дробятъ, или дѣлятъ маленькія числа до 10. Для большей ясности приведемъ образцы практическаго обученія счету по предлагаемому здѣсь способу. Мы здѣсь прописываемъ только вопросы учителя; отвѣты сами собою подразумѣваются.

Смотрите, дѣти, сколько у меня палочекъ въ рукѣ: одна, двѣ, три, четыре, пять. Повторите. Нѣтъ-ли у васъ чего нибудь **пять**? Смотрите на свою руку: сколько на ней пальцевъ. Сосчитайте. А на другой рукѣ сколько? Столько же: разъ, два, три, четыре, пять. А вмѣстѣ, пять и пять, сколько будетъ? Давайте считать: шесть, семь, восемь, девять, десять. (Счетъ дальше десяти не идетъ, а производятся всѣ четыре дѣйствія и рѣшаются различныя задачи съ этими числами). Вотъ у меня двѣ палочки; если я отниму одну, сколько останется? А если прибавлю одну? А если къ тому еще прибавлю одну, да еще одну? Если отъ пяти отыму одну? Еще одну? Еще три отниму: что останется? Останется одна палочка. Если палочку разломаю на двѣ равныя части, то будутъ двѣ половины палочки. Сколько будетъ половинъ въ двухъ палочкахъ? Вотъ четыре палочки: возьмемъ ихъ въ двѣ руки такъ, чтобы въ каждой было поровну: сколько въ правой рукѣ палочекъ? Двѣ. А въ лѣвой? Тоже двѣ. Значитъ, чему равняется половина четырехъ? Вотъ двѣ палочки; прибавимъ къ нимъ еще двѣ палочки: сколько будетъ всего? Четыре. Прибавимъ къ этимъ четыремъ еще двѣ палочки: сколько всего? Сколько разъ брали мы по двѣ палочки? Три раза. Сколько вышло? Шесть. Значитъ, сколько разъ нужно брать по двѣ, чтобы вышло шесть? Если шесть раздѣлить на три части; сколько выйдетъ? Два. Значитъ, два есть третья часть шести. Такъ-ли? Повѣримъ. Возьмемъ ниточку, вымѣримъ палочку и отмѣтимъ на ней шесть равныхъ частей; возьмемъ теперь двѣ части и будемъ откладывать на палочкѣ: сколько разъ мы отложили эти двѣ части? Три раза. Половина четырехъ два. А половина шести? Половина восьми? Половина десяти? Если отъ четырехъ отнять половину, сколько останется? А отъ шести, восьми, десяти?

Такими изустными бесѣдами учащіеся нагляднымъ образомъ усвоятъ понятія о первыхъ ариѳметическихъ величинахъ и свободно будутъ производить надъ этими величинами всѣ четыре ариѳметическія дѣйствія—сложеніе, вычитаніе, умноженіе и дѣленіе, безъ всякихъ правилъ, какъ ихъ производить на доскѣ, или на бумагѣ. Тогда, и только тогда, слѣдуетъ приступить къ изученію письменныхъ знаковъ, изображающихъ эти величины, (цифры). Тутъ можно употребить слѣдующіе пріемы.

Повторивъ съ учащимися вкратцѣ изустныя упражненія въ счисленіи на послѣднемъ урокѣ, учитель обращается къ классу съ слѣдующею, примѣрно, бесѣдою: Вотъ мы складывали два и два, да еще три и еще три карандаша: это составило десять. Все это мы сложили заразъ. Но если случится такое обстоятельство: мѣсяцъ тому назадъ куплено, положимъ, пять карандашей, четвертаго дня—два и сегодня три карандаша; то, чтобы не забыть, сколько когда куплено, мы должны были бы записывать это каждый разъ отдѣльно. Какъ же это сдѣлать? Вы, вѣрно, видѣли, какъ отмѣчаютъ для памяти счетъ неграмотные люди на биркахъ. Станемъ и мы, подобно имъ, отмѣчать намъ счетъ на доскѣ палочками: пять карандашей |||||, два карандаша ||, да еще три карандаша |||. Если намъ прійдется отмѣтить, положимъ, десять карандашей да еще десять карандашей, мы должны поставить два раза по десяти палочекъ: ||||||||||,—||||||||||, это еще не бѣда; но когда прійдется записать нѣсколько десятковъ, тогда уже будетъ очень неудобно—палочки займутъ много и мѣста и времени. Для упрощенія счета придумали особые, легкіе для письма, значки, которые замѣняютъ наши палочки. Вотъ эти значки:

Вмѣсто: |, ||, |||, ||||, |||||, ||||||, |||||||, ||||||||, |||||||||, ||||||||||,
пишутъ: 1, 2, 3, 4, 5, 6, 7, 8, 9, 10.

На первый разъ достаточно ограничиться изученіемъ этихъ знаковъ, не говоря ни слова ни о нашемъ церковномъ (помощью буквъ), ни о римскомъ счисленіи (I, II, III, IV, V, VI, VII, и т. д.). Для дѣтей и безъ того будетъ немало труда; ознакомленіе заразъ съ двумя незнакомыми предметами произвело бы лишь путаницу въ ихъ понятіяхъ: то и другое счисленіе имъ легко будетъ объяснить, при случаѣ, впослѣдствіи, когда они вполнѣ овладѣютъ письменнымъ счетомъ помощью обыкновенныхъ ариѳметическихъ знаковъ. Замѣтимъ при этомъ, что приступать къ письму цыфръ слѣдуетъ не раньше того времени, когда глазъ и рука учащихся достаточно уже развились тѣми предварительными упражненіями, какія показаны въ „**Родномъ Словѣ**" К. Ушинскаго и въ „**Первой Учебной Книжкѣ**," I. Паульсона, а равно въ „**Первоначальномъ обученіи письму-чтенію**." Одновременно съ письмомъ цыфръ должно идти по прежнему изустное счисленіе съ десятками и единицами вмѣстѣ, точно такимъ образомъ, какъ показано нами выше. Тутъ преподаватель можетъ вести примѣрно слѣдующую катихизацію: Отсчитаемъ десять палочекъ и свяжемъ ихъ въ одинъ пучекъ. Въ пучкѣ будетъ одинъ десятокъ палочекъ. Свяжемъ другой такой же пучекъ. Сколько теперь у насъ десятковъ палочекъ? Два. А сколько всего отдѣльныхъ единичныхъ палочекъ? Двадцать. Слѣдовательно, сколько десятковъ заключаетъ въ себѣ двадцать единицъ? А тридцать единицъ? Сорокъ единицъ? Пятьдесятъ единицъ? Сколько нужно прибавить къ двумъ десяткамъ, чтобы вышло три? А чтобы вышло четыре, пять, шесть десятковъ? Шесть десятковъ что составляютъ? Шестьдесятъ. А семь, восемь, девять десятковъ? Если отъ девяноста отнимемъ пять десятковъ, сколько останется десятковъ? Если отъ сорока отнимемъ одинъ, два, три десятка, что останется? А если прибавимъ? Если сорокъ палочекъ раздѣлимъ на четыре равныя части, то сколько прійдется на каждую часть? Возьмемъ четыре раза одинъ десятокъ — сколько выйдетъ? Если возьмемъ половину сорока, много-ли выйдетъ? А половина двадцати — сколько будетъ? Четверть двадцати? — Если къ десятку палочекъ прибавимъ одну палочку — сколько будетъ? А если двѣ, три, четыре? и т. д. Если къ двумъ десяткамъ прибавимъ одну, двѣ, три и т. д. — что выйдетъ? Если станемъ прибавлять по двѣ палочки къ десятку — что выйдетъ? Двѣнадцать, четырнадцать, шестнадцать и т. д. А если по три, по четыре? и т. д. Если отнимемъ отъ двухъ десятковъ одну палочку — сколько останется? Девятнадцать. Еще отнимемъ одну, еще одну и т. д. Станемъ отнимать по двѣ, по три, по четыре и т. п. Сколько будетъ десятковъ и единицъ въ пятнадцати? Одинъ десятокъ и пять единицъ. Сколько деся-

...единицъ въ девятнадцати? Въ осемнадцати? двадцати
...трехъ? и т. п.

...казанный здѣсь способъ обученья счисленію — подра-
...извѣстному руководству, составленному г. I. Паульсо-
...т. е. "**Ариѳметикѣ по способу нѣмецкаго педа-**
...**Грубе**" (*). Желающимъ поближе познакомиться съ
...способомъ, можно посовѣтовать: придерживаясь, вообще,
...(концентрической) и способа изложенія (катихическа-
...проходить курсъ скорѣе, чѣмъ это дѣлаетъ Грубе. Грубе
...влекается своимъ, дѣйствительно, превосходнымъ спосо-
...то забываетъ о нѣкоторыхъ весьма важныхъ условіяхъ
...льнаго обученья, какъ напр. о поддержаніи въ дѣтяхъ
...ательности и о неизысканности, естественности катихи-
...Онъ, напр., предлагаетъ такіе вопросы: "Одна дѣвочка
...**половину двухъ апельсиновъ** (!); сколько это?
...). Одна половина двухъ апельсиновъ — что это
...такая? Или: Одна точка содержится въ трехъ точкахъ
...разъ?" (стр. 27). По катихизаціи Грубе, конечно,
...ть, что **одна точка въ трехъ точкахъ содержит-**
...**раза**. Но по здравому смыслу, неослѣпленному при-
...немъ разныхъ искусственныхъ задачъ, какихъ не бы-
...въ жизни, подобный вопросъ можетъ показаться болѣе,
...страннымъ. Такіе вопросы могутъ нетолько до смерти
...дѣтямъ, у коихъ такъ подвижна натура, но и дѣйство-
...разслабляющимъ образомъ на ихъ умственныя способно-
...И это — не предположеніе только по личнымъ соображе-
...пишущаго эти строки, но несомнѣнная истина, дознан-
...опытѣ при обученіи по способу Грубе. И потому, кто
...ть разумно выполнить сказанный способъ, долженъ со-
...курсъ обученья и пропускать тѣ мѣста, въ которыхъ
...изація выходитъ за предѣлы естественности.

...При этомъ, надо разнообразить занятія счисленіемъ и
...сложными данными для счета, т. е. такъ называемыми а-

(*) Изд. 5-ое Спб. 1867. 160 стр. 8 д. л. Ц. 60 к.

риѳметическими задачами, которые на этой ступени [...] могутъ быть, напр., слѣдующаго содержанія: 1) Вам[ъ] сшили новые сапоги: за подошву заплачено 35 к., [...] 1 р. 45 к., сапожнику—85 к. Сколько стоятъ сапоги? [...] ей хозяйки есть три курицы: каждая изъ нихъ несе[тъ въ мѣ]сяцъ по два десятка яицъ: сколько снесутъ яицъ всѣ [ку]рицы въ два мѣсяца? 3) У Пети было два рубля: копѣ[екъ] далъ онъ нищему, на пять копѣекъ поставилъ свѣчк[у передъ] иконою, на двѣ копѣйки купилъ себѣ булку, а на бума[гу и ка]рандаши издержалъ полтинникъ. Сколько у него оста[лось] денегъ?

Выборъ задачъ имѣетъ весьма важное значеніе [для] развитія способности соображенія въ учащихся, такъ и [для] влеченія ихъ вниманія, а слѣдовательно, и возбужденія [ихъ] дѣятельности. И, поэтому, надо придумывать такія зад[ачи, въ] которыхъ всѣ числовыя отношенія вытекаютъ изъ усл[овій жи]зни самихъ учащихся. Учащіеся должны понимать и [знать,] куда взялись задаваемыя имъ задачи? Посредствомъ [органи]заціи необходимо довести учащихся до яснаго созна[нія, что] дѣйствительно, въ жизни нерѣдко приходится рѣшать [подоб]ныя задачи. Какъ ни просты приведенныя выше три [задачи,] однако, къ рѣшенію и такихъ задачъ нельзя приступа[ть] безъ соблюденія той постепенности, о которой мы го[ворили,] излагая первые уроки счисленія. Бесѣдуя съ учащим[ися, учи]тель наводитъ ихъ на такія соображенія, изъ которыхъ [самихъ] собою вытекаютъ всѣ новыя и новыя числовыя отноше[нія,] которыя постепенно усложняютъ задачу. Такъ, до [рѣшенія,] напр., второй изъ вышеприведенныхъ задачъ, можно в[ызвать] учащихся на соображенія слѣдующею бесѣдою. Вы, в[ѣрно,] любите куриныя яйца? Это—здоровая и сытная пищ[а. Что] дороже: хлѣбъ или яйцо? Сколько стоитъ у насъ (въ М[оскъ]вѣ) одно яйцо? (Положимъ, копѣйка). Сколько копѣек[ъ бу]дутъ стоить два яйца? три? четыре? и т. д. Ско[лько яицъ] можетъ снести одна курица въ однѣ сутки? въ двое с[утокъ?] въ трое сутокъ? и т. д. Сколько яицъ снесутъ въ сут[ки] курицы? три курицы? четыре курицы? и т. д. Сколько яицъ снесутъ три курицы въ однѣ сутки? въ двое сутокъ? и т. д. Вотъ у моей хозяйки есть три курицы, каждая курица несетъ въ мѣсяцъ по два десятка яицъ. Хозяйка сегодня хотѣла сосчитать: сколько она денегъ получитъ за яйца, снесенныя всѣми курицами впродолженіе двухъ мѣсяцевъ? Попробуйте вы это сосчитать. Сколько есть курицъ у моей хозяйки? По скольку яицъ несетъ каждая курица въ одинъ мѣсяцъ? Одна несетъ 20. Сколько же одна курица снесетъ въ два мѣсяца — больше или меньше 20? Во сколько разъ больше? Сколько же будетъ? 40. А три курицы? Сколько же всѣ три курицы несутъ яицъ въ одинъ мѣсяцъ?—60. А въ два мѣсяца сколько снесутъ — больше или меньше 60? Сколько же хозяйка получитъ денегъ за всѣ шесть десятковъ, если одинъ десятокъ она будетъ продавать по 10 к.? — Послѣ такой бесѣды, рѣшеніе этой задачи можно усложнить, измѣнивъ числовыя наименованія, напр. два мѣсяца, — на три, четыре, пять, шесть.... десять мѣсяцевъ, — три курицы на пять курицъ и т. п. Вообще, надо замѣтить, что гораздо полезнѣе: впродолженіе извѣстнаго времени, заняться рѣшеніемъ **одной** задачи съ подобными измѣненіями и постепенными усложненіями, чѣмъ рѣшать **нѣсколько** задачъ, неимѣющихъ между собою никакой связи.

Рѣшая такимъ образомъ задачи и, вмѣстѣ съ тѣмъ, упражняясь въ счисленіи посредствомъ вышеизложенной катихизаціи, учащіеся наглядно и легко усвоятъ всѣ четыре ариѳметическія дѣйствія сперва надъ единицами, потомъ надъ десятками и сотнями. Рядомъ съ изустными упражненіями идетъ съ такою же постепенностью и изученіе письменнаго счисленія (нумераціи). Когда учащіеся поймутъ хорошо, что такое десятокъ, сотня, тысяча и т. д. и наглядно увидятъ, какъ изъ однѣхъ и тѣхъ единицъ составляются особые разряды десятковъ, сотенъ и т. д., и когда, притомъ, посредствомъ вышесказанныхъ упражненій, разовьется у нихъ способность соображенія, тогда уже имъ нетрудно будетъ изучить нумерацію. Нумерацію нѣтъ никакой надобности вести выше милльоновъ; къ чему обременять память и мышленіе дѣтей этими триліонами и квадриліонами, которыми никто никогда не считаетъ, кромѣ школьныхъ учителей и учащихся?

Въ хорошо устроенной школѣ должны быть счеты и, притомъ, не маленькіе, а возможно большаго размѣра, чтобы были видны для всего класса. Счеты служатъ весьма хорошимъ пособіемъ для наглядности при изустныхъ счисленіяхъ, которыя мы изложили выше. Они могутъ замѣнить собою палочки, орѣхи, деньги и прочіе предметы, которые не всегда удобно имѣть въ классѣ для счисленій. Наши русскіе счеты, совсѣмъ мало извѣстные въ другихъ государствахъ, въ послѣднее время стали вводиться во многія заграничныя школы; всѣ находятъ ихъ очень удобными для элементарнаго обученія счету. Мы считаемъ здѣсь излишнимъ распространяться о томъ, какъ упражнять учащихся въ счисленіи по счетамъ,— такъ какъ тутъ пріемы, въ сущности, останутся тѣ же самые, какіе мы показали при счисленіи по палочкамъ. Вся суть состоитъ въ слѣдующемъ.

Обращаясь къ учащимся, преподаватель говоритъ: вы видите на проволокѣ десять косточекъ, сочтемъ: одинъ, два, три и т. д. По срединѣ двѣ косточки отличаются отъ остальныхъ чернымъ цвѣтомъ, для того, чтобы видно было, что эти косточки отдѣляютъ половину десятка—пятокъ. Отодвинемъ одинъ пятокъ косточекъ: сколько останется? Прибавимъ къ этому одну косточку, двѣ, три и т. д. Станемъ прибавлять къ одной косточкѣ по двѣ косточки—сколько будетъ? Потомъ прибавляется по три, по четыре и т. д. и, обратно, отнимаются. На одной проволокѣ отдѣлимъ двѣ косточки, на другой тоже, на третьей тоже: сколько выйдетъ на всѣхъ трехъ? Возьмемъ восемь косточекъ; отодвинемъ половину: сколько останется? и т. п. Желающихъ изучить въ подробности весь ходъ обученья счисленію на счетахъ можетъ удовлетворить извѣстное руководство Ив. Главинскаго (Отд. III-й).

На чемъ бы ни считали учащіеся, на палочкахъ-ли,

деньгахъ-ли, или на счетахъ, во всякомъ случаѣ элементарное счисленіе должно вести не иначе, какъ на **конкретныхъ** (т. е. дѣйствительно существующихъ въ мірѣ) предметахъ, а не на **отвлеченныхъ** числахъ. Никто и никогда въ обыденной жизни не скажетъ два, три,..... десять и т. д., не прибавивъ: чего два, три, десять? Два рубля, три пера, десять аршинъ и т. п., всегда и непремѣнно къ числамъ прибавляется какой-нибудь предметъ; безъ этого немыслима никакая рѣчь. Не странно-ли послѣ этого, что въ низшихъ школахъ держатся иного порядка, и учатъ тому, чего не существуетъ въ самой жизни. Послѣ того, ничего нѣтъ удивительнаго, что **ариѳметика,** самый легкій предметъ, во многихъ школахъ считается самымъ труднымъ. Если обученіе счисленію (а не ариѳметикѣ) пойдетъ по объясненному нами способу, т. е. если оно будетъ наглядно, принаровлено къ понятіямъ и силамъ дѣтей, и если, притомъ, оно будетъ оживляться бесѣдами и задачами, почерпнутыми изъ самой жизни, то навѣрно можно сказать, что учащіеся легко усвоятъ изъ ариѳметики всѣ тѣ знанія и ту сноровку, какія необходимы для практической жизни. При такомъ способѣ обученія книга (ариѳметика) совсѣмъ излишня для учащихся. Зачѣмъ имъ зубрить по книгѣ, какъ дѣлается, напр., сложеніе? Они должны узнать это на практикѣ, часто упражнялсь надъ совершеніемъ этого дѣйствія. Когда они поняли хорошо всю суть сложенія, то уже не забудутъ его; во всякомъ случаѣ, правило безъ практическаго упражненія скорѣе забудется, чѣмъ пріобрѣтенный навыкъ безъ заученія правила.

XIX.

Дополнительныя элементарныя знанія.—Родиновѣдѣніе.—Объяснительное чтеніе.

Почти во всѣхъ заграничныхъ элементарныхъ школахъ, кромѣ обученья письму, чтенію и счисленію, сообщаются учащимся важнѣйшія знанія изъ естественныхъ наукъ и изъ исторіи и географіи отечества. Да и въ нашихъ, хорошо устроенныхъ, школахъ заботятся объ ознакомленіи дѣтей съ тѣми простыми научными знаніями, которыя необходимы каждому человѣку какъ въ сельскомъ, такъ и во всякомъ другомъ быту. Физика, химія и физіологія въ наше время составляютъ краеугольный камень настоящаго образованія, которое стремится къ улучшенію нашей жизни и къ доставленію возможно бо́льшаго счастья. Пока первыя насущныя потребности человѣка неудовлетворены, онъ не можетъ назваться счастливымъ. Но, человѣкъ, по своему невѣдѣнію, склоненъ желать часто и того, что для него вредно какъ въ тѣлесномъ, такъ и въ духовномъ отношеніи. Только знаніе естественныхъ законовъ можетъ указать границу между нормальными и кажущимися потребностями. И самая наука о сохраненіи здоровья (**гигіена**), здоровья, составляющаго первое и главнѣйшее условіе земнаго счастья, основывается на знаніи естественныхъ законовъ. Даже добрая нравственность, разумность жизни, много зависитъ отъ здраваго пониманія окружающей насъ природы и отъ умѣнья вѣрно отличать настоящія физіологическія потребности отъ ложныхъ, это пониманіе и умѣнье служатъ вѣрнѣйшимъ средствомъ къ пріученію человѣка къ сдержанности и умѣренности. Самые предразсудки, такъ часто извращающіе даже религіозныя понятія у необразованныхъ людей, не могутъ быть искоренены безъ помощи свѣта естествознанія. Наконецъ, земледѣліе, ремесла, промыслы, составляющіе основу народнаго благосостоянія, приходятъ въ цвѣтущее состояніе только тамъ, гдѣ трудъ и предпріимчивость идутъ рука объ руку съ знаніями, почерпаемыми изъ естествовѣдѣнія. Все это ясно говоритъ о необходимости знакомить съ естествознаніемъ въ сельскихъ училищахъ огромное большинство народа, которое должно довольствоваться элементарнымъ образованіемъ.

Въ нѣмецкихъ элементарныхъ школахъ преподается особый учебный предметъ подъ именемъ Heimatskunde, т. е. **родиновѣдѣніе**. Этотъ предметъ, въ сущности, есть не что иное, какъ предварительное подготовленіе дѣтей къ основательному изученію отечества въ географическомъ, историческомъ и естественно-физическомъ отношеніи. Такимъ образомъ, въ кругъ этого предмета входятъ элементарныя знанія изъ разныхъ наукъ, какъ-то: изъ **географіи, исторіи, ботаники** (о растеніяхъ), **зоологіи** (о животныхъ), **минералогіи** (о минералахъ), а также и изъ **физики** и **химіи**. Родиновѣдѣніе, какъ учебный предметъ, сталъ входить въ школьную практику въ то именно время, когда въ педагогикѣ выработались тѣ **аксіомы** (несомнѣнныя истины), которыя мы изложили въ X-ой гл. нашей книги. По старинному способу, обученіе географіи, какъ и обученіе ариѳметикѣ, а равно и другимъ предметамъ, начинали совершенно вопреки этимъ аксіомамъ, т. е. съ самаго труднаго. Дѣтямъ толковали, напр., объ **эклиптикѣ, меридіанѣ**, величинѣ земли и тому подобныхъ мудреныхъ вещахъ, которыхъ они никакъ не въ состояніи понять, тогда-какъ на каждомъ шагу имъ встрѣчалось столько любопытныхъ явленій, столько предметовъ близкихъ и, вмѣстѣ съ тѣмъ, достойныхъ изученія, которые оставлялись, однако, безъ всякаго вниманія ради рутины, преданія. Дѣти должны были безсознательно по книгѣ зубрить, что такое заливъ, перешеекъ, мысъ, островъ и т. п., тогда какъ всѣ эти термины могли быть усвоены наглядно безъ всякаго ученья: стоило только указать имъ на ближайшее озеро, прудъ, рѣку, и они собственными глазами увидѣли бы съ совершенною ясностью, что такое заливъ, островъ и т. п. Когда обратили, наконецъ, серіозное вниманіе на слѣдующее педагогическое правило: „всякое обученiе начинайте съ самаго легкаго и близкаго дитяти, и, затѣмъ, переходите постепенно къ болѣе трудному и отдаленному,"— то не могли не замѣтить всей нелѣпости вышеупомянутой зебряжки уроковъ географiи (т. е. землеописанiя). Тогда педагоги весьма разумно стали говорить такъ: пусть ваши дѣти прежде изучатъ то, что они топчутъ ежедневно своими ногами; пусть они привыкнутъ обращать серiозное вниманiе на тѣ обыденные предметы, которые имъ попадаются на всякомъ шагу, и при тщательномъ разсмотрѣнiи которыхъ всегда представится что-нибудь любопытное и достойное изученiя; пусть они изучатъ свой огородъ, садъ, свою улицу, свою деревню, или городъ; далѣе, пусть изучатъ окрестности или всю родину, затѣмъ, все свое государство (отечество), и тогда уже будетъ гораздо легче и естественнѣе познакомиться съ Европою, Азiею и другими дальними странами.

Въ самомъ дѣлѣ, для семи и даже десятилѣтняго дитяти еще много предстоитъ работы, чтобы усвоить тѣ простыя понятiя, безъ которыхъ немыслимо прiобрѣтенiе никакихъ научныхъ знанiй и для выработки которыхъ представляется столько матерiала изъ окружающей его мѣстности. Да и самыя внѣшнiя чувства у дѣтей сказаннаго возраста обыкновенно бываютъ не настолько изощрены, сколько требуется для яснаго пониманiя обыденныхъ предметовъ; а потому, школа должна прежде всего позаботиться объ обогащенiи учащихся возможно-большимъ запасомъ чувственныхъ воспрiятiй (представленiй).

При этомъ, надо принять въ соображенiе то педагогическое правило, по которому всякое элементарное обученiе идетъ **концентрически**, т. е. начинаясь съ самаго маленькаго круга понятiй, постепенно расширяетъ этотъ кругъ въ объемѣ, прибавляя къ усвоеннымъ простымъ знанiямъ все новыя и все болѣе и болѣе сложныя знанiя. Такимъ образомъ, первыя познанiя изъ географiи учащiеся начинаютъ усваивать въ классной комнатѣ. Если повести оживленную катихизацiю и обраить серіозное вниманіе дѣтей на тѣ понятія, которыя имъ еще незнакомы и которыя можно усвоить въ классѣ,—то мы найдемъ въ немъ немало матеріала какъ для умственнаго упражненія, такъ и для пріобрѣтенія ими самыхъ необходимыхъ знаній: вѣсъ, величина, цвѣтъ, форма, составъ предметовъ, находящихся предъ глазами учащихся—все это можетъ вести къ болѣе или менѣе занимательнымъ бесѣдамъ, съ цѣлью развитія наблюдательности, соображенія и къ усвоенію новыхъ понятій. Въ классѣ можно дать дѣтямъ понятіе о пространственныхъ отношеніяхъ и пріучить ихъ глазъ и руку къ измѣренію, черченію плановъ и рисовкѣ простѣйшихъ предметовъ. Нельзя дать дѣтямъ яснаго понятія о географической картѣ, или глобусѣ, пока они не знаютъ, что такое **маштабъ**, что такое **кругъ, шаръ**; нельзя говорить также о сѣверѣ, югѣ, востокѣ и западѣ, пока нѣтъ яснаго понятія о восходѣ и закатѣ солнца. И, поэтому, прежде всего необходимо, чтобы учащіеся занялись измѣреніемъ: пусть они измѣрятъ аршиномъ классную комнату; пусть расчитаютъ ширину и длину и покажутъ это на бумагѣ въ уменьшенномъ видѣ (маштабъ и планъ); пусть укажутъ по своимъ личнымъ наблюденіямъ, въ какой сторонѣ восходитъ и въ какой заходитъ солнце; пусть скажутъ, сколько часовъ продолжается день и ночь, какая разница между этими явленіями; пусть перечтутъ времена года и, вмѣстѣ съ тѣмъ, объяснятъ, какія отличительныя черты они замѣчаютъ въ зимѣ и лѣтѣ, въ веснѣ и осени. Затѣмъ, отъ классной комнаты учащіеся, перейдутъ къ изученію окружающей училищный домъ мѣстности: пусть измѣрятъ саженью дворъ, садъ, огородъ и снимутъ планъ съ строеній. Здѣсь можно дать ясное понятіе о **квадратной** верстѣ и объ измѣреніи тѣлъ въ длину, ширину и высоту или глубину (**кубъ, кубическая мѣра,** напр. кубическая сажень дровъ). Наконецъ, перейдутъ къ изученію всей деревни или города (смотря по мѣсту нахожденія училища) и ближайшихъ окрестностей (родины). Здѣсь учитель обращаетъ вниманіе дѣтей, преимущественно, на слѣдующіе предметы: почва земли, нива, пастбище, лугъ, лѣсъ, рѣка, озеро или ручьи, камни, цвѣты, травы, кустарники, животныя; вода, воздухъ, туманъ, дождь, роса, градъ, снѣгъ, иней, смотря по времени года. Все это изучается по личнымъ же наблюденіямъ самихъ дѣтей; для этого въ хорошую погоду дѣлаются прогулки. Дѣти очень любятъ прогулки; пусть же они употребятъ ихъ съ двойною пользою: пусть развиваютъ свои физическія силы бѣганьемъ, прыганьемъ, лазаньемъ и, вмѣстѣ съ тѣмъ, изощряютъ внѣшнія чувства, упражняютъ мыслительныя способности и пріобрѣтаютъ необходимѣйшія въ жизни знанія. Пусть учитель будетъ руководителемъ въ этой дѣятельности; пусть онъ пользуется всякимъ удобнымъ случаемъ, чтобы, по возможности, удовлетворить врожденной любознательности дѣтей. Пусть онъ объяснитъ, какая разница напр. между травою и цвѣткомъ, пусть укажетъ на полезность или вредность извѣстныхъ растеній или минераловъ, какіе попадутся на глаза. На этихъ же прогулкахъ можно обратить вниманіе на образъ жизни мѣстныхъ жителей (земледѣліе, промыслы, ремесла), а также коснуться повѣрій, народныхъ преданій (легенды). По поводу какого-либо памятника, который будетъ разсматриваться учителемъ вмѣстѣ съ учащимися, или по поводу какого-либо народнаго преданія, можно разсказать о болѣе замѣчательныхъ историческихъ личностяхъ или событіяхъ.

Распредѣленіе сказанныхъ занятій, какъ само собою разумѣется, должно сообразоваться съ временами года и мѣстностью; но во всякомъ случаѣ, главную роль въ нихъ играетъ наглядность, т. е. личныя наблюденія учащихся подъ руководствомъ и указаніемъ учителя. Такъ, лѣтомъ, по возможности, дѣлаются **экскурсіи** (прогулки) въ мѣста, болѣе замѣчательныя по какимъ-либо памятникамъ, растеніямъ, ископаемымъ, фабрикамъ, заводамъ и т. п.; зимою повторяется, дополняется пройденное лѣтомъ и продолжается изученіе, на моделяхъ, картинкахъ, чучелахъ и т. п., такихъ предметовъ и явленій съ которыми дѣти еще не успѣли или не могли познакомиться посредствомъ личнаго наблюденія. Изъ всего круга прібрѣтенныхъ знаній можно дѣлать, затѣмъ, обобщенія, т. е. изъ отрывочныхъ знаній выводить общія заключенія напр. о видѣ, родѣ. Вмѣстѣ съ этимъ обращается вниманіе и на усвоеніе учащимися легкости и правильности выраженія родной рѣчи. Кромѣ изустныхъ бесѣдъ, они должны дѣлать маленькія описанія разсмотрѣнныхъ и изученныхъ ими предметовъ.

Вообще говоря, родиновѣдѣніе, по своей цѣли и по способу изложенія, есть то же, нами выше объясненное, наглядное обученіе; и если это послѣднее выберетъ своимъ предметомъ усвоеніе дѣтьми тѣхъ именно понятій и знаній, какія мы здѣсь изчислили, то весьма желательно, чтобы оно было введено во всякую элементарную школу, какъ отдѣльный учебный предметъ. Къ сожалѣнію, такое обученіе у насъ въ Россіи весьма мало извѣстно.

Въ нѣкоторыхъ нѣмецкихъ учебныхъ заведеніяхъ, учащіеся дѣлаютъ экскурсіи за 100 и болѣе верстъ, отправляясь съ учителями въ путь даже на нѣсколько дней. Нѣтъ ничего прекраснѣе такого обычая. Одинъ день проведенный учащимися въ экскурсіи принесетъ въ тысячу разъ больше пользы, чѣмъ цѣлые мѣсяцы обученья въ душной классной комнатѣ, гдѣ такъ часто насилуется дѣтская природа и гдѣ, подъ видомъ серіозныхъ занятій, дѣти томятся отъ скуки и усталости и, вслѣдствіе этого, получаютъ отвращеніе къ книгамъ. Послѣ того, нѣтъ ничего удивительнаго, что большинство, окончивъ курсъ такого ученья и прощаясь съ школою, вмѣстѣ съ тѣмъ, прощается съ всякими полезными знаніями, долженствующими интересовать человѣка во всю его жизнь во всякомъ быту. Экскурсіи болѣе всего именно тѣмъ и полезны, что онѣ, помогая изощренію внѣшнихъ чувствъ и тѣлесному развитію дѣтей, въ то же время, служатъ тѣмъ связывающимъ звеномъ, посредствомъ котораго потребности физической жизни, непримѣтнымъ образомъ, входятъ въ соприкосновеніе съ потребностями духовной жизни: тутъ обыденные и простые предметы переплетаются съ научными предметами, бо́льшая или меньшая сложность которыхъ, при личномъ наблюденіи и наглядности, приводится въ простѣйшій видъ. Положимъ, что по пути экскурсіи дѣтямъ встрѣтится дерево, поразившее ихъ своимъ величественнымъ видомъ. Что можетъ быть естественнѣе желанія—узнать высоту этого дерева? Или, положимъ, дѣтямъ попалась рѣчка, прудъ и т. п. и они пожелаютъ выкупаться. Не естественно-ли и тутъ узнать глубину и ширину рѣки, озерка и т. п.? Учителю, неслѣдившему за педагогическою литературою, и незнакомому съ новѣйшею методикою учебныхъ предметовъ, такіе вопросы могутъ показаться мудреными и требующими знанія геометріи. Между-тѣмъ, всѣ подобные вопросы, какъ измѣреніе куска земли, измѣреніе высоты дерева или недоступнаго мѣста,—рѣшаются очень просто безъ всякаго систематическаго изученія геометріи и безъ всякихъ геодезическихъ инструментовъ: сто́итъ только запастись обыкновенными мѣрами—футомъ, аршиномъ, саженью, деревянными колышками да верёвкою сажень въ 5 или 10 и, при помощи обыкновенныхъ ариѳметическихъ счисленій, съ придачею весьма немногихъ, простыхъ свѣдѣній изъ геометріи, нетрудно дѣлать измѣренія, какія дѣлаются землемѣрами, которымъ часто крестьяне платятъ порядочныя деньги и на которыхъ они смотрятъ какъ на людей Богъ вѣсть какъ ученыхъ! Да и не странно-ли видѣть, что кончившіе курсъ обученья въ элементарной школѣ не умѣютъ сами измѣрить своего куска земли?

Для лицъ, желающихъ ввести въ элементарную школу сообщеніе учащимся вышеупомянутыхъ знаній и не обладающихъ для этого достаточными свѣдѣніями, мы можемъ рекомендовать слѣдующія книги, которыя послужатъ или матеріаломъ для бесѣдъ съ дѣтьми, или руководствомъ для самого преподавателя.

А. ПО ЕСТЕСТВОЗНАНІЮ:

Кромѣ указанныхъ въ I-ой главѣ настоящаго руководства (при этомъ, обращается особенное вниманіе на сочиненіе

Санина, какъ заключающее въ себѣ необыкновенное богатство весьма разнообразныхъ и полезныхъ свѣдѣній), могутъ быть болѣе или менѣе полезны:

1) *Элементарное объясненіе явленій природы.* Сост. А. Игнатовичъ. Спб. 1868.

2) *Начальныя основанія физики*, Тыртова.

3) *Почему и потому.* Вопросы и отвѣты по наиболѣе важнымъ отраслямъ естественныхъ наукъ. Сост. Д-ръ *Отто Улэ.* Пер. съ нѣмец. А. И. Шульгиной. Спб. 1869. (Ц. 40 ?)

4) *Приготовительный курсъ ботаники.* Составленъ по Любену, Н. Раевскимъ. Спб. 1863. Ц. 50 к.

5) *Руководство къ систематическому изученію ботаники для школъ и самообученья*, Авг. *Любена.* Сост. А. *Бекетовъ* 2 ч. Спб. 1869. Ц. 3 р. 50 к.

6) *О происхожденіи органическихъ тѣлъ и о ступеняхъ въ организаціи животныхъ и растеній.* Популярныя письма Егера. Пер. съ нѣмецкаго Зенгера. Спб. 1868.

7) *Описаніе нѣкоторыхъ животныхъ.* Изд. А. *Ситенскаго-Селявина.* Спб. 1866. Ц. 8 к.

8) Чтеніе о полезныхъ и вредныхъ животныхъ. К. *Фогта.* Ц. 60 к.

9) *Приготовительный курсъ зоологіи.* Сост., по методѣ Любена и Габріеля, Д. Михайловъ. Спб. 1867. Ц. 85 к.

10) *Первые уроки минералогіи*, Герда. Спб. 1869.

11) *Натуралистъ.* Изданіе Журнала „Учитель" 1866, 1867 г. Ц. годовому изданію 4 р.

12) *Предметные уроки* Перевлѣсскаго (*).

(*) При этомъ учителю надо имѣть въ виду, что въ этой книжкѣ, какъ мы уже выше замѣтили, есть много лишняго, неподходящаго къ потребностямъ обыденной жизни, а равно и къ силамъ дѣтскаго возраста, какъ напр. свѣдѣнія о камфорѣ, инбирѣ, корицѣ, саго, фарфорѣ, фаянсѣ, слоновой кости, и тому подобныхъ вещахъ, которыхъ иному, можетъ, и во всю жизнь не случиться никогда видѣть.

Б. ПО СЕЛЬСКОМУ ХОЗЯЙСТВУ:

1) *Деревня*. Разсказы для юношества о сельской природѣ и сельскомъ бытѣ. Спб. 1869.

2) *О системахъ земледѣлія* А. Совѣтова. Спб. 1867. Ц. 1 р. 75 к.

3) *Популярный курсъ начальныхъ основаній земледѣлія для учителей сельскихъ училищъ*. Сост. Н. Соковниным. Херсонъ. 1869. Ц. 1 р. 25 к.

В. ПО ГИГІЕНѢ:

1) Какъ спасать и спасаться отъ скоропостижныхъ смертныхъ случаевъ безъ помощи врачей и знахарей. Соч. Н. Глинскаго. Спб. 1866. Ц. 7 к.

2) *Химія кухни*. Отто Улэ. Спб. Ц. 75 к.

3) *Популярная гигіена*. Настольная книга для сохраненія здоровья и рабочей силы въ средѣ народа. Соч. Карла Рекклама. Спб. 1869. Ц. 2 р.

Г. ПО ОТЕЧЕСТВОВѢДѢНІЮ:

1) „*Педагогическія замѣтки для учителей*" и „*Отечествовѣдѣніе*," Д. Семенова (*).

2) *Мірововѣдѣніе*. Сост. Золотовъ. Спб. 1866. Ц. 40 к.

3) *Разсказы о землѣ, водѣ и воздухѣ*. Спб. 1862. Ц. 20 к. (Изъ журн. „Чтеніе для солдатъ").

(*) *Отечествовѣдѣніе*, т. е. изученіе нашего отечества, Россіи, по разсказамъ путешественниковъ и ученымъ изслѣдованіямъ, состоитъ изъ 4-хъ книгъ: 1) *Сѣверный край*. (Ц. 75 к.) 2) *Южный край*. (Ц. 1 р.) 3) *Кавказъ и Уралъ*. (Ц. 1 р.) и 4) *Сибирь и Западный край*. (Ц. 1 р.) Спб. 1867. Изд. книгопродавца Вольфа. Педагогическія замѣтки стоятъ всего 30 к. Въ „*Педагогическихъ замѣткахъ*" Семенова довольно обстоятельно указано, какъ познакомить наглядно учащихся съ географіею родины (родиновѣдѣніе) и съ географіею всего отечества (отечествовѣдѣніе). Книга подъ заглавіемъ: „*Отечествовѣдѣніе*" служитъ для чтенія, помощью котораго можно подробно познакомиться съ разными, болѣе замѣчательными, мѣстностями и городами Россіи

4) *Разсказы о землѣ и о небѣ*. А. Иванова. Спб. 1865. Ц. 15 к.

5) *О землѣ, солнцѣ, лунѣ и звѣздахъ*. Спб. 1865. Ц. 15 к. (Изъ журнала „Чтеніе для солдатъ").

6) *О русской землѣ*. С. Максимова. Спб. 1868. Ц. 8 к.

7) *О русскихъ людяхъ*. С. Максимова. Спб. 1868. Ц. 6 к.

8) *Край крещенаго свѣта*. С. Максимова: *I. Мерзлая пустыня*, или повѣсть о дикихъ народахъ, кочующихъ съ полуночной стороны Россіи. (Ц. 9 к.) *II. Дремучіе лѣса*, или разсказъ о народахъ, населяющихъ русскіе лѣса. (Ц. 9 к.) *III. Степи*, или разсказъ о народахъ, кочующихъ по степямъ съ полуденной стороны Россіи. (Ц. 8 к.) *IV. Русскія горы и кавказскіе горцы*. (Ц. 8 к.)

9) *Географическая христоматія*. Сост. Лихачевой и Сувориной. Спб. 1866.

Д. ПО ЗЕМЛЕМѢРІЮ:

1) *Приготовительный курсъ элементарной геометріи*. Сост. *Косинскій*. Ц. 35 к.

2) *Элементарная геометрія*, Дистервега. Спб. 1866. Ц. 40 к. (Изъ журн. „Учитель").

3) *Общепонятная практическая геометрія*. Начальныя основанія геометріи. Сост. Леве. Ц. 1 р. 25 к. (Необходимо замѣтить, что изданіе 1-ое этого сочиненія гораздо лучше для практическаго изученія землемѣрія, чѣмъ изданіе позднѣйшее, т. е. изданіе, вышедшее въ 1868).

въ историческомъ, промышленномъ и естественно-физическомъ отношеніи, а также съ разными живущими въ ней народами, съ ихъ обычаями, нравами. Въ этихъ же книгахъ указаны и нѣкоторыя, вышедшія въ печати, сочиненія, относящіяся къ описанію Россіи. Слѣдовательно, если онѣ, по своему изложенію, не совсѣмъ доступны для учащихся въ элементарной школѣ, то во всякомъ случаѣ для учителя могутъ служить весьма важнымъ пособіемъ при объясненіи и разсказахъ о многихъ предметахъ, съ которыми вовсе нелишне познакомиться и на степени элементарнаго обученія.

Е. ПО РАЗНЫМЪ ОТРАСЛЯМЪ ЗНАНІЯ (СМѢСЬ):

1) *Есть ли гдѣ конецъ свѣту?* Соч. Н. Данилевскаго и А. Оссовскаго. Изъ двухъ частей. Ц. 1-ой час. 25 к., 2-ой—40 к.

2) *Сельское чтеніе*. Сост. кн. Одоевскимъ и Заблоцкимъ. 4 книги. Спб. 1863—4 г. Ц. 1 р. 20 к.

3) *Ручная книжка для грамотнаго поселянина*. Спб. 1866. Ц. 50 к.

4) Журналъ „*Народная бесѣда*" Спб. Цѣна годовому изданію, состоящему изъ 12 книжекъ, 2 р.

5) *Народная школа*. Педагогическій журналъ, издав. Ѳ. Мѣдниковымъ. Ц. годов. изд. 4 р.

ОБЪЯСНИТЕЛЬНОЕ ЧТЕНІЕ.

При обученьи чтенію надо различать двѣ главныя ступени, сообразно успѣхамъ учащихся: за первую ступень принимается начало обученья до того времени, когда учащіеся начинаютъ разбирать отдѣльныя слова свободно, безъ остановокъ; затѣмъ, наступаетъ связное чтеніе цѣлыхъ предложеній; это-то и составляетъ вторую ступень. Чтеніе на первой ступени бываетъ, по большей части, механическое: все вниманіе учащихся, почти исключительно, поглощается трудною для нихъ работою сочетанія гласныхъ буквъ съ согласными; тутъ не можетъ быть никакихъ ни грамматическихъ, ни логическихъ толкованій, исключая указанія разницы между гласными и согласными буквами и объясненія двухъ терминовъ—**слогъ** и **грамматическое удареніе**; затѣмъ, вся катихизація ограничивается лишь немногими вопросами, относящимися къ разъясненію какого-либо отрывочнаго понятія, выражаемаго разбираемымъ словомъ и представляющаго что-нибудь новое и достойное вниманія учащихся. Съ переходомъ на вторую ступень, начинается такъ называемое **объяснительное чте-**

ніе (*). Тутъ обращается вниманіе нетолько на правильность произношенія отдѣльныхъ словъ, но и на **логическое ударение** (интонацію голоса, смотря по смыслу читаемыхъ предложеній), а равно и на знаки препинанія.

Съ самаго начала связнаго чтенія необходимо пріучать дѣтей къ соблюденію знаковъ препинанія и, въ особенности, къ остановкѣ на точкѣ. Дѣти, по живости своей натуры, обыкновенно торопятся читать и, запыхаясь, останавливаются тамъ, гдѣ вовсе не слѣдуетъ останавливаться; если учитель теперь же не станетъ обращать строгаго вниманія на это и дѣти привыкнутъ скользить по строкамъ безъ надлежащихъ остановокъ; то впослѣдствіи уже очень-очень трудно будетъ отучить ихъ отъ такой привычки. Опытъ показалъ, что отъ подобнаго недосмотра со стороны учителя, дѣти такъ неровно и, вообще, дурно читаютъ, что, въ позднѣйшее время, нѣтъ даже возможности научить ихъ плавному, хорошему чтенію и—они такъ и остаются на всю жизнь плохими чтецами. Усвоеніе значенія знаковъ препинанія, какъ и усвоеніе всякихъ другихъ знаній въ элементарномъ обученіи, должно пріобрѣтаться учащимися исподоволь, постепенно. Прежде всего нужно объяснить значеніе точки—это самое главное и, вмѣстѣ съ тѣмъ, самое легкое; затѣмъ, на другой или третій урокъ—значеніе знаковъ вопросительнаго и восклицательнаго, далѣе—на слѣдующихъ урокахъ—двоеточія; наконецъ, должно познакомить учащихся съ значеніемъ запятой и точки съ запятою лишь посредствомъ сравненія этихъ знаковъ съ точкою и двоеточіемъ. Объясненіемъ же знаковъ мыслеотдѣлительнаго (—), многоточія (.....), а равно ковычекъ („ "), скобокъ ( ) и знака относительнаго (* или 1, 2 и т. д.) не зачѣмъ торопиться: о каждомъ изъ этихъ знаковъ можно растолковать отдѣльно, впослѣдствіи, при случаѣ, когда встрѣтится тотъ или другой изъ нихъ при чтеніи.

(*) Это чтеніе въ „Первоначальномъ обученьи письму-чтенію" начинается съ 19 стр.

Для того, чтобы учащіеся читали хорошо, т. е. съ соблюденіемъ знаковъ препинанія и надлежащей интонаціи, они должны хорошо понимать не только общее значеніе каждаго отдѣльнаго слова, но и всѣ тѣ оттѣнки, какіе принимаютъ слова въ связи въ цѣломъ предложеніи; они должны вникать въ смыслъ читаемаго. Пріучить дѣтей къ этому можно посредствомъ такъ называемаго **вещественнаго разбора**. Въ чемъ состоитъ этотъ разборъ, мы объяснимъ на примѣрахъ.

Возьмемъ для начала самую удобопонятную поговорку: „Ржаной хлѣбъ—всему голова." Для разъясненія смысла этой поговорки можно предлагать слѣдующіе вопросы: О чемъ здѣсь идетъ рѣчь? (О ржаномъ хлѣбѣ). Изъ чего печется хлѣбъ? (Изъ ржаной муки). Еще изъ чего? (Изъ пшеницы). А изъ другихъ зеренъ не печется хлѣбъ? (Печется, но рѣдко, потому-что не бываетъ такъ хорошъ). Почему здѣсь названъ **головою** именно **ржаной**, а не другой хлѣбъ? (Потому, что онъ составляетъ **главную** пищу у простаго народа). Почему же ржаной хлѣбъ составляетъ главную пищу? (Онъ питателенъ и дешевле обходится, чѣмъ хлѣбъ пшеничный). У кого бываетъ голова? (У человѣка и животныхъ). Что же такое голова? (Самая **главная** часть). А хлѣбъ можетъ быть головою? (Нѣтъ). Отчего же тутъ ржаной хлѣбъ названъ головою? Есть-ли какое сходство между головою и ржанымъ хлѣбомъ? (Есть: какъ голова составляетъ самую главную часть тѣла, такъ и ржаной хлѣбъ составляетъ самую главную пищу человѣка). Слѣдовательно, хотя голова и хлѣбъ—двѣ разныя вещи, но между ними есть нѣкоторое **подобіе**, а именно: одинаково важное значеніе ихъ для жизни человѣка. И поэтому, вмѣсто „ржаной хлѣбъ—важнѣе всякой другой пищи," говорится: „ржаной хлѣбъ—всему голова." Такая замѣна одного слова другимъ называется **уподобленіемъ**. Чтобы вполнѣ уяснить учащимся этотъ терминъ и чтобы они его хорошо запомнили, учитель приводитъ другіе примѣры. Такъ, онъ можетъ спросить учащихся: не слышалъ-ли кто изъ нихъ выраженія: „у этого человѣка—каменное сердце?" Можетъ-ли быть каменное сердце? (Нѣтъ, не можетъ быть). Каковъ бываетъ камень: твердъ или мягокъ? (Твердъ). Чувствуетъ-ли камень, если по немъ ударить чѣмъ-нибудь? (Не чувствуетъ). Значитъ, камень твердъ и нечувствителенъ? А сердце можетъ-ли быть твердое, или, иначе, нечувствительное? (Можетъ быть). На что похоже такое сердце? (На камень). Значитъ, нечувствительное, несострадательное сердце уподобляется—чему? (Камню). Итакъ, „каменное сердце" есть выраженіе не прямое, а переносное, или, говоря короче: это—**уподобленіе**.

Поговорки и пословицы, кромѣ прямаго, **буквальнаго** или, такъ сказать, внѣшняго смысла, заключаютъ въ себѣ еще другой смыслъ—**переносный** (внутренній). Возьмемъ для примѣра пословицу: „По птичкѣ и клѣтка." Чтобы выяснить настоящій смыслъ этой пословицы, прежде всего необходимо—посредствомъ катихизаціи довести учащихся до яснаго представленія о томъ, что птички бываютъ разныя: однѣ изъ нихъ (какія именно?) поютъ хорошо и для нихъ не жалко дорогой клѣтки; другія же птицы (какія именно?)—не отличаются ничѣмъ особеннымъ и не стоютъ того, чтобы издерживаться для нихъ на хорошую клѣтку. (Буквальный смыслъ). Затѣмъ уже не трудно объяснить и внутренній смыслъ; какъ птицы бываютъ разныя, такъ и люди: одинъ трудится честно и усердно и—ему почетъ и уваженіе; другой лѣнтяй и—никто не станетъ особенно заботиться о немъ. Но, если такой человѣкъ начнетъ высказывать свое недовольство и жаловаться, что то или другое для него не хорошо; то ему и даютъ понять, что онъ не заслуживаетъ лучшаго, говоря: „по птичкѣ и клѣтка." (Внутренній смыслъ). Подобными сравненіями и примѣрами изъ обыденной жизни легко объясняется настоящій смыслъ всякой пословицы.

Перейдемъ теперь къ разбору статьи съ болѣе сложнымъ содержаніемъ, напр., басни Крылова: „**Чижъ и голубь**."

Чижа захлопнула злодѣйка западня;
Бѣдняжка въ ней и рвался, и метался,
А Голубь молодой надъ нимъ же надѣвался:
„Не стыдно-ль," говоритъ: средь бѣла дня
 Попался!
Не провели бы такъ меня:
За это я ручаюсь смѣло."
Анъ смотришь—тутъ же самъ запутался въ силокъ.
 И дѣло!
Впередъ чужой бѣдѣ не смѣйся, Голубокъ.

При разборѣ подобнаго рода статей, какъ настоящая басня, придерживаются обыкновенно слѣдующихъ пріемовъ: послѣ прочтенія перваго предложенія („Чижа захлопнула злодѣйка западня"), ученикъ останавливается и разъясняетъ его смыслъ при помощи задаваемыхъ учителемъ вопросовъ; затѣмъ, читаются порознь слѣдующія предложенія до конца басни, съ такими же разъясненіями. Послѣ того, дѣлаются сопоставленія одного предложенія съ другимъ по ихъ содержанію и идетъ разсказъ всей басни собственными словами учащося. Далѣе, изъ этого содержанія дѣлается извлеченіе, т. е. пересказываетъ ученикъ вкратцѣ самую суть содержанія. И, наконецъ, изъ этой главной мысли выводится заключеніе о цѣли, съ которой написана басня. (Нравоученіе). Послѣ прочтенія и разбора всякаго предложенія порознь, читаетъ другой ученикъ всю басню безъ перерывовъ, съ надлежащею интонаціею и съ тѣми остановками, которыя требуются по смыслу статьи и которыя указаны знаками препинанія. Когда, посредствомъ такихъ пріемовъ, учащіеся привыкнутъ вникать въ смыслъ читаемаго и пріобрѣтутъ умѣнье—читать совершенно свободно и когда имъ можно будетъ перейти къ чтенію болѣе пространныхъ статей, чѣмъ прописанная здѣсь басня, тогда остановки, для разъясненія каждаго предложенія порознь, будутъ нетолько излишними, но и неудобными. Тогда, смотря по объему и содержанію читаемой статьи, остановки дѣлаются или послѣ прочтенія всего періода, т. е. той части статьи, которая сама по себѣ составляетъ нѣчто цѣлое, или же послѣ прочтенія мѣста, выражающаго полную мысль и оканчивающагося, обыкновенно, точкою. Но въ послѣднемъ случаѣ остановки дѣлаются лишь тогда, когда въ прочитанномъ мѣстѣ встрѣтится или одно слово или же цѣлое выраженіе, требующія, для яснаго ихъ пониманія, извѣстныхъ разъясненій, смотря по познаніямъ учащихся. По прочтеніи же части или цѣлой статьи, сперва ведетъ бесѣду учитель, а потомъ сами ученики пересказываютъ своими словами полное содержаніе всей статьи, и, затѣмъ, дѣлается извлеченіе (краткое изложеніе главной мысли), точно также, какъ и при чтеніи вышепрописанной басни. Что касается до того, какъ вести бесѣду, т. е. съ какими вопросами долженъ обращаться учитель къ учащимся съ цѣлью разъясненія слова или мысли, то на это нельзя предложить никакихъ положительныхъ правилъ, потому-что такіе вопросы могутъ быть безконечно разнообразны, смотря какъ по содержанію статьи, такъ и по познаніямъ учащихся. Здѣсь мы можемъ привести только образецъ разбора, взявъ для примѣра хоть туже басню: **Чижъ и голубь**, предполагая, что ее читаютъ ученики, еще незнакомые съ оборотами книжнаго языка и еще непривыкшіе вникать въ смыслъ читаемаго.

„Чижа захлопнула злодѣйка западня." О комъ здѣсь говорится? Что случилось съ чижомъ? Что такое западня? Отчего она названа **злодѣйкою**? На какія два отдѣльныя слова можно разложить слово злодѣйка или злодѣй? (На два слова: **зло и дѣлать**). Люди часто поступаютъ дурно, сами не зная, что этимъ причиняютъ ближнему зло; такое зло можетъ быть неумышленное и совершается само собою, иногда помимо воли человѣка; поэтому оно болѣе или менѣе извинительное. Но иногда люди дѣлаютъ зло, умышленно съ намѣреніемъ погубить ближняго:—такіе-то люди называются злодѣями. (Западня захлопнула чижа съ тѣмъ, чтобы погубить бѣдную птичку, т. е. передать ее въ неволю, и поэтому она названа злодѣйкою). Вмѣсто „чижа захлопнула злодѣйка западня," какъ можно сказать иначе? (Чижъ попалъ въ силокъ).—**Бѣдняжка въ ней и рвался, и метался."** Кто бѣдняжка? Въ чемъ это „въ ней?" Какъ иначе сказать вмѣсто „рвался и метался?" (Бросался, кидался во всѣ стороны, стараясь вырваться изъ силка).—„А голубь молодой надъ нимъ же издѣвался." Что значитъ „издѣвался?" (Подсмѣивался). Хорошо-ли дѣлалъ голубь, смѣясь чужому несчастью? Какой же это былъ голубь? (Молодой: значитъ, неопытный, самъ никогда неизвѣдавшiй горя; онъ не понималъ чужаго страданiя и потому смѣялся надъ несчастнымъ чижомъ).—„Не стыдно-ль, говоритъ: средъ бѣла дня попался!" Кто это такъ говоритъ? (Голубь). За что же голубь стыдитъ чижа? За то, что онъ попался въ силокъ. Когда же чижъ попался въ силокъ? (Средъ бѣла дня). Что бываетъ бѣло? А день отчего названъ бѣлымъ? (Оттого, что день былъ совершенно ясенъ, свѣтелъ). Какъ называется такое выраженiе, въ которомъ одинъ предметъ принимается за другой по какому-либо случайному сходству? (Предполагается, что учащимся уже объяснено значенiе термина „уподобленiе"). Что изъ этого слѣдуетъ, что голубь попалъ въ силокъ именно средъ бѣлаго дня? Могъ-ли онъ замѣтить силки? (Могъ). Но не замѣтилъ? Значитъ, былъ.... (неостороженъ). Заслуживаетъ-ли онъ за это упреки? Имѣлъ-ли право голубь дѣлать чижу упреки? (Нѣтъ, потому-что голубь не предостерегалъ чижа о грозившей ему опасности. Упреки голубя были неумѣстны, потому-что они попапрасну увеличивали страданiя чижа).— „Не провели бы такъ меня: за это я ручаюсь смѣло." Кто это такъ говоритъ? (Все тотъ же голубь). Что доказываютъ эти слова? (Голубь былъ слишкомъ самонадѣянъ увѣренъ въ томъ, что ему никогда не попасть въ силокъ). Что значитъ „не провели бы меня?" Какъ это иначе сказать? (Не обманули бы, не надули бы меня люди, ставящiе приманку съ западнею).—„Анъ смотришь—тутъ же самъ запутался въ силокъ." Что значитъ: „анъ смотришь?" Гдѣ это „тутъ же?" Кто такой самъ? (Тотъ, кто только-что сказалъ, что никогда не попадется въ силокъ, т. е. голубь).— „И дѣло!" Что это значитъ „и дѣло?" (Голубь попалъ не даромъ, потому-что былъ самонадѣянъ, слѣдовательно, въ своемъ несчастьи онъ самъ былъ виноватъ и наказанъ за свою самоувѣренность и за неумѣстные, злые упрёки.—„**Впередъ чужой бѣдѣ не смѣйся, голубокъ!**" Кто говоритъ эти слова? (Тотъ, кто написалъ этотъ разсказъ, т. е. извѣстный баснописецъ Крыловъ). Кому онъ это говоритъ? (Голубю). Какому голубю? (Тому, который недавно издѣвался надъ несчастьемъ чижа и теперь самъ запутался въ силокъ).

Послѣ такого разбора одинъ изъ учащихся прочитываетъ всю басню; затѣмъ, другой ученикъ пересказываетъ своими словами содержаніе этой басни и уразумѣваетъ ея существенный смыслъ при помощи слѣдующей, примѣрно, катихизаціи. О какихъ двухъ птицахъ тутъ шла рѣчь? Что съ ними случилось? (Обѣ онѣ попали въ силокъ). Какъ сказано въ баснѣ о приключившемся несчастьи съ чижомъ? (Чижа захлопнула западня). А о голубѣ какъ сказано? (Голубь запутался въ силокъ). И съ чижомъ и съ голубемъ случилось одно и то же несчастье; но нѣтъ-ли тутъ какой разницы? (Есть разница: чижа постигло несчастье **неожиданно**; ему трудно было предвидѣть бѣду; а голубь уже **по опыту могъ себя предохранить** отъ подобной бѣды, но такъ былъ ослѣпленъ своею самонадѣянностью, что не замѣтилъ, какъ попался въ силокъ). Изъ какихъ выраженій басни видно, что чижъ попался въ бѣду **неожиданно**? (Чижа захлопнула, т. е. вдругъ опустилась, западня). А голубь—какъ попалъ въ бѣду? (Онъ **запутался**, точно самъ лѣзъ въ силокъ). Если-бы голубь былъ скромнѣе и добрѣе, издѣвался-ли бы онъ надъ несчастьемъ чижа? (Нѣтъ). А попался-ли бы тогда онъ самъ въ силокъ? (Нѣтъ). Что же погубило голубя? Насмѣшка надъ чужимъ несчастьемъ и самоувѣренность). Итакъ, голубь заслужилъ наказаніе своимъ дурнымъ поведеніемъ. Какъ же это выражено въ баснѣ? (И дѣло). Какое поученье мы можемъ вывести изъ этой басни? (Не надо смѣяться чужой бѣдѣ). Почему не надо смѣяться? (Потому, что бѣда можетъ случиться со всякимъ: намъ легче переносить горе, если надъ нимъ не смѣются, а стараются помочь намъ. А кто смѣется надъ чужимъ несчастьемъ, того никто не пожалѣетъ, когда съ нимъ тоже случится бѣда). Къ кому относятся слова, сказанныя Крыловымъ въ концѣ басни: „Впередъ чужой бѣдѣ не смѣйся, голубокъ!"? Можетъ ли голубь смѣяться и говорить? (Нѣтъ). Кто же можетъ смѣяться и говорить? (Человѣкъ). Значитъ, къ кому относятся эти слова? (Къ людямъ). Итакъ, подъ именемъ голубь и чижъ надо подразумѣвать..... кого? Слѣдовательно, о чьихъ несчастьяхъ говорится? (О людскихъ несчастьяхъ). Съ людьми бываютъ разные случаи, подобные вышесказаннымъ. Чижъ и голубь уподобляются людямъ, а именно: чижъ — человѣку, попавшему въ бѣду случайно, а голубь — человѣку, попадающему въ бѣду по своей самонадѣянности. Если разсказывается какой-либо случай или происшествіе въ такомъ переносномъ значеніи, и разсказъ состоитъ изъ подобныхъ уподобленій, то такой разсказъ называется **аллегоріею** (иносказаніемъ). Всякая басня есть аллегорія.

XX.

Общія замѣчанія. — Устройство класса. — Гимнастика.

Изложивъ весь ходъ обученья въ элементарной школѣ, въ заключеніе, мы должны остановить наше вниманіе на нѣкоторыхъ внѣшнихъ сторонахъ этого дѣла. Кромѣ положительныхъ знаній, почерпаемыхъ изъ книгъ (**теорія**), для правильнаго веденія педагогическаго дѣла, отъ учителя требуется еще умѣнье, пріобрѣтаемое **практикою**. Теорія знакомитъ съ здравыми началами воспитанія и раціональными пріемами обученья; познакомившись основательно съ тѣми и другими, учитель легко пойметъ всю необходимость практической опытности, пріобрѣтаемой только посредствомъ личныхъ наблюденій. Только помощью опыта и наблюдательности устранятся тѣ трудности, которыя встрѣтятся преподавателю на первыхъ шагахъ обученья. Практика безъ теоріи ведетъ къ промахамъ; но и теорія безъ практики шатка и боязлива. Хорошее обученье требуетъ нетолько **знанія**, но и **умѣнья**; то и другое составляетъ педагогическое **искусство**, пріобрѣтаемое помощью науки и навыка. Практика проясняетъ взгляды учителя и даетъ твердость и рѣшительность его пріемамъ. Но безъ изученья дидактики нельзя ни пріобрѣсти умѣнья, ни выработать хорошихъ пріемовъ.- Учитель, необладающій практическою опытностью, но усвоившій теоретическія познанія, легко будетъ замѣчать свои ошибки и промахи, и постоянно будетъ совершенствоваться въ искусствѣ преподаванія; тогда-какъ для несвѣдущаго учителя не представляется никакой дороги лучше той, по которой его самого вели—и онъ или учитъ точно такъ, какъ его самого учили, или дѣлаетъ кое-какія эксперименты (опыты), отъ которыхъ рѣдко бываетъ дѣтямъ легче. Правда, иному экспериментатору, одушевляемому благороднымъ стремленіемъ —улучшить способы преподаванія— удается иногда набрести, такъ-сказать, ощупью на тотъ или другой раціональный пріемъ. Но это—такая рѣдкая случайность, которой тѣмъ болѣе нельзя приписывать какое-либо серіозное значеніе, что такое пріобрѣтеніе въ практическомъ преподаваніи покупается слишкомъ дорогою цѣною на счетъ невинныхъ жертвъ— дѣтей. Такіе экспериментаторы, по большей части бываютъ смѣшны и жалки: они смѣшны потому, что **вторично** открываютъ Америку и воображаютъ себя изобрѣтателями, ничего не изобрѣвъ новаго; они жалки потому, что, обманывая себя и другихъ и не вѣдая о существованіи богатой сокровищницы вѣковыхъ опытовъ, довольствуются крупицею, добытою собственными своими усиліями.

Только вооружившись основательными знаніями, учитель можетъ пользоваться разумно своими практическими опытами. Изученіе дѣтской природы со всѣми физическими и духовными способностями молодого организма, представляющаго безконечное разнообразіе въ своемъ индивидуальномъ развитіи, укажетъ тотъ путь, по которому должно идти раціональное обученіе. Но этотъ путь тернистъ: практическому дѣятелю надо его прочищать собственными своими усиліями — внимательнымъ, обдуманнымъ приложеніемъ къ дѣлу теоретическихъ знаній. Взглядъ учителя, изучившаго теоретическое дѣло, будетъ постоянно просвѣтляться, по мѣрѣ пріобрѣтенія имъ практической опытности. Самыя трудности и неудачи будутъ приносить ему немало радости и утѣшенія, когда онъ увидитъ на дѣлѣ, что почерпнутыя имъ изъ книги знанія и выработанный собственными его трудами навыкъ преодолѣваютъ всякія препятствія къ достиженію цѣли. Цѣль элементарнаго обученья — великая цѣль! Она требуетъ и жертвъ великихъ — со стороны учителя, а не дѣтей. Но кто всецѣло пожертвуетъ для этой цѣли всѣмъ своимъ временемъ и всѣми своими силами; кто вполнѣ пойметъ великое значеніе своей задачи, тотъ не упадетъ духомъ отъ неудачъ и въ самомъ преодолѣваніи трудностей будетъ находить отраду. Кто способенъ подмѣчать чудныя свойства дѣтской природы, дышущей свѣжею, кипучею жизнію, тотъ не можетъ не любить дѣтей; любя же дѣтей, нельзя нарадоваться каждымъ ихъ успѣхомъ, каждымъ ихъ пріобрѣтеніемъ.

Мы составили наше руководство именно для такихъ матерей и учителей, которые захотятъ серіозно изучить современную педагогику, основанную на знаніи естественныхъ законовъ вообще и дѣтской природы въ особенности. Мы изложили тѣ положительныя истины, въ несомнѣнности которыхъ убѣдились нашимъ личнымъ наблюденіемъ и многолѣтнимъ опытомъ. Мы избѣгали всѣхъ тѣхъ отвлеченныхъ сужденій, значеніе которыхъ не разъяснила намъ наука, и практическое примѣненіе которыхъ на опытѣ оказывается невозможнымъ. Такъ, мы не говорили ни слова напр. о томъ, какъ развить, усовершенствовать память и разсудокъ дѣтей, потому-что, по нашимъ понятіямъ, иногда воздухъ, свѣтъ, звуки, пища, хотя и незамѣтнымъ для насъ, но тѣмъ не менѣе положительнымъ образомъ, дѣйствуютъ на проявленіе дитятею той и другой способности, тогда-какъ всѣ педагогическіе пріемы часто остаются безсильными въ этомъ отношеніи. Мы не толковали о томъ, **какія средства могутъ быть предложены для развитія и упражненія** умственныхъ способностей; но показали съ возможною ясностью, **какъ развиваются и упражняются** сами собою, или вѣрнѣе, **какъ развиваетъ** эти способности сама **природа**. Рѣшась толковать о средствахъ для развитія умственныхъ способностей, можно сказать, что ихъ или вовсе нѣтъ, или есть неизчислимое множество, точно такъ же, какъ есть неизчислимое множество разнообразнѣйшихъ и часто неуловимыхъ условій и обстоятельствъ въ нашей жизни, въ окружающей насъ средѣ. Мы говорили только о томъ, что намъ навѣрное извѣстно. Мы желали устранить то, что легко устранимо при помощи свѣта положительныхъ знаній и что должно быть устранено; но мы не предлагали того, обладаніе чѣмъ зависитъ отъ разныхъ случайностей и потому намъ кажется сомнительнымъ. Мы больше полагаемся на добрыя желанія и здравый смыслъ воспитателей, чѣмъ на тѣ совѣты, которые обыкновенно предлагаютъ педагоги-теоретики и которые, однако, не представляютъ ничего прочнаго и убѣдительнаго. Мы пользовались тѣми только указаніями опытныхъ педагоговъ, которыя разъясняютъ то, чего нельзя или, покрайней мѣрѣ, очень трудно узнать безъ помощи положительныхъ знаній и многолѣтней опытности.

Такимъ же точно образомъ, излагая способы элементарнаго обученья, мы коснулись тѣхъ его практическихъ сторонъ, которыя всегда и вездѣ представляютъ болѣе или менѣе важное значеніе и которыя всетаки могли бы быть упущены изъ виду неопытнымъ учителемъ, не смотря на его добрыя желанія. Мы привели и образцы практическихъ уроковъ по тѣмъ частямъ элементарнаго обученья, по которымъ нелегко выработать самому учителю раціональные пріемы безъ теоретическихъ указаній и по которымъ требуются особыя знанія. Дальше этого мы не идемъ: мы или касаемся только мимоходомъ или совсѣмъ умалчиваемъ о многихъ вопросахъ элементарнаго обученья, о которыхъ обыкновенно распространяются весьма подробно въ педагогическихъ сочиненіяхъ, какъ напр. о поддержаніи въ классѣ порядка (школьная дисциплина), объ обращеніи учителя съ учениками, о разсаживаньи учащихся по скамьямъ, о внушеніи имъ разныхъ правилъ на счетъ ихъ поведенія дома и въ училищѣ и проч. и проч. Мы не распространяемся объ этомъ потому, что не хотимъ учить людей здравому смыслу и доброй нравственности. Если бы мы начали толковать, напр., о томъ, что дѣти должны быть послушны, внимательны, или что, напр., учитель долженъ быть терпѣливъ и справедливъ въ отношеніи учащихся и т. п., то намъ пришлось бы увеличить вдвое или втрое объемъ нашей книги и всетаки мы бы не достигли никакой цѣли, потому-что если учитель невѣжественъ и безнравственъ, если онъ не понимаетъ всей важности своего дѣла и своимъ поведеніемъ неможетъ подать хорошаго примѣра; то сколько ни толкуй о его священныхъ обязанностяхъ, онъ, все равно, останется плохимъ учителемъ; и на него можно подѣйствовать не наставленіями, а развѣ только положительными знаніями, изъ коихъ онъ могъ бы понять хорошо, что, напр., дѣти, по своей природѣ, переимчивы и что они легко усваиваютъ привычки взрослыхъ. Равно нѣтъ надобности толковать и о томъ, напр., что дѣти должны быть внимательны, потому-что они не могутъ быть невнимательны, если обученье идетъ какъ слѣдуетъ. Излишне было толковать и о такъ называемой классной **дисциплинѣ**, потому-что если преподаванье ведется оживленно, если дѣти не томятся отъ скуки и продолжительнаго, неподвижнаго сидѣнья, то не представляется никакой надобности принимать карательныя мѣры для поддержанія въ классѣ надлежащаго порядка: тутъ не мыслимъ никакой особенный безпорядокъ, противъ котораго пришлось бы вооружаться розгами, линейкою, оплеухами и другими тому подобными средствами, удобными для учителя и весьма вредными для учащихся. Мы совершенно согласны съ мнѣніемъ нашего педагога К. Д. Ушинскаго, который въ „Родномъ словѣ," по этому случаю, между прочимъ, говоритъ слѣдующее: „Въ разумно-устроенной школѣ наказаній за лѣность быть не можетъ, потому-что уроки выучиваются въ классѣ; наказаній за шалости также—потому-что дѣти заняты и шалить имъ некогда." Къ этому намъ остается только прибавить, что точно такъ же въ разумно устроенной школѣ не можетъ быть и **наградъ за успѣхи и благонравіе**, потому-что всѣ ученики должны вести себя хорошо и всѣ должны успѣвать, насколько имъ это возможно, судя по ихъ возрасту и индивидуальнымъ способностямъ. Награды, съ одной стороны, могутъ возбуждать зависть и оскорблять самолюбіе мало-успѣвающихъ, а съ другой — заряждать самонадѣянность и гордость въ способнѣйшихъ ученикахъ. Да и зачѣмъ награждать ученика за успѣхи? Развѣ онъ учится не для самого себя, а для учителей, и развѣ самое знаніе, пріобрѣтаемое ученіемъ, не можетъ считаться наградою за труды?..... И, поэтому, старинный обычай— раздавать, въ концѣ учебнаго года, лучшимъ ученикамъ такъ-называемые похвальные листы, по нашему мнѣнію, заслуживаетъ полнаго осужденія. Дѣло другое—подарокъ ученику книги, полезной для него: это еще можетъ быть оправдано, если дающій подарокъ будетъ руководствоваться тѣмъ соображеніемъ, что и взрослые часто дарятъ другъ другу книги или какія-либо хорошія вещи на память или въ знакъ уваженія и т. п., и если онъ съумѣетъ, притомъ, объяснить ученику, что книга ему дарится потому, что она ему нужна и что ему самому трудно было бы ее достать.

Но, отказываясь отъ изложенія всѣхъ тѣхъ правилъ, которыя сами собою вытекаютъ или изъ элементарныхъ понятій о человѣческой нравственности или изъ общихъ педагогическихъ познаній, относительно внѣшняго школьнаго порядка,— мы должны войти въ разсмотрѣніе того случая, когда классъ многолюденъ и когда, слѣдовательно, неопытному учителю представляются особыя неудобства, съ которыми ему иногда справиться очень трудно. Въ такихъ случаяхъ учитель обыкновенно выбираетъ себѣ помощниковъ изъ лучшихъ старшихъ учеников. Эта мѣра не можетъ быть ни одобрена ни осуждена безусловно, потому-что она не всегда ведетъ къ однимъ и тѣмъ же послѣдствіямъ. Польза или вредъ ея зависитъ отъ того, во-первыхъ, какъ она будетъ выполняться, и, во-вторыхъ, какой взглядъ установится объ ней у учащихся. Если-бы учитель вздумалъ ввести въ свою школу такъ называемое **взаимное обученье**, по способу **Ланкастера** (*), т. е. раздѣливъ весь классъ на нѣсколько отдѣленій, сообразно успѣхамъ учащихся, надзоръ и обученье въ каждомъ отдѣленіи поручить старшимъ, или такъ называемымъ **мониторамъ**, то нѣтъ и сомнѣнія, что такой порядокъ не привелъ бы къ добру. Ланкастерская метода, пользовавшаяся въ свое время незаслуженною славою, нынче окончательно осуждена. Учитель долженъ **непосредственно вліять на всѣхъ учениковъ и, въ особенности, на младшихъ**, а не на оборотъ; у него не должно быть надсмотрщиковъ, потому-что онъ самъ долженъ все видѣть и все знать, что дѣлается въ классѣ, безъ помощи посредниковъ.—Помощь учениковъ учителю можетъ быть допущена лишь въ малыхъ размѣрахъ. Въ нѣкоторыхъ случаяхъ, оно можетъ быть допущено, хотя всетаки неиначе, какъ при слѣдующихъ условіяхъ: 1) Если учитель одного или нѣсколькихъ мальчиковъ, начинающихъ учиться, поручитъ старшимъ, съ тѣмъ, чтобы эти послѣдніе повторили съ первыми

(*) Въ началѣ нынѣшняго столѣтія англичане *Белль* и *Ланкастеръ* открыли школы грамотности: первый—въ Остъ-Индіи, а второй—въ Лондонѣ. Школы эти отличались необыкновеннымъ многолюдствомъ: въ нихъ иногда бывало по нѣскольку сотъ человѣкъ. Чтобы справиться съ такимъ огромнымъ числомъ учащихся, придумали слѣдующій способъ: классъ дѣлили на отдѣленія отъ 5 до 10 учениковъ и одинъ изъ старшихъ учениковъ (*мониторъ*) училъ отдѣленіе такъ, какъ его самого учили въ той же школѣ. Надъ нѣсколькими отдѣленіями надсматривалъ *оберъ-мониторъ*, который сносился прямо съ учителемъ. Кромѣ того, были еще особые надсмотрщики, которые наблюдали за общимъ порядкомъ въ классѣ. Такимъ-образомъ, учитель не могъ лично оказывать на учащихся того благотворнаго вліянія, какое вытекаетъ изъ его непосредственнаго отношенія къ дѣтямъ; и онъ, собственно говоря, былъ не настоящимъ учителемъ, а только главнымъ надсмотрщикомъ надъ надсмотрщиками учениками. Очевидно, что, при такомъ чисто-механическомъ устройствѣ класса, и обученье не могло быть иное, какъ механическое и, вообще, дурное.

уже разъ объясненное самимъ учителемъ; 2) если все дѣло старшихъ ограничится только этою простою помощью безъ всякихъ отчетовъ учителю; 3) если это порученіе старшіе будутъ выполнять непринужденно, охотно, но доброму лишь желанію — помочь своимъ товарищамъ и, вмѣстѣ съ тѣмъ, самимъ потверже запомнить усвоенныя знанія; и 4) если въ этомъ пособничествѣ ученики будутъ видѣть въ учителѣ — не желаніе сбросить съ своихъ плечъ часть бремени, а напротивъ того — особенное участіе къ успѣхамъ младшихъ дѣтей.

Будетъ-ли учитель прибѣгать къ этой мѣрѣ или не будетъ, во всякомъ случаѣ, при многолюдствѣ класса предстоитъ крайняя необходимость раздѣлить учащихся на нѣсколько группъ, или отдѣленій, сообразно ихъ возрасту и успѣхамъ. Тутъ неопытному учителю представится весьма важная и весьма трудная задача: 1) **на сколько именно группъ раздѣлить весь классъ?** и 2) **какъ заниматься одному учителю одновременно съ нѣсколькими группами?** Въ дурно-устроенныхъ школахъ обыкновенно бываетъ такъ: когда учитель занимается, напр. съ старшимъ отдѣленіемъ, то младшіе или зубрятъ **заданный урокъ**, или сидятъ, сложа руки, что чаще всего случается. Хуже этого ничего быть не можетъ. Учителю необходимо придумать такое распредѣленіе, по которому всякому отдѣленію было бы назначено соотвѣтственное занятіе. Нельзя напередъ опредѣлить, на сколько именно отдѣленій лучше всего было-бы раздѣлить весь классъ, хотя въ большей части случаевъ всего удобнѣе — дѣлить учащихся на три или четыре группы. Во всякомъ случаѣ при распредѣленіи уроковъ по группамъ, необходимо имѣть въ виду двоякаго рода занятія: между занятіями элементарной школы одни **непремѣнно требуютъ постояннаго участія учителя**, а другія, напротивъ, **могутъ быть выполняемы самими учащимися** подъ наблюденіемъ учителя, но безъ непосредственнаго со стороны его участія (**самостоятельно**). Къ числу занятій перваго рода относятся: 1) **Катихизація** (бесѣды) — на первой и второй ступени обученія; 2) письмо и чтеніе — на первой ступени; 3) **счисленіе** — на первой и второй ступени обученія. Къ числу же занятій втораго рода относятся: 1) **Черченіе** или **рисовка** предметовъ по образцамъ, послѣ предварительнаго объясненія со стороны учителя — на первой и второй ступени обученія; 2) **рѣшеніе** на аспидныхъ доскахъ **ариѳметическихъ задачъ** — на первой и второй ступени; 3) **упражненія въ письмѣ** (чистописаніе), а также **составленіе описаній** видѣнныхъ предметовъ — на второй ступени; и 4) **заучиванье наизусть** скороговорокъ, пословицъ, басень и мелкихъ стихотвореній — на первой и второй ступени обученія. Принявъ это раздѣленіе въ основаніе распредѣленія занятій по всему классу, учителю не трудно будетъ устроить это распредѣленіе такъ, чтобы въ одно и то же время были заняты всѣ группы. Такъ, если, напр., на первомъ урокѣ, первая группа (младшая) занята чтеніемъ и бесѣдами съ учителемъ, то вторая можетъ рѣшать ариѳметическія задачи, а третья (старшая) — упражняться въ письменномъ изложеніи прочитанной статьи, а равно, свѣдѣній, усвоенныхъ на предыдущихъ урокахъ. На второмъ урокѣ, занятія могутъ идти въ обратномъ порядкѣ, т. е. младшая группа сама занимается безъ учителя рисовкою, (учитель только по временамъ заглядываетъ), средняя группа занимается, при участіи учителя, чтеніемъ и катихизаціею; старшая же группа рѣшаетъ ариѳметическія задачи. На третьемъ урокѣ, младшей группы уже нѣтъ въ классѣ (она должна быть отпущена домой); вторая группа сама пишетъ или чертитъ, а третья занимается съ учителемъ чтеніемъ и бесѣдами. Само собою разумѣется, что это распредѣленіе можетъ считаться только за **примѣрное**, но отнюдь не за непреложное правило, такъ какъ нѣтъ возможности давать положительныя указанія на счетъ устройства класса, не видѣвши самого класса; потому что это устройство преимущественно зависитъ отъ числа учащихся и ихъ умственнаго уровня. Во всякомъ случаѣ, распредѣленіе должно быть сдѣлано такъ, чтобы всѣ учащіеся непремѣнно были заняты серіозно, а не показывали бы только видъ, что они заняты. Если учитель не можетъ справиться со всѣмъ классомъ такъ, чтобы всѣ до едина были заняты, ему не остается сдѣлать ничего лучшаго, какъ распустить часть учащихся совсѣмъ домой, или временно, побѣгать по двору на чистомъ воздухѣ; это въ милiонъ разъ будетъ полезнѣе для дѣтей, чѣмъ прiученье ихъ къ бездѣлью и лѣни. Тутъ кстати еще разъ замѣтить, что чѣмъ моложе дѣти, чѣмъ менѣе времени прошло отъ начала ихъ ученья, тѣмъ менѣе часовъ или даже получасовъ они должны заниматься въ школѣ. Такъ, 7-ми-лѣтнiя дѣти, впервые явившiяся въ школу и вовсе необучавшiяся дома, на первыхъ порахъ могутъ заниматься небольше часу, черезъ полгода — полтора часа; дѣти 9-ти-лѣтнiя могутъ просидѣть въ классѣ отъ двухъ до трехъ часовъ и, наконецъ, дѣти еще постарше — до четырехъ часовъ. Притомъ, между первымъ и вторымъ, а равно между третьимъ и четвертымъ часами занятiй, должны быть даваемы роздыхи, продолжающiеся отъ 5 до 10 м., а между вторымъ и третьимъ часами — роздыхи, по крайней мѣрѣ, въ полтора или два часа. Для дѣтей 7-ми лѣтнихъ и начинающихъ учиться роздыхи будутъ вовсе не лишни даже послѣ получасоваго занятiя.

Съ нѣкотораго времени начали заботиться о введенiи въ школы **гимнастики**. У древнихъ грековъ гимнастика (слово это греческое же и значитъ, собственно, порусски **упражненiе**) было въ большомъ ходу. Молодые люди дѣлали трудныя тѣлодвиженiя, стараясь развить ловкость, поворотливость и тѣлесную силу и красоту. Въ наше время гимнастика получила совсѣмъ другое направленiе, представляя или **врачебное**, или **физiологическое**, или **педагогическое значенiе**. Мы здѣсь не можемъ входить въ разсмотрѣнiе гимнастики, какъ врачебнаго средства, способствующаго излеченiю нѣкоторыхъ болѣзней. О физiологическомъ же и педагогическомъ значенiи гимнастики мы уже имѣли случай говорить въ X главѣ. Здѣсь мы считаемъ нелишнимъ познакомить сколько-нибудь начальныхъ учителей съ внѣшнею стороною гимнастики.

Такъ-какъ отъ продолжительныхъ занятiй, при недостаточномъ движеніи, дѣти легко могутъ разстроить свое здоровье, то для устраненія этого зла и для укрѣпленія тѣла учащихся считается лучшимъ средствомъ гимнастическія упражненія. Съ этою цѣлью, устраиваютъ такіе снаряды (какъ напр. лѣстницы, деревянныя лошадки, съ мягкими подушками, канаты, переходныя балки, досчатыя горки), помощью которыхъ можно бы приводить въ напряженіе всѣ органы и давать, по желанію, всевозможныя движенія всему тѣлу. Для гимнастическихъ упражненій есть еще и другой способъ, не требующій никакихъ снарядовъ: онъ состоитъ въ томъ, что, по командѣ учителя, учащіеся дѣлаютъ разныя движенія и повороты то всѣмъ корпусомъ, то тою, или другою частью тѣла; такъ, напр., машутъ кругообразно руками, поворачиваютъ въ разныя стороны голову и весь корпусъ, стоятъ на одной ногѣ, поднимаются всѣмъ корпусомъ на носкахъ, подвигаются ровными шагами впередъ, назадъ, вправо, влѣво и т. п. Нѣкоторыя изъ этихъ упражненій удобно могутъ быть выполнены въ классѣ или во время самого урока, или въ роздыхи, промежуточные между учебными часами. Такія гимнастическія упражненія крайне-необходимы, въ особенности, съ педагогическою цѣлью для учащихся въ элементарной школѣ; и, поэтому, желательно, чтобы они вошли во всеобщее употребленіе, съ тѣмъ однако условіемъ, чтобы въ тѣхъ случаяхъ, когда нельзя дѣлать эти упражненія на чистомъ открытомъ воздухѣ, были бы хорошо провѣтриваемы классныя комнаты. Что же касается тѣхъ гимнастическихъ упражненій, для выполненія которыхъ требуются особые снаряды и особыя спеціальныя познанія со стороны учителя, то едва ли возможно желать, чтобъ они были введены въ начальныя училища. При достаточно частыхъ междуурочныхъ роздыхахъ, гимнастическія упражненія съ пользою могутъ быть отчасти замѣнены играми, требующими болѣе или менѣе разнообразныхъ тѣлодвиженій, преимущественно игрою въ кегли и въ мячикъ. Независимо отъ этого, пользуясь въ неурочные часы просторомъ сельской жизни и проводя много времени на открытомъ воздухѣ, деревенскія дѣти находятся подъ вліяніемъ окружающей среды, въ достаточной мѣрѣ благопріятствующей для всѣхъ физіологическихъ процессовъ ихъ молодаго организма. И, въ самомъ дѣлѣ, къ чему имъ, напр., искусственныя лѣстницы или деревянныя лошадки, когда они имѣютъ возможность свободно упражнять свои мышцы, цѣпляясь за сучья деревъ, прыгая чрезъ рвы, камни, заборы и т. п. Дѣло другое — городскія или такъ называемыя среднія учебныя заведенія, гдѣ учащіеся, съ одной стороны, слишкомъ обременены урочными занятіями, а съ другой — въ внѣклассное время или вовсе не могутъ пользоваться, или пользуются недостаточно, какъ свѣжимъ воздухомъ, такъ и открытою мѣстностью: учащіеся въ этихъ школахъ не имѣютъ возможности упражнять свои физическія силы и потому еще, что они, живя среди длинныхъ рядовъ тѣсно сомкнутыхъ строеній, придерживаются, притомъ, общепринятыхъ свѣтскихъ приличій, непозволяющихъ, напр., юношѣ бѣжать по улицѣ и цѣпляться за перила мостовъ и т. п. Для такихъ, поистинѣ-достойныхъ сожалѣнія, юношей гимнастическія упражненія по всѣмъ правиламъ искуства, **пока, до времени**, должны служить однимъ изъ вѣрнѣйшихъ средствъ, могущихъ предохранить ихъ отъ преждевременнаго растлѣнія физическихъ и духовныхъ силъ, упадокъ которыхъ уже давно не тайна для тѣхъ, кому извѣстно, какъ распространены между современною молодежью такъ называемые тайные грѣхи. Мы сказали **пока, до времени**, потому, что, какъ надѣемся, раньше или позже на школьныя гимнастическія упражненія будутъ смотрѣть съ такою же насмѣшливою улыбкою, съ какою мы нынче относимся къ тѣмъ древнимъ греческимъ бойцамъ, которые, обнаживъ свои, дышущія античною красотою, мышцы и обмазавъ свою кожу масломъ, совершали чудеса тѣлесной силы и гибкости. Мы говоримъ это по тому, что не видимъ никакой крайней необходимости въ томъ, чтобы юноши, свое разслабленное на классныхъ скамьяхъ, здоровье непремѣнно должны бы были укрѣплять посредствомъ искусственныхъ тѣлодвиженій; ибо, по нашему крайнему разумѣнію, гимнастическія упражненія легко могутъ быть замѣнены производительнымъ физическимъ трудом, преимущественно мастерствами, (какъ напр. переплетнымъ, токарнымъ, столярнымъ мастерствами), требующими не только болѣе или менѣе разнообразныхъ и осмысленныхъ тѣлодвиженій, но, и пріучающихъ—свободное отъ урочныхъ занятій время употреблять съ возможно большею положительною пользою.

КОНЕЦЪ.

Главный складъ настоящей книги — въ Книжномъ Магазинѣ Д. Е. Кожанчикова, въ Варшавѣ. Тамъ же и складъ книжки для учащихся, составленной І. Шарловскимъ: „Первоначальное обученье письму-чтенію." (Съ 24 стр. литографированныхъ на камнѣ прописей и съ картинками). Одобрено Мин. Нар. Просвѣщ. 4-ое изданіе. 1869 г. Ц. 20 к.

www.ingramcontent.com/pod-product-compliance
Lightning Source LLC
Chambersburg PA
CBHW080435110426
42743CB00016B/3169